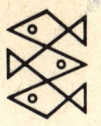

ARTHUR SCHNITZLER

GESAMMELTE WERKE IN EINZELAUSGABEN

DAS DRAMATISCHE WERK
Band 1-8

DAS ERZÄHLERISCHE WERK
Band 1-7

FISCHER TASCHENBUCH VERLAG

ARTHUR SCHNITZLER

Das dramatische Werk

BAND 7

FISCHER TASCHENBUCH VERLAG

Fischer Taschenbuch Verlag
Oktober 1979
Ungekürzte Ausgabe
Umschlagentwurf: Jan Buchholz/Reni Hinsch
Fischer Taschenbuch Verlag GmbH, Frankfurt am Main
Lizenzausgabe mit freundlicher Genehmigung
des S. Fischer Verlags GmbH, Frankfurt am Main
© S. Fischer Verlag GmbH, Frankfurt am Main 1962
Gesamtherstellung: Ebner Ulm
Printed in Germany
780-ISBN-3-596-21973-6

INHALT

Komödie der Worte 7
  Stunde des Erkennens 8
  Große Szene 34
  Das Bacchusfest 72
Fink und Fliederbusch 97
Die Schwestern oder Casanova in Spa 193

Nachwort und bibliographisches Verzeichnis 281

KOMÖDIE DER WORTE

Drei Einakter

STUNDE DES ERKENNENS

PERSONEN

DR. KARL ECKOLD, *Arzt*

KLARA, *seine Frau*

PROFESSOR DR. RUDOLF ORMIN

DIENER
STUBENMÄDCHEN } *bei Eckold*

Spielt in der Wohnung des Dr. Eckold zu Wien.

Speisezimmer bei Dr. Karl Eckold. Türe im Hintergrund, Türe rechts, Türe links, erste ins Vorzimmer, zweite ins Wartezimmer, dritte zu den übrigen Wohnräumen. Einrichtung behaglich, ohne modernen Anstrich.

DR. KARL ECKOLD, *45 Jahre, dunkelbrauner Vollbart, beginnende Glatze, bedient sich zum Lesen eines Zwickers, und* KLARA, *seine Frau, 40, noch schön, sitzen am Tisch beim Dessert.*

DIENER *bringt eine Karte* Die Dame bittet, wenn möglich, recht bald vorgenommen zu werden.

ECKOLD *die Karte in der Hand, ruhig* Meine Ordination beginnt bekanntlich um drei. Es ist kaum halb. Die Dame möge sich freundlichst gedulden. Ist sonst wer da?

DIENER Es sind schon drei Personen vorher dagewesen.

ECKOLD Ich kann selbstverständlich nur der Reihe nach vornehmen.

DIENER *ab.*

STUBENMÄDCHEN *bringt den Kaffee.*

KLARA *schenkt ein.*

ECKOLD Sie haben ja drei Gedecke aufgelegt, Anna. Sie haben offenbar ganz vergessen, daß Fräulein Bettine – oder vielmehr Frau Doktor Bettine Wörmann, heute in Salzburg oder in Zürich oder weiß Gott wo zu Mittag speist.

KLARA Das Gedeck war für Ormin aufgelegt, für alle Fälle.

ECKOLD Ach ja. Hat er abtelephoniert?

STUBENMÄDCHEN *ab.*

KLARA Nein, Er hatte gar nicht sicher zugesagt. Übrigens kommt er gewiß noch sich verabschieden.

ECKOLD Er wird allerlei zu tun haben vor einer so großen Reise. Du läßt mich dann rufen, nicht wahr? Ich möcht ihm auch gern adieu sagen. *Ist aufgestanden, nach rechts, sich halb umwendend* Du bleibst doch jedenfalls zu Hause?

KLARA Ich habe nichts vor. Warum frägst du? Hast du etwas mit mir zu besprechen?

ECKOLD Nichts Besonderes. Keineswegs eilt es. Na – *Er sieht auf die Uhr und will rechts ab.*

DIENER *mit Telegramm und Zeitung.*

ECKOLD *ihm entgegen.*

DIENER *legt die Zeitung auf den Tisch.*

ECKOLD *öffnet das Telegramm* Von Bettine.

KLARA *zu ihm hin* Schon?

ECKOLD Von Bettine und Hugo natürlich.

KLARA *neben ihm, liest mit.*
ECKOLD Aus Innsbruck.
KLARA Richtig! So sind sie gestern abend vom Hochzeitsmahl direkt zur Bahn gefahren.
ECKOLD Ganz vernünftig.
KLARA *lesend* »Morgen Zürich. Für übermorgen erbitten wir Nachricht Luzern, Palace Hotel.«
ECKOLD *liest* »Tausend Grüße.«
KLARA Ganz die gleiche Route, die wir vor zweiundzwanzig Jahren genommen haben. Nur hatten wir's nicht so eilig, nach Innsbruck zu kommen.
ECKOLD *ohne die Miene zu verziehen* Modernes Tempo. Auch sind wir in Luzern nicht gerade im Palace Hotel abgestiegen.
KLARA Das hat damals noch nicht existiert.
ECKOLD Auch wenn –
KLARA Es war ganz schön, – auch ohne Palace.
ECKOLD Immerhin, Bettine hat es besser getroffen als du.
KLARA Aber – *Berührt leicht seinen Arm.*
ECKOLD *von ihr fort, an den Tisch, dem er schon nahe war, die Zeitung aufblätternd, stehen bleibend* Damit will ich keineswegs etwas gegen mich vorgebracht haben. Aber so eine väterliche Million ist nun einmal nicht zu verachten; insbesondere, wenn alles andere so hübsch zusammentrifft wie bei unserem Herrn Schwiegersohn. *Den Blick in die Zeitung* Da steht übrigens eine Notiz über Ormin. *Er liest* »Die unter der Führung des kaiserlich königlichen Universitätsprofessors Rudolf Ormin stehende Sanitätskolonne des Österreichischen Roten Kreuzes verläßt heute abend mit dem Schnellzug acht Uhr zwanzig Wien, um sich morgen mittag in Triest auf dem Dampfer des Österreichischen Lloyd ›Amphitrite‹ nach Japan einzuschiffen und von dort auf den Kriegsschauplatz abzugehen.« *Er reicht ihr das Blatt und betrachtet sie, während sie hineinblickt.* Muß nicht übel sein. *Setzt sich.*
KLARA *noch stehend* Du hast doch so was auch einmal mitgemacht.
ECKOLD Bosnien meinst du? Das kann man nicht gut vergleichen.
KLARA Es war doch auch eine Art von Krieg.
ECKOLD Nicht nur so eine Art, – ein ganz wirklicher. Das hast du wohl auch meinen Tagebuchblättern entnehmen können. Ich gab sie dir ja seinerzeit zu lesen. Du erinnerst dich doch?
KLARA *lächelnd* Gewiß erinnere ich mich.
ECKOLD Von den Felsen aus haben sie auf uns heruntergeschos-

sen. Haben sich verdammt wenig um das Rote Kreuz gekümmert. Ja, auf die Sanitätsleute hatten sie es offenbar ganz besonders abgesehen. *Anderer Ton* Aber so was muß man in führender Stellung mitmachen, – wie jetzt Ormin. Und ich war damals ein ganz junger Arzt, eben promoviert. Und heute würde ich wohl nicht mehr dazu taugen. Da braucht es mehr Elastizität, mehr Idealismus, gewissermaßen mehr Jugend.

KLARA Ormin ist um zwei Jahre älter als du. Und überdies, wie es heißt, mit dem Herzen nicht ganz in Ordnung.

ECKOLD Ach, die Jahre machen es nicht, nicht einmal die Gesundheit. Was jung erhält, das ist der Erfolg, die Anerkennung, der Ruhm.

KLARA Wenn du die akademische Karriere eingeschlagen hättest –

ECKOLD Na ja, der Unterschied der Begabungen wird allerdings nicht so horrend gewesen sein. Es lag gewiß mehr an anderen Dingen. Das weiß ich sehr wohl. Vor allem hatte Ormin die innere Leichtigkeit. Das war es. Den inneren Auftrieb, sozusagen. Auch eine gewisse Oberflächlichkeit kann man ihm nicht gerade absprechen. Damit muß man geboren sein.

KLARA Und er mußte niemals der Praxis nachlaufen.

ECKOLD Habe ich auch nie getan. Und übrigens, als wir beide junge Doktoren waren, ging es ihm materiell nicht viel besser als mir. Keineswegs. Der Wahrheit die Ehre. Auch er hatte zu sorgen und zu kämpfen.

KLARA Aber nur für sich allein.

ECKOLD Als er heiratete, fingen die Sorgen erst recht für ihn an. Er hat sie nur immer leicht genommen. Daran liegt es ja. Immer. Ich bin überzeugt, wenn er heute oder morgen stirbt, Frau Melanie wird nicht sonderlich gut dran sein.

KLARA Sie hat doch wohl Pension, da sie nicht gerichtlich geschieden sind?

ECKOLD Pension –! ungefähr zweitausend Kronen! Damit käme sie weit, die gute Melanie. Sie hat wohl für Handschuhe und Hüte allein so viel ausgegeben. Früher wenigstens. –

KLARA Man hat ihr wahrscheinlich viel mehr Übles nachgesagt, als sie verdiente. Man ist ja immer so besonders streng gegen die Gattinnen großer Männer.

ECKOLD Großer –? sagen wir – berühmter. Na, vor dieser Unannehmlichkeit bist du Gott sei Dank bewahrt geblieben, ja. Na – *Will rechts ab.*

PROFESSOR ORMIN *tritt ein. Hager, scharfgeschnittenes Gesicht, bartlos, gegen 50.*

ORMIN Guten Tag. Ihr habt hoffentlich nicht mit dem Essen gewartet. *Er küßt Klara die Hand, reicht Eckold die seine.*
KLARA Das war uns leider nicht möglich.
ORMIN Ich habe natürlich schon –
KLARA Aber eine Tasse Kaffee –?
ORMIN Wenn ich bitten darf.
KLARA *klingelt, gibt dem Stubenmädchen, das gleich kommt, einen Auftrag.*
ECKOLD Ich freue mich, dich noch zu sehen, bevor du abfährst. Also heute abend mit der Amphitrite?
ORMIN Ja.
ECKOLD Da steht's auch in der Zeitung. Ihr werdet hoffentlich eine gute Fahrt haben. Jetzt im Juni. – Wann sollt ihr denn an Ort und Stelle sein?
ORMIN In vier Wochen. Bis wir auf den eigentlichen Kriegsschauplatz kommen, wird's wohl beträchtlich länger dauern.
ECKOLD Wer weiß, ob nicht alles erledigt ist, ehe ihr hinkommt.
ORMIN Erledigt? – Es hat ja kaum angefangen. Und allem Anschein nach wird sich die Sache ein wenig in die Länge ziehen.
STUBENMÄDCHEN *bringt Kaffee.*
KLARA *schenkt ein.*
STUBENMÄDCHEN *ab.*
ECKOLD Du nimmst einen deiner Assistenten mit?
ORMIN Den Marenzeller, ja. Auf der Klinik hier wird mich Kleinert vertreten. *Trinkt Kaffee* Weißt du übrigens, wer sich in Triest mit uns zugleich einschiffen wird? Gleichfalls auf der Amphitrite? Unser guter alter Flöding.
ECKOLD Flöding? – Na ja, alt wird er wohl auch mit der Zeit, aber gut? Das dürfte ihm nicht so ohne weiteres gelingen.
KLARA In welcher Eigenschaft geht denn Flöding nach Japan?
ECKOLD Doch jedenfalls als Korrespondent? –
ORMIN Ja. Für den Rheinischen Boten, wie er mir schreibt.
KLARA Sie stehen in Briefwechsel mit ihm?
ORMIN Nicht gerade in regelmäßigem. Aber da wir vorigen Sommer ein paar Wochen zusammen gewesen sind, – ganz zufällig – nach langen Jahren, – ich hab's Ihnen ja übrigens erzählt –

KLARA Wir hören nämlich gar nichts mehr von ihm. Wenn Sie uns nicht seine Grüße aus Helgoland gebracht hätten –

ECKOLD Was sollten wir von ihm hören? Er ist ja schon zehn Jahre lang von hier fort.

ORMIN *zu Eckold* Er spricht von dir, als wärt ihr die intimsten Freunde gewesen.

ECKOLD Freunde? Ich weiß überhaupt nicht, ob ich je einen Freund gehabt habe. *Zu Ormin* Du vielleicht?

ORMIN Doch, manche. Du stellst wahrscheinlich zu strenge Anforderungen.

ECKOLD Was hilft's? Es ist mir doch selten eine erfüllt worden.

ORMIN *leicht scherzhaft zu Klara* Was hat er denn? *Sich besinnend* Ach ja. Das Töchterlein! Bei Gott, mir fehlt sie auch. Habt ihr denn schon Nachricht von ihr? Nein, das ist wohl noch nicht möglich.

KLARA Doch, eben kam eine Depesche.

ECKOLD Aus Innsbruck.

KLARA Morgen sind sie in Zürich, übermorgen in Luzern –

ORMIN Nun – und in vier Wochen habt ihr sie wieder da.

KLARA Das leider nicht. Sie beziehen gleich nach der Rückkehr von der Hochzeitsreise ihre Berliner Wohnung.

ORMIN So? Brauchen sie in Berlin Wörmann so dringend?

ECKOLD Da sein Vorgänger als außerordentlicher Professor nach Breslau berufen wurde –

ORMIN Ja richtig! Er wird übrigens Karriere machen, euer Schwiegersohn! Mit achtundzwanzig Assistent am Physiologischen Institut, – und höchst verdienterweise, wie man sagen muß –

KLARA Warum hat es nicht hier sein können?

ORMIN Es ist doch nicht so weit, von Berlin nach Wien.

KLARA *zu Ormin* Denken Sie nur, vorgestern ist sie noch da gesessen. Siebzehn Jahre lang saß sie auf diesem Platz. – Und nun – da hilft alle vernünftige Überlegung nichts. – Es ist ein so tiefer Riß!

ORMIN Ich hätte nicht gedacht, daß Sie es gar so schwer nehmen. Alle Väter und Mütter müssen schließlich auf dergleichen gefaßt sein.

KLARA Was hilft alles Gefaßtsein?!

ECKOLD Wahrhaftig, man sollte lieber niemals Kinder gehabt haben.

KLARA *fast erschrocken* Wie kannst du das sagen? –

ECKOLD *undurchdringlich* Ich sage es nun einmal.

ORMIN Na – *Pause* Was ich euch übrigens noch der Ordnung wegen erzählen wollte. Unter den Pflegerinnen des Roten Kreuzes, die mit meiner Kolonne nach Japan gehen, befindet sich auch Frau Melanie Ormin.

KLARA Ah! –

ECKOLD Deine Frau?!

ORMIN Meine – gewesene Frau, ja.

ECKOLD Da kommt ihr ja am Ende als Wiedervermählte zurück?

ORMIN Halte ich nicht für sehr wahrscheinlich.

KLARA Grüßen Sie Melanie herzlich von mir.

ORMIN Sie erinnern sich ihrer so freundlich? –

KLARA Sie ist mir immer sympathisch gewesen. Das wissen Sie.

ECKOLD Bitte auch meine Empfehlungen zu bestellen. Und vergiß nicht, mir Flöding zu grüßen. Du kannst ihm auch sagen, daß es eine ganz besondere Gemeinheit ist, so absolut nichts mehr von sich hören zu lassen, wenn man einmal so »befreundet« war, wie er behauptet mit mir gewesen zu sein.

ORMIN Du verlangst mehr, als du gibst. Du hast ihn doch eben selbst verleugnet.

KLARA Dabei hat er ihn sehr gern gehabt.

ECKOLD Gern? Interessiert hat er mich. Er war ein amüsantes Luder. Boshaft und sentimental.

ORMIN Eine nicht seltene Vereinigung bei Schöngeistern, die von der Natur sonst etwas kärglich bedacht worden sind.

ECKOLD Kärglich bedacht – weil er ein wenig gehinkt hat? Dafür hatte er so schöne blaue Augen.

ORMIN Das wäre nicht der bedenklichste Widerspruch in seinem Wesen. Schlimmer find ich, daß er eine so poetische Seele besitzt und kein poetisches Talent. Das verdirbt den Charakter, wie es scheint.

KLARA Ich kenne hübsche Verse von ihm.

ORMIN Dagegen ist bis zu einem gewissen Lebensalter nichts einzuwenden. Aber er macht noch immer welche. Im vorigen Sommer, am Nordseestrande, hat er mir sogar einige vorgetragen.

KLARA Nun?

ORMIN Es war eine starke Brandung, ich habe wirklich kein Urteil.

DIENER *mit einer Karte.*

ECKOLD *nimmt sie* Du wirst mich entschuldigen, Ormin. Ich muß jetzt leider – Praxis aurea, du weißt. Aber vielleicht finde ich dich noch hier? –

ORMIN Das glaube ich kaum. Ich habe noch mancherlei zu besorgen vor meiner Abreise.

ECKOLD Du leistest meiner Frau doch noch ein Viertelstündchen Gesellschaft? Und ihr laßt mich vielleicht rufen, ehe du gehst? – So ganz ohne Feierlichkeit wollen wir doch nicht – Also auf Wiedersehen! *Rechts ab.*

ORMIN, KLARA

KLARA *sehr rasch einsetzend* Das find ich hübsch, daß Melanie mit Ihnen fährt.
ORMIN Nicht mit mir, sie fährt eben auch mit.
KLARA Aber es wäre ihr wohl sonst nicht eingefallen.
ORMIN Das kann man nicht wissen. Denken Sie nur, was sie in ihrem Leben schon alles versucht und zum Teil auch durchgeführt hat, seit sie von mir fort ist.
KLARA Sie hat zuletzt nicht in Wien gelebt?
ORMIN Schon lange nicht. Erst vor einem Vierteljahr ist sie wieder zurückgekommen; aus Madeira, – wo sie eine Fremdenpension leitete.
KLARA Ich dachte, sie hätte sich in Amerika aufgehalten.
ORMIN Das ist schon länger her. Wissen Sie, daß sie dort Theater gespielt hat? Englisch. Ich hab's auch erst neulich erfahren. Nicht von ihr. Sie soll sogar was gekonnt haben.
KLARA Ein merkwürdiges Wesen. Vielleicht werden Sie doch noch einmal glücklich mit ihr!
ORMIN Aber – –
KLARA Vor fünfzehn Jahren waren Sie wahrscheinlich noch nicht reif zum Ehemann.
ORMIN Doch. Ich war eigentlich immer reif dazu. Ich hätte nur an die Richtige kommen müssen. *Ganz einfach* Die habe ich aber um einige Jahre zu spät kennengelernt.
KLARA *lächelt* Der Richtigen wären Sie genau so durchgegangen wie Ihrer Melanie.
ORMIN Warum denn? Ich bin ja nicht einmal Melanie durchgegangen. Das ist eine irrtümliche Auffassung von Ihnen. Wir haben nur, Melanie sowohl als ich, zu einer gewissen Zeit begonnen, jedes für sich, unsere kleinen Reisen zu unternehmen. Das sieht dann von weitem leicht nach Durchgehen

aus. Übrigens, glaube ich, lag es nicht an mir. Ich selbst, wenn Sie es auch bezweifeln, ich war immer zur Treue, zum mindesten zur Häuslichkeit geboren. Gerade ich. Ich viel mehr als Karl zum Beispiel.

KLARA Mehr als Karl – Sie –?!

ORMIN Sicher. In ihm, freilich sehr tief verborgen, steckt ganz bestimmt etwas von einer ganz unhäuslichen, ja von einer Abenteurernatur.

KLARA *lächelnd* In Karl?

ORMIN Ja, in Ihrem Gatten, dem praktischen Arzt Doktor Eckold, Ordination von drei bis vier.

KLARA *kopfschüttelnd* Sie halten sich wohl für einen großen Menschenkenner?

ORMIN Das muß man schon auf sich nehmen. Es ist nicht immer angenehm, ich versichere Sie. Aber ganz im Ernst gesprochen. Wir haben jeder gegen unsere Natur gelebt, Karl gerade so wie ich. Denn ich, ich habe mich eigentlich mein ganzes Leben lang nach Ruhe gesehnt, nach innerer Ruhe. Hätte ich die gehabt, so wäre wahrscheinlich mehr aus mir geworden.

KLARA Sie können doch zufrieden sein, denke ich.

ORMIN Zufrieden? Ah, Sie denken an die sogenannte Karriere. Heiße Doktor, heiße Professor gar – – – Wenn es darauf ankäme! Aber ich hätt es wohl etwas weiter bringen können, unter friedlicheren Umständen.

KLARA Unter friedlichen –?

ORMIN Nun, sagen wir: im Frieden eines Heims, wenn das auch ein bißchen abgeschmackt klingen mag. Aber das sollte mir nicht beschieden sein.

KLARA Es wird wohl seinen Sinn gehabt haben, daß es Ihnen nicht beschieden war.

ORMIN Sinn? Das bezweifle ich, da ich doch sehr gut weiß, wo ich unter anderen Umständen – diesen Frieden hätte finden können. *In wärmerem, aber ganz einfachem Ton* Wir wissen es beide, Frau Klara.

KLARA *leise den Kopf schüttelnd* Was fällt Ihnen nur ein?

ORMIN Vor dem Abschiednehmen darf man sich ja wohl wieder einmal erinnern.

KLARA *lächelnd* Aber nicht davon reden.

ORMIN *ernst, aber nicht schwer* Wenn man spürt, daß man es vielleicht noch nie mit den rechten Worten gesagt hat und nicht so bald wieder Gelegenheit haben dürfte –

KLARA *lächelt, ohne ihn anzusehen* Sie haben doch hoffentlich keine schlimmen Ahnungen?

ORMIN Ahnungen? Darunter hab ich nie gelitten, was natürlich nicht ausschließt, daß ich die Wahrscheinlichkeiten gegeneinander abwäge..

KLARA Aber ich habe Ahnungen. Und ich ahne – ich weiß: – es wird Ihnen nichts geschehen.

ORMIN Ich bin ja auch nicht übermäßig ängstlich. Und es hat mich kein Mensch gezwungen, nach Kriegs- und Pestgegenden abzugehen. Den gewissen unerforschlichen Ratschlüssen ist man am Ende überall ausgesetzt, – *lächelt* von Jahr zu Jahr mehr sozusagen.

KLARA Sie sind noch so jung.

ORMIN Ich? – Sehen Sie, das kann man von Karl eher sagen als von mir.

KLARA Ja, auch von ihm kann man es sagen.

ORMIN Er hat sich frischer erhalten als ich. Für mich hat er eigentlich immer noch sein Studentengesicht. Er hat es ja auch besser getroffen.

KLARA *lächelnd* Trotz seiner Abenteurernatur?

ORMIN *ernst bleibend* Vielleicht sogar in seinem Berufe.

KLARA Um den werden Sie ihn doch wohl nicht beneiden?

ORMIN Warum nicht? Ist der meine etwa von höherer Art? – Ich versichere Sie, es hat manchmal direkt etwas Unheimliches, wenn man in irgendein unbekanntes Haus gerufen wird, und es wird einem vor allem – nicht irgendein Mensch, sondern ein kranker Magen vorgestellt. Eckold lernt doch seine Patienten wenigstens kennen.

KLARA Ob das so besonders –

ORMIN *unterbricht sie* Ja, die Existenz eines praktischen Arztes hat schon ihren ganz eigenen Reiz. Besonders wenn man über einen gewissen Fonds von allgemeiner Menschengüte verfügt.

KLARA Halten Sie Karl für einen guten Menschen?

ORMIN Hm, Sie stellen mich da vor eine schwierige Frage. Gut – gut wird er wohl sein. Das sind wir ja alle mehr oder weniger. Aber gütig – –? Ich weiß nicht recht. – Verstehen Sie mich wohl! Güte, das ist nämlich etwas sehr Hohes und Seltenes. Aus Güte kann man sogar Verbrechen begehen, – sündigen.

KLARA So was kann guten Menschen wohl gar nicht passieren.

ORMIN Ganz richtig. Gute Menschen bringen es höchstens bis zu kleinen Gemeinheiten.

KLARA *lächelnd* Das – das hätte eigentlich Flöding sagen können.
ORMIN Finden Sie? – Dann will ich es doch lieber zurücknehmen.
KLARA *etwas betreten* Es scheint, daß es unserem alten Freund nicht gelungen ist, sich Ihre Sympathie zu erwerben.
ORMIN Wir waren im Sommer täglich zusammen. Und auf Ferien verraten sich die Menschen noch mehr als gewöhnlich.
KLARA Ich frage mich, ob er sich Ihnen nicht anders gegeben hat, als er ist. Das liegt wohl in seiner Art. Wenn Sie ihn richtig gesehen haben, müßte er sich sehr verändert haben.
ORMIN Man verändert sich ja nicht, Frau Klara. Man verstellt sich; man lügt andern, zuweilen auch sich selber, etwas vor, aber im tiefsten Wesen bleibt man doch immer, wer man war.
KLARA Wenn man nur genau wüßte, wo dieses Tiefste sich eigentlich zu verbergen pflegt.
ORMIN Darüber sind wir uns wohl einig. Dort, wo unsere Wünsche schlafen oder sich schlafend stellen.
KLARA Am Ende gilt doch nur, was wir getan und gelebt – und nicht, was wir gewünscht oder ersehnt haben.
ORMIN Ganz richtig, Frau Klara. Um so weniger dürfen wir uns einbilden, einen Menschen zu kennen, solange uns seine Züge hinter dem Nebeldunst der sogenannten Erlebnisse verschwimmen.
KLARA *lächelnd* Und Ihr Blick geht hinter diese Nebeldünste?
ORMIN *ernsthaft* Zuweilen. So hat mich zum Beispiel der zufällige Umstand, daß Sie als die sorglich treue Hausfrau meines alten Freundes Karl Eckold durchs Dasein wandeln, niemals darüber täuschen können, daß tief in Ihnen die Seele einer großen Liebenden schlummert.
KLARA *erblassend* Einer großen gar? *Lächelnd* Sie schmeicheln. Ich liebe Karl, ja. Ich hab ihn immer geliebt. Aber da ist wohl weiter nichts Großes dabei.
ORMIN *ernst* Sie wissen wohl, daß ich es nicht so gemeint habe.
KLARA *mit gleichem Ernst* Ich habe mir nie ein anderes Los gewünscht. Nie. Ich darf von mir sagen, daß ich einem Menschen, der mir vor allen teuer war, sein mühe- und sorgenvolles Leben so weit verschönt habe, als es überhaupt in meinen Kräften stand. Das war nicht immer leicht, – aber man wußte doch, wozu man auf der Welt war.
ORMIN Ja, das glaub ich wohl, – daß Karl Sie nötig gehabt hat.
KLARA So wie ich ihn.
ORMIN Wirklich, Klara? Sie sind immer davon überzeugt gewesen,

daß Karl Eckold, er ganz allein, den Sinn und Zweck Ihres Lebens zu bedeuten hatte?

KLARA *herb* Er und Bettine. – Ja. – Den Sinn und Zweck.

ORMIN Verzeihen Sie!

KLARA Was soll ich verzeihen?

ORMIN Es ist mir vielleicht nicht ganz gelungen, auch heute den Ton festzuhalten wie hundert andere Male, wenn man *er steht auf* zum Schluß sagen konnte: Auf morgen – oder übermorgen, gnädige Frau!

KLARA *lächelnd* Auf – heut über ein halbes Jahr!

ORMIN *möglichst leicht* Wir wollen's hoffen. Nun aber – *Er will sich verabschieden, auf eine Bewegung von ihr* Oh, bitte, lassen Sie Karl doch lieber nicht rufen. Wir haben uns ja schon verabschiedet. Und, – bei aller Sympathie für ihn, – der letzte Eindruck, den ich aus diesem Hause – *Er unterbricht sich, einfach* Leben Sie wohl, Klara!

KLARA Leben Sie wohl!

Sie sind zusammen an der Türe, er hält ihre Hand in der seinen.

KLARA Ormin!

ORMIN Klara –?

KLARA Sie haben offenbar das Gefühl, als wenn Sie irgend etwas versäumt hätten – durch eigene Schuld.

ORMIN *unbestimmt* Versäumt? – Wer hat das nicht?

KLARA In dieser Hinsicht möchte ich Sie doch beruhigen, ehe Sie gehen, wenigstens was mich anbelangt. – Also, lieber Freund, glauben Sie mir, Sie haben nicht den geringsten Anlaß, sich Vorwürfe zu machen.

ORMIN Ich verstehe wirklich nicht –

KLARA Auch wenn Sie damals, vor zehn Jahren, mein ich, stürmischer oder geschickter gewesen wären, als Sie es gewesen sind, es wäre Ihnen doch nicht geglückt, mich Ihrer Sammlung einzureihen.

ORMIN Hm – Aber ich weiß wirklich nicht, Frau Klara, warum Sie versuchen, durch die Wahl Ihrer Worte –

KLARA *ihn unterbrechend* Oh, ich hätte gewiß eines der edelsten Exemplare bedeutet, daran zweifle ich nicht. Aber es konnte nicht sein. Es durfte nicht sein. – Ich habe Sie nämlich geliebt.

ORMIN *nach einer kleinen Pause* Oh – – oh, ich Tropf.

KLARA *matt lächelnd* Sie tun sich unrecht. Es lag wirklich nicht an Ihnen. Ich wiederhole es. Alle Mühe wäre vergeblich gewesen. Hätte ich Sie weniger geliebt, so hätte ich die Ihre werden können, – vielleicht. Aber Sie wären – mehr gewesen als mein Geliebter. Sie wären mein Schicksal geworden. Das ist der Grund, warum es nicht sein durfte. – Und nicht **mein** Schicksal nur.

ORMIN Was wäre daran gelegen. Für uns wäre es das Glück gewesen. Wie vielen Menschen ist so etwas beschieden. Glück –! Wir hätten es erlebt.

KLARA Ein halbes Jahr, vielleicht ein Jahr lang. Und auch in dieser kurzen Frist hätten wir es nicht rein genossen.

ORMIN Es hätte rein werden können. Es wäre rein geworden mit der Zeit.

KLARA Niemals.

ORMIN – Bettine –?

KLARA Nicht nur um ihretwillen.

ORMIN Er? – Was konnte er Ihnen – damals bedeuten?

KLARA Was er mir war – was er mir blieb, – immer blieb. Nie habe ich so sehr gewußt, daß ich hierher gehöre – zu ihm gehöre – als damals.

ORMIN Gerade damals?

KLARA So sehr hab ich es nie gewußt. *Pause.*

ORMIN Verzeihen Sie, aber wenn ich mich gut erinnere, – mir ist, als hätten gerade zu jener Zeit, von der wir eben reden, Ihre Beziehungen zu Karl sehr viel zu wünschen übrig gelassen.

KLARA *sieht ihn befremdet an.*

ORMIN Oh, das war nicht schwer zu merken. Es gibt wohl kein durchsichtigeres Material als das, aus dem Ehen gemacht sind. Der Einzelne kann sich ja zur Not verstellen; aber für menschliche Beziehungen gibt es keine Masken.

KLARA *nach kurzem Zögern* Wir waren einander damals entfremdet, ich leugne es nicht. Aber trotzdem, ja gerade darum – *sie unterbricht sich, wärmer* Sie können es nicht verstehen! Sie haben ja niemals erfahren, was eine Ehe bedeutet, was eine Ehe bedeuten kann. Sie wissen nicht, was eine jahrelange gemeinsame Existenz, – und die unsere war lange Jahre hindurch wahrhaft gemeinsam –, was die für Fäden knüpft, stärker als alle, die Leidenschaft zwischen Mann und Weib zu knüpfen vermag. Da mag allerlei zerren und nagen, die Fäden reißen nicht. Man gehört nun einmal zusammen. Und man spürt es nie tiefer –

ORMIN Als wenn man am liebsten auseinander möchte.

KLARA Sie wissen gar nicht, wie wahr das ist, was Sie da sagen. In Mißtrauen und Qual gehört man noch zusammen, geradeso wie früher, – und später vielleicht – in Hingebung und Zärtlichkeit, – fester noch, unrettbarer! Ich hätte ihn niemals verlassen können. Nie verlassen dürfen. Damals weniger als je. – Verstehen Sie jetzt, *mit einem leisen Lächeln* daß alle Mühe vergeblich gewesen wäre, und daß Sie sich wirklich keinen Vorwurf zu machen haben?

ORMIN Ob ich es verstehe oder nicht, darauf kommt es wohl heute nicht mehr an. Aber, daß Sie es mir gerade heute sagen. –

KLARA *ohne ihn anzusehen* Irgend einmal mußt' ich wohl.

ORMIN *ziemlich leicht* Sie scheinen doch gelinde Zweifel zu hegen, daß es mir vergönnt sein wird, in einem Jahr oder in zweien innerhalb dieser vier Wände oder sonst irgendwo Ihnen gegenüber zu sitzen so wie heut und –

KLARA *rasch* Sie sollen kein falsches Bild von mir davontragen.

ORMIN *leicht* In die Ewigkeit. –

KLARA In die Ferne.

ORMIN Und es erfüllt Sie mit großer Genugtuung, daß ich draußen in der Fremde das Bild einer Heiligen in mir bewahren werde, statt das einer Frau? –

KLARA Eine Heilige bin ich nicht. Das Wort stimmt auf mich noch viel weniger, als Sie ahnen.

ORMIN Wir wollen die Worte nicht gar zu schwer und wichtig nehmen.

KLARA Nehmen Sie sie nur so wichtig und wörtlich, als Sie wollen. Ich bin so wenig eine Heilige, als ich je eine große Liebende war. Ich bin eine Frau wie hundert und tausend andere, glauben Sie mir. Vielleicht nicht schlechter, aber ganz gewiß nicht besser als tausend andere.

ORMIN Das klingt ja – *Näher zu ihr* Gibt es noch ein Geheimnis, Klara?

KLARA Keines mehr für Sie, Ormin, in dieser Stunde.

ORMIN Keines mehr für mich?

KLARA Keines.

ORMIN Verstehe ich Sie recht, Klara?

KLARA Ich glaube wohl, daß Sie mich recht verstehen.

ORMIN Aber ein Geheimnis bleibt es doch –? *Pause.*

KLARA Ein Name – liegt daran so viel?

ORMIN Ich frage nicht. *Pause.*

KLARA Sonderbare Fügungen gibt es, Ormin. Morgen um diese Zeit werden Sie wahrscheinlich in seiner Gesellschaft auf dem Verdeck der Amphitrite auf und ab spazieren. –
ORMIN In seiner – – Was sagen Sie da? Er? Das ist ja –
KLARA Er. *Pause.*
ORMIN Und in diesem Fall war jede Gefahr ausgeschlossen, daß es sein Schicksal werden könnte?
KLARA Warum fragen Sie? *Mit einem Blick rings um sich deutend* Hier haben Sie ja die Antwort.
ORMIN Die Sie damals nicht voraussehen konnten.
KLARA Vielleicht doch.
ORMIN Sie werden mir niemals einreden, daß Sie sich in ein solches Erlebnis mit Berechnung hineinbegeben haben. Es muß irgendeine Erklärung geben, daß gerade er –
KLARA *lächelnd* Und man muß wahrscheinlich ein Mann und ein bißchen eitel sein, um in einem solchen, doch nicht gar so ungewöhnlichen Fall durchaus nach einer Erklärung zu suchen, wenn man nicht gerade selber –
ORMIN Der Glückliche gewesen ist.
KLARA Der Glückliche? –
ORMIN Sie haben ihn geliebt.
KLARA Das leugne ich nicht.
ORMIN Mehr als mich.
KLARA *unwillkürlich lächelnd* We niger als Sie.
ORMIN Und doch hätte er Ihr Schicksal werden können. – Ja, auch er! Es lag doch nicht in Ihrer Macht. – Wenn er sich an Sie geklammert, wenn er Sie nicht mehr freigelassen, wenn er auf seinen – Rechten bestanden hätte –
KLARA Rechte? – Er verlangte nicht mehr, als ich bereit war zu geben. Ihn hatte das Leben nicht verwöhnt wie andere.
ORMIN *leise vor sich hin* Wie andere!
KLARA Er war – wirklich einsam gewesen von Jugend an. Nicht einmal – den Frieden eines Vaterhauses hatte er gekannt.
ORMIN *lächelnd* Und so konnte man immerhin auch ein wenig Schwester und Mutter sein. –
KLARA Liebende war man und Geliebte.
ORMIN *immer einfach* Und in einem trüben Dasein der erste Himmelsstrahl! Das große, das einzige Glück eines Lebens. –
KLARA Das ist man wohl gewesen.
ORMIN Oder hatte wenigstens alle Ursache, sich in dem Traum zu wiegen, daß man es war.

KLARA Ihm war ich es. Und vielleicht mehr als das Glück. Ich weiß ja nicht, was das Leben aus ihm gemacht hat. Es hat ihm ja nicht alles gewährt, was er hoffen, was er vielleicht fordern durfte. Aber ich weiß, was er damals gewesen ist. Sie haben ihn ja nicht gekannt. Keiner hat ihn gekannt. Wer hat sich denn die Mühe genommen, in diese trotzige und einsame Seele hineinzuschauen? Ich habe es getan. Darum konnte ich, von allen Menschen die erste, ihm etwas sein. Und damals war ich ihm alles – und habe kein anderes Dasein zerstören müssen.

ORMIN Und überdies, was ja doch auch ein wenig in Betracht kommt, es war beinah – ein Abenteuer.

KLARA Abenteuer? – –

ORMIN Ein Erlebnis! Zu einer Stunde, da Sie eben aus allerlei Gründen für etwas dergleichen reif geworden waren.

KLARA *schüttelt den Kopf* Ich hätte es wohl vorhersehen können.

ORMIN *fragende Miene.*

KLARA Daß Ihnen nun meine Züge verschwimmen würden. Ja, auch Ihnen. Es ist so, wie Sie früher – von den andern behaupteten: Hinter den Wolken der Erlebnisse verschwimmt Ihnen das Bild meiner Seele. *Nach einem leichten Seufzer* Ich hätte nicht reden sollen, Ormin.

ORMIN Sie werden doch nicht etwa bereuen, Klara? Ich bin Ihnen ja so dankbar! Es war schön und gut, daß Sie – daß wir beide in dieser Stunde – endlich die Wahrheit gesprochen haben.

KLARA Sind wir dessen nur ganz sicher?

ORMIN Klara! –

KLARA Nun ja. Vielleicht. – Wenn es nicht Worte gewesen wären.

ORMIN Die Worte – werden wir vergessen. Auf die kommt es ja nicht an. Die sind ja nur –

KLARA, ORMIN. ECKOLD *kommt von rechts.*

ECKOLD Na, da bist du ja noch.

KLARA Eben wollte ich dich rufen lassen.

ORMIN *will sich verabschieden* Lieber Freund –

ECKOLD Ich danke dir, daß du so lange Geduld hattest.

ORMIN Indes ist es allerdings hohe Zeit geworden.

ECKOLD Ich will dich auch nicht länger aufhalten. Also nochmals

– glückliche Reise! *Händedruck* Übrigens will ich dir zum Abschied nicht verhehlen, daß ich dich ein wenig beneide.

ORMIN Wahrhaftig? Nun, komm mit. Laß deine Praxis ein paar Monate sein und fahr mit uns.

ECKOLD Was soll ich bei euch anfangen? Chirurgie ist nicht mein Fach.

ORMIN Das sollte kein Hindernis sein. Wir können am Ende auch mit Pest dienen. Aber auch das lockt dich nicht besonders, wie es scheint? –

ECKOLD Es ginge ja doch nicht, auch wenn es mich lockte. Weiter als bis zur Sehnsucht hab ich's nie gebracht.

ORMIN Ist er nicht ein wenig ungerecht gegen sein Schicksal?

KLARA Ich sag es ihm manchmal.

ECKOLD Na – *Pause* Also, laß dir's wohl ergehen, mach möglichst viele Leute gesund und schau zu, daß du selbst heil wieder zurückkommst.

ORMIN Das wollen wir hoffen. Also adieu. Denkt manchmal an mich. Auf Wiedersehen, Frau Klara. *Reicht beiden die Hand und geht.*

ECKOLD, KLARA. *Schweigen.*

ECKOLD *sieht auf die Uhr, klingelt.*
DIENER *kommt.*
ECKOLD Ist indes noch wer gekommen?
DIENER Nein, Herr Doktor.
ECKOLD Der Wagen schon vorgefahren?
DIENER *zum Fenster* Noch nicht. *Ab.*
KLARA Es ist erst halb fünf. *Sie ist langsam zum Fenster gegangen.*
ECKOLD *setzt sich, nimmt die Zeitung.*
KLARA *wendet sich nach ihm um* Du wolltest mir irgend etwas sagen?
ECKOLD Es hätte auch morgen Zeit.
KLARA Wegen Bettine, nicht wahr? Die Auszahlung des großväterlichen Erbteils? Sind da irgendwelche Schwierigkeiten? Du bist ja heute beim Notar gewesen. –
ECKOLD Ja. – Auch das. Die Sache mit dem Erbteil geht natürlich ganz glatt. In ein paar Wochen ist alles abgewickelt. Auf die Kleinigkeit kommt's Bettine jetzt übrigens nicht an. Ja – aber – ich wollte eigentlich – Sag einmal, du hast wohl sehr große Sehnsucht nach ihr?
KLARA Und du?!

ECKOLD Freilich. Aber ich, ich habe am Ende meinen Beruf. Du, glaube ich, wirst dich doch schwerer dareinfinden können, daß Bettine nicht mehr hier im Hause lebt.
KLARA Ich war ja vorbereitet.
ECKOLD Trotzdem. Deine ganze Existenz, im Laufe der letzten Jahre wenigstens, war ja völlig ausgefüllt durch Bettine. Du wirst eine arge Leere empfinden.
KLARA *matt lächelnd* Es gibt wohl noch einiges andere – oder nicht?
ECKOLD *starr* Immerhin, wenn du etwa Lust hättest, nach Berlin zu übersiedeln, – von meiner Seite – ich würde meine Zustimmung nicht versagen.
KLARA *befremdet, sieht ihn an.*
ECKOLD Ich hätte nichts dagegen, gar nichts, um so weniger, als ja nun, da Bettine nicht mehr da ist, keine rechte Nötigung mehr für uns besteht, noch weiterhin im selben Haus zu wohnen.
KLARA Ich versteh dich nicht.
ECKOLD Sollte das gar so schwer sein?
KLARA *immer befremdeter* Du willst – du meinst – ich sollte nach Berlin übersiedeln?
ECKOLD Es ist ein Vorschlag. Man wird über die Einzelheiten noch reden müssen. Aber alles in Betracht gezogen, ich glaube –
KLARA Was bedeutet das? Was ist das für ein plötzlicher Einfall?
ECKOLD Plötzlich? Das scheint dir nur so. Ich habe nur bisher noch nicht davon gesprochen. Es wäre verfrüht gewesen. Ich liebe es, erst dann von den Dingen zu reden, wenn sie aktuell geworden sind. Aber ich kann dich versichern, es ist eine recht alte Idee von mir, daß wir nach Bettinens Verheiratung unsern – unsern gemeinsamen Haushalt auflösen könnten.
KLARA Unsern gemeinsamen –
ECKOLD Ja, eine recht alte Idee, eine Lieblingsidee. Ich könnte dir auch sagen, wie alt, fast auf den Tag könnte ich es dir sagen. Zehn Jahre sind es her. Im vergangenen Mai waren es zehn Jahre – auf den Tag. Verstehst du mich? *Er steht ihr gegenüber, sie sehen einander ins Auge. Pause.*
KLARA Und zehn Jahre lang hast du geschwiegen?
ECKOLD Ja, das habe ich getan. Aber ich mache keinerlei Anspruch auf deine Bewunderung. Es war viel leichter, als du

glaubst. Man muß eben nur ganz genau wissen, was man will. Und ich hab es gewußt. Den äußerlich ruhigen Lauf unserer Existenz zu unterbrechen, eine so tiefgreifende Erschütterung unserer Lebensverhältnisse hervorzurufen, solange unsere Tochter im elterlichen Hause lebte, das wäre höchst unpraktisch, ja sogar unmoralisch gewesen. Und geradeso unmoralisch wäre es, wenn wir nun weiter zusammenlebten, nachdem Bettine nicht mehr im Hause ist.

KLARA Du hast es über dich gebracht zu schweigen, zehn Jahre lang?

ECKOLD Ich wußte ja doch, daß dieser Tag kommen mußte. Ich lebte ihm gewissermaßen entgegen.

KLARA Seit zehn Jahren diesem Tag? Ich glaub es nicht. Solche Selbstbeherrschung trau ich keinem Menschen zu, dir am wenigsten.

ECKOLD Du hast mich immer unterschätzt, das weiß ich. Ihr beide habt es getan.

Pause.

KLARA Warum hast du mich damals nicht fortgeschickt?

ECKOLD Mit demselben Recht könnte ich fragen: Warum bist du damals nicht fortgegangen?

KLARA Die Frage könnte ich dir beantworten. Weil ich hier meine Heimat glaubte. Weil hier meine Heimat war, – immer –, trotz allem.

ECKOLD Die Auffassung hat mancherlei für sich, vor allem ihre außerordentliche Bequemlichkeit.

KLARA Es war auch deine Auffassung.

ECKOLD Oh –

KLARA Ja, sie war es. Sonst hättest du mich eben davongejagt. Es wäre ja dein gutes Recht gewesen nach der üblichen Meinung. Was dich daran verhindert hat, – damals –, war ja eben doch nichts anderes als die Empfindung, – daß sich im wesentlichen in unseren Beziehungen nichts verändert hatte.

ECKOLD Ah!

KLARA Daß sich gerade damals zwischen dir und mir im Grunde durch Tatsachen kaum mehr etwas verändern konnte. –

ECKOLD Ich verstehe nicht recht –

KLARA Wir sind einander fern gewesen – damals. Das war das Wesentliche. Und was dann noch geschah, das hatte im Verhältnis zu der Entfremdung, die zwischen uns eingetreten war, kaum mehr viel zu bedeuten?

ECKOLD Entfremdung? Von welcher Zeit sprichst du denn? Was nennst du Entfremdung?

KLARA Weißt du wirklich nicht mehr? – Sollte dir gerade das aus dem Gedächtnis geschwunden sein, wodurch alles übrige erst möglich wurde?

ECKOLD Ah, nun kann ich es mir wohl denken. Du sprichst von der düstersten Zeit meines Lebens, von der Zeit meiner schwersten Sorgen und Kämpfe, von der Zeit, in der ich endgültig meine akademischen und wissenschaftlichen Träume aufgeben mußte und es sich ein für allemal entschied, daß ich, nicht gerade durch Mangel an persönlichen Fähigkeiten, bestimmt und verurteilt war, ein Handlanger auf meinem Gebiet zu bleiben, statt zu erreichen, was andern in den Schoß fiel. Ich gestehe dir ohne weiteres zu, daß ich mich damals in recht übler Stimmung befand. Man könnte sich eine Frau vorstellen, die in einer solchen schweren Epoche dem Mann zur Seite steht, ihn aufrichtet, ihm zu Hause Ersatz zu bieten sucht für all die Gemeinheit, mit der er sich draußen in der Welt herumschlagen muß. Du aber versuchst, hast es jedenfalls damals versucht, mir aus meiner Verdüsterung eine Art Schuld zu konstruieren, und die sogenannte Entfremdung war dir nichts als eine willkommene Ausrede dafür, dein – *mit Hohn* Glück außer Hause zu suchen.

KLARA Du bist ungerecht. Ich habe mein Redliches getan, damals dir über alle deine Enttäuschungen und bösen Erfahrungen hinwegzuhelfen. Es hat mir wohl die Kraft dazu gefehlt. Ich bin vielleicht zu rasch müde geworden. Aber es ist mir doch niemals eingefallen, dir dein unglückseliges Temperament als Schuld anzurechnen, wie du sagst. Daß diese Entfremdung kam, ist wahrscheinlich niemandes Schuld gewesen, deine so wenig wie die meine. Es mag ja sein, daß menschliche Beziehungen geradeso ihren Krankheiten unterworfen sind – wie Menschen selbst. Das mußtest du wohl fühlen wie ich. Und darum hast du auch gewußt, daß die Tatsache selbst, – der Betrug, wie man es wohl zu nennen pflegt, nicht mehr viel zu bedeuten hatte. Sonst hättest du ihn ja doch nicht – hingenommen, wie du es getan.

ECKOLD Du glaubst? Nun, so muß ich dir wohl erklären, wieso ich ihn – hinnehmen konnte. Ich war vorbereitet. Ich sah das Verhängnis herannahen. Das sieht man ja immer. Manche verschließen sich die Augen. Ich tat es nicht. Und da war ich denn so klug, dir zuvorzukommen. Verstehst du? Das mußt du schon meiner Eitelkeit zugute halten. Ich habe nicht so lange gewartet, bis *höhnisch* sich dein und mein Schicksal erfüllt hatte. Ich sah es herankommen, aufzuhalten war es nicht, und so kam ich dir eben zuvor. Es wäre erstaunlich, daß du davon nicht einmal etwas geahnt haben solltest! Wie wenig mußt du dich um mich gekümmert haben. Und ich machte durchaus kein Hehl daraus. Insbesondere er, dein – Liebhaber, war sehr gut davon unterrichtet. Sollte er dir's nicht einmal angedeutet haben? Das wäre sonderbar. Vielleicht hast du's vergessen. Nun, das ist ja gleich. – Jedenfalls ließ es sich ganz leidlich ertragen – das Verhängnis, – besonders, da man seine bestimmten Pläne für die Zukunft hatte.

KLARA *in ruhigem Ton* Es wäre reinlicher gewesen, mich davonzujagen.

ECKOLD Und von dir jedenfalls reinlicher, dich zur rechten Zeit – zu entfernen. Sehr reinlich sind ja solche Dinge niemals. Aber klug wäre es nicht gewesen, wenn wir uns damals getrennt hätten, von wem immer der Gedanke einer solchen Trennung ausgegangen wäre.

KLARA Und heute, heute mit einem Male sollte es klug geworden sein?

ECKOLD Heute ist es sogar das einzig Mögliche.

KLARA Du glaubst es ja selbst nicht.

ECKOLD Warum? Erschiene dir mein Entschluß vernünftiger, wenn ich die Augen rollte, die Hand gegen dich erhöbe und umherraste wie ein Toller? So hätte sich's wohl vor zehn Jahren abgespielt, wenn ich ein Narr gewesen wäre. Heute kannst du das doch nicht von mir verlangen.

KLARA Wir sind ohne Zeugen, Karl. Du wirst mich so wenig für zudringlich halten als ich dich für –

ECKOLD Nun?

KLARA Für einen Komödianten, der sich seine Szene nicht will verderben lassen. Also, laß es genug sein. Du hast deinen Triumph haben wollen, du hast ihn, laß dir daran genügen. Du kannst dir wohl denken, daß ich oft bei Bettine sein werde, so oft als nur möglich. Das ist ja mein eigener Wunsch. Aber warum alles übrige? Warum heute eine Gemeinsamkeit lösen, in der doch nichts, so gut wie nichts mehr von all dem vorhanden ist, was einer so verspäteten Strafe und Rache Sinn verleihen könnte? Was ich dir in diesen letzten Jahren gewesen bin – und du mir, das können wir uns wohl weiterhin bleiben. Du hast doch nicht diese ganzen Jahre hindurch Komödie gespielt! Das ginge doch wohl über alle menschliche Kraft. Längst hattest du mir innerlich verziehen, wenn du dir's vielleicht auch nicht zugestandest. Oh, früher, viel früher schon, – lange, ehe wir einander nichts geworden sind, als gute Freunde. –

ECKOLD Gute Freunde? – Es ist auch ein Wort. Man hat natürlich allerlei miteinander zu reden, wenn man unter einem Dache wohnt, durch verschiedene gemeinsame Interessen des Alltags und überdies durch ein Kind verbunden ist. Beliebt es dir, eine solche Verbindung Freundschaft zu nennen, so sei's dir nicht verwehrt. Mich für meinen Teil hat es niemals gehindert, in der Tiefe meiner Seele meine Existenz von der deinen getrennt zu halten und der Stunde entgegenzuleben, die nun endlich gekommen ist.

KLARA Dann aber lebst du ihr erst entgegen, seit wir einander wirklich nichts mehr sind als Hausgenossen. Denn einmal war es anders.

ECKOLD Nie war es anders.

KLARA Es war anders! – Erinnere dich doch! Nach der schlimmen Zeit der Entfremdung, der Lüge, wenn du willst, kam ja eine andre, – eine bessere, – die Zeit, in der wir einander wiederfanden!

ECKOLD Wir beide – einander wieder –?!

KLARA Wir wußten beide, was wir gelitten hatten, auch ohne es einander zu sagen. Und es wurde vieles wieder gut. Alles! Ja, erinnere dich nur. Wir waren wieder glücklich, glücklich wie zuvor, glücklicher, als wir es je gewesen waren. Das, das kannst du nicht aus der Welt schaffen. Denk doch nur an unsere Reise – bald darauf. An die wundervollen Tage in Rom, in Neapel, die wir zusammen verlebt haben. Damals hast du mir doch keine Komödie vorgespielt! Alles andere geb ich dir meinethalben preis. Aber jene Zeit, in der wir beide aus unsern Erlebnissen wieder zueinander kamen und von neuem wußten, was wir füreinander bedeuteten, die war nicht Lüge und war nicht Selbstbetrug. Erinnere dich nur. Heut ist es ja schwer, davon zu sprechen. Aber ich weiß es, und du weißt es auch, niemals war ich so gänzlich dein gewesen, nie, selbst in unsern jüngsten gemeinsamen Jahren so sehr deine Geliebte als gerade damals, da wir uns wiederfanden.

ECKOLD Das – das ist eben ein Irrtum.

KLARA Das kann kein –

ECKOLD Doch! Weder meine Frau, noch meine Geliebte warst du damals, – so wenig, wie du später meine Freundin geworden bist. All das konntest du mir nicht mehr werden.

KLARA Karl! –

ECKOLD Ja, – ich erinnere mich. Sie hatte gewiß auch ihre Reize, jene Zeit; aber meine Geliebte warst du nicht, – höchstens –

KLARA *leidenschaftlich* Sprich nicht aus, was nie wieder gutzumachen wäre.

ECKOLD Wer hat hier etwas gutzumachen? Du wurdest mir, was du mir unter diesen Umständen eben noch sein konntest –

KLARA Karl! – Wenn das wahr ist –

ECKOLD Es ist wahr.

KLARA So hättest du mir's sagen müssen, eh du mich wieder nahmst. Du hast das Recht gehabt – vielleicht – mich fortzujagen, am Ende sogar mich zu töten. Aber ein Recht, mir die Strafe zu verschweigen, die es dir beliebte, über mich zu verhängen, das Recht hattest du nicht. Du hast mich schlimmer betrogen und tausendfach feiger als ich dich. Du hast mich tiefer erniedrigt, als ein Mensch irgendeinen andern erniedrigen darf!

ECKOLD *triumphierend* Fühlst du das? Ja? Weißt du das? Oh, das tut wohl. Und es war der Mühe wert, zehn Jahre lang diese Stunde zu erwarten, wenn du heute deine Erniedrigung wirklich so tief empfindest, als ich damals die meine empfunden habe.

KLARA Ich habe dich nicht erniedrigt.

ECKOLD Ja, du hast's getan! Erniedrigt, verhöhnt und mit Schmach bedeckt! – Wär's nicht er gewesen, ich glaube fast, daß ich dann hätte vergessen, verzeihen können. Daß mein Zorn längst verweht, mein Haß irgend einmal erloschen wäre. Aber daß gerade er es war, dem du dich gabst, er, dem alles zuflog von Jugend auf, alles, was sich mir versagte, so verzweifelt ich mich auch darum mühte, daß er es war, er, der sich immer den Größeren dünkte, nur weil ihm die Natur einen leichteren Sinn gegeben – das hat mein Herz mit Bitternis gegen dich erfüllt. Aber das hat mir auch die Geduld gegeben, meinen Haß in mir groß werden zu lassen, ohne daß er mir die Brust zersprengte.

KLARA Er? Was flog ihm zu? Wer auf der Welt ist so glücklich,

daß man in solchen Worten von ihm sprechen dürfte?
ECKOLD Willst du noch einmal seinen geliebten Namen hören? Ormins Namen, des Herrlichen, Ormins, des Überlegenen, Ormins, des Götterlieblings –
KLARA *wie benommen* Ormin?! Aber das ist ja...! Ormin?! – Und – und wenn das alles gar nicht wahr wäre?
ECKOLD Was fällt dir plötzlich ein?
KLARA Wo sind deine Beweise? Wo sind sie? –
ECKOLD Der Einfall kommt dir etwas zu spät. Zehnmal, hundertmal in dieser Stunde hättest du dich verraten, wenn das überhaupt notwendig gewesen wäre. Aber konntet ihr euch wirklich jemals einbilden, es sei alles damit getan, und alle Vorsicht sei damit erschöpft gewesen, daß er sich in eurem Liebesnest unter einem falschen Namen einmietete? Die Nachforschungen waren ja durch das geniale Pseudonym Ernst Mayer ein wenig erschwert, aber sie haben doch zum Ziele geführt, wenn auch erst im letzten Moment. Hättet ihr schon am zehnten Mai euere Beziehungen gelöst, statt am Tage darauf, so hätte ich tatsächlich keine Beweise in der Hand. Denn am nächsten Tag, ihr mußtet euch doch nicht ganz sicher fühlen, war Herr Ernst Mayer fortgezogen, verreist, unbekannt wohin, – und dein Liebestraum war zu Ende. Ich bin gut unterrichtet, nicht wahr? Und wie trefflich hat sich doch alles gefügt für uns alle. Hätte ich dich auch am nächsten Tag noch in jenes Haus verschwinden gesehen –
KLARA Nun?
ECKOLD Es wäre immerhin möglich, daß euere Schäferstunde ein schlimmes Ende genommen hätte. Denn ein Stück von einem Narren steckt doch in jedem von uns, – in den Ormins so gut als in den Eckolds. So aber war mir Zeit zur Überlegung geschenkt, die hab ich genützt, und so entschloß ich mich zu schweigen bis heute.
KLARA Und ihm gegenüber auch heute...
ECKOLD Was kümmert er mich?! Der sentimentale Geck, der nun auf seine alternden Tage, weil hier seine Künste zu versagen beginnen, auch in der Chirurgie, wie man behauptet, übers Meer fährt, in Pest und Kriegsgefahr, um sich zum melodramatischen Abschluß mit seiner würdigen Gattin wieder zu vereinen –?
KLARA Du sollst ihn nicht schmähen.

ECKOLD Warum nicht? War sein ganzes Leben nicht eine einzige Schmähung auf mich?

KLARA Wenn du es so empfindest, so hättest du es ihm, einmal wenigstens, heute, ins Gesicht sagen müssen.

ECKOLD Müssen Männer ernsthaft und ausführlich über solche Dinge reden? Was mir die Weiber bedeuten, bedeutet haben von einem gewissen Moment an, die andern geradeso wie du, daraus hab ich ihm niemals ein Hehl gemacht. So wie er stets gewußt hat, daß ich ihn durchschaue bis in die letzten Winkel seiner geschmackvoll eingerichteten Seele.

KLARA An ihm gibt es nichts zu durchschauen! Er hat niemals Komödie gespielt wie du. Er ist immer wahr gewesen.

ECKOLD Wirkt der Zauber auch heute noch nach? Du fängst an, mich zu dauern.

KLARA Dazu ist kein Anlaß. Ich bin glücklich gewesen. So glücklich, als eine Frau auf Erden nur sein kann. Ich bin heute noch glücklich, daß ich einmal die seine war, – und das kannst du mir, das kann niemand mir nehmen! Es war nun einmal er und kein anderer. Da kann ich dir nicht helfen. Und ich habe ihn unsäglich geliebt. Unsäglich! – verstehst du mich? Wie niemanden sonst auf der Welt! Oh, – daß ich auch in diesem Hause gute Zeiten verlebt habe, und daß ich mit keinem Menschen durch viele Jahre so innig nah verbunden war als mit dir, das werd ich nie vergessen, – und auch du wirst dich – später einmal, bald, wenn du nur ruhiger geworden bist, wieder daran erinnern. Aber was war alles, was das Leben mir geschenkt, was war Heimatsfriede, Mutterglück – gegen die kurze Frist von Seligkeit, in der ich seine – seine – in der ich – Ormins Geliebte war!

ECKOLD Du hast ihn heute zum letzten Male gesehen. Weißt du das? Er wird nicht wiederkommen. – Hat er dir's gesagt?

KLARA Er weiß es?

ECKOLD Man hat es ihm nicht verschwiegen, soviel mir bekannt ist. Du begreifst jetzt vielleicht auch, daß ich auf eine Auseinandersetzung mit ihm lieber verzichtete.

KLARA Ich begreife. Oh, ich begreife alles. Und ich begreife alles so gut, daß ich – noch heute abend dein Haus verlassen werde.

ECKOLD Wir sind ja einig. Warum soll es schon heute geschehen? Ich gebe dir Frist, solang es dir beliebt.

KLARA Ich gehe heute. Es wird noch immer um zehn Jahre zu spät gewesen sein. *Pause.*

ECKOLD *zuckt die Achseln* Du weißt, daß ich anderer Ansicht bin. Auch ich bin durchaus nicht undankbar gegen jene ersten Jahre unserer Ehe, die... Aber – heute war die Stunde, über alles übrige zu sprechen. Böse Worte sind in solchen Fällen nicht zu vermeiden. *Sieht zum Fenster hinaus* Ich halte es nicht für ausgeschlossen, daß wir später auch noch in Ruhe miteinander reden werden. Du hast mir nichts mehr zu sagen? – Nun – auf – auf heute Abend. – Es ist ja selbstverständlich notwendig, gewisse äußerliche, formelle Punkte zu besprechen. – Jetzt muß ich gehen. – Ich muß... *er zögert, dann* Adieu.

KLARA *schweigt.*

ECKOLD *geht.*

KLARA *eine Weile allein, ganz still und starr, dann wie erwachend ins Zimmer links, kommt im Hut und Mantel wieder. Zögert. Dann setzt sie sich an den kleinen Schreibtisch rechts, nimmt Papier und will schreiben. Hält inne* Wozu? Keinem. Worte lügen. *Sie steht auf.* Bettine? Sie bedarf meiner nicht mehr. *Sie läutet.*

STUBENMÄDCHEN *kommt herein* Gnädige Frau?

KLARA Ich komme heute etwas später nach Hause. Es soll mit dem Abendessen nicht gewartet werden. *Sie geht.*

STUBENMÄDCHEN *sieht ihr etwas befremdet nach.*

Vorhang

GROSSE SZENE

PERSONEN

KONRAD HERBOT, *Schauspieler*

SOPHIE, *seine Frau*

EDGAR GLEY

DOKTOR FALK, *Theaterdirektor*

VILMA FLAMM

EIN INSPIZIENT

EIN HOTELBOY

EIN KELLNER

Spielt in einem Hotelzimmer, Berlin.

Elegantes Hotelzimmer, Türe im Hintergrund auf den Gang, links Türe ins Nebenzimmer; mit Portiere. Links vorne Kamin mit brennenden Holzscheiten, davor Tischchen und Sessel. Mitte, mehr rechts Schreibtisch mit Telephon. An den Schreibtisch gerückt ein Diwan. Rechts hinten Alkoven, durch Vorhang abgeschlossen. Rechts ein ziemlich großes Fenster mit dem Blick auf ein Theatergebäude. Zu beiden Seiten der rückwärtigen Türe Schränke. Es ist später Nachmittag, im Spätherbst. Die Szene ist ein paar Minuten leer. Es klopft. Pause. Es klopft ein zweites Mal.

Der BOY *tritt ein (Türe Hintergrund) mit einigen Briefen. Im selben Augenblick von links* SOPHIE

SOPHIE Briefe?
BOY *der die Briefe eben auf den Schreibtisch legen wollte, ihr entgegen.*
SOPHIE Auch für mich? *Sie nimmt die Briefe in die Hand, blickt sie rasch durch, legt drei auf den Schreibtisch, behält den vierten in der Hand.* Richtig! – von ihm! –
BOY *ab.*
SOPHIE *mit dem Brief, den sie rasch geöffnet hat, nah zum Fenster, liest ihn durch, lächelt, schüttelt den Kopf, liest weiter.*
  Es klopft.
SOPHIE Herein!
BOY *tritt ein mit einer Karte, übergibt sie Sophie.*
SOPHIE Vilma Flamm? Kenn ich nicht.
BOY Die Dame sagt, sie sei herbestellt.
SOPHIE Herbestellt? Ach so. – Sagen Sie, mein Mann, der Herr Hofschauspieler, ist nicht zu Hause.
BOY *ab.*
SOPHIE *liest ihren Brief weiter, scheint bewegt* Nein – – Was ihm nur einfällt. Er kann doch nicht im Ernst glauben –! *Es klopft.* Was ist denn schon wieder? Herein!
VILMA FLAMM *tritt ein, 22 Jahre, modern, aber nicht sehr elegant gekleidet, auch nicht übermäßig auffallend, nur der Hut sehr groß. Frisur präraffaelitisch; schwarz, Glühaugen. Wie sie Sophie sieht, ist sie etwas verlegen* Pardon –
SOPHIE Fräulein Flamm?
VILMA Jawohl. Ich bin nämlich herbeschieden –
SOPHIE Der Boy hat wohl nicht bestellt? Der Herr Hofschauspieler ist nicht zu Hause.
VILMA Ich bitte vielmals um Entschuldigung, ich dachte nämlich, es müßte ein Mißverständnis sein, da ich doch für heute

fünf Uhr hierher beschieden bin. Ja, ich fürchtete sogar, mich schon verspätet zu haben. Der Herr Hofschauspieler wird wohl bald kommen?

SOPHIE *sehr kühl* Ich weiß nicht. Vielleicht bemühen Sie sich ein andermal. Oder gedulden sich in der Halle.

VILMA Gedulden! – Das ist allerdings nicht meine starke Seite, die Geduld. Und besonders – Fräulein sind wohl die Sekretärin des Herrn Hofschauspielers?

SOPHIE Nein, ich bin seine Frau.

VILMA *unwillkürlich* Ah!

SOPHIE *lächelnd* Das scheint Sie ja einigermaßen in Erstaunen zu setzen, Fräulein.

VILMA Durchaus nicht. Ich glaubte nur, – es hieß nämlich – Herr Herbot sei geschieden.

SOPHIE *kühl* Ein Irrtum.

VILMA Glücklicherweise.

SOPHIE *die sich schon halb abgewandt hatte, wieder zu ihr* Sehr liebenswürdig. *Freundlicher* Vielleicht kann ich meinem Mann etwas bestellen?

VILMA Wenn gnädige Frau so gütig sein wollten – allerdings – es ist mehr eine persönliche Angelegenheit. Ich hatte nämlich die Absicht, mich vom Herrn Hofschauspieler prüfen zu lassen.

SOPHIE Prüfen?

VILMA Ich bilde mich nämlich zur Schauspielerin aus. Seit einem halben Jahr studiere ich bei Frau Fuchs. Aber in der letzten Zeit sind mir Bedenken gekommen, ob ihre Methode auch die richtige ist. In meiner Familie ist man überhaupt dagegen. Mein Vater ist Kaufmann. Er hat ein Galanteriewarengeschäft. Flamm und Söhne. Die Söhne sind meine Brüder. Ich habe das übrigens alles in einem Briefe an Herrn Herbot schon vor acht Tagen ausführlich auseinandergesetzt; und daraufhin hatte Herr Herbot die große Liebenswürdigkeit, mich für heute fünf Uhr herzubestellen. Vielleicht hat er vergessen?

SOPHIE Immerhin möglich, da es schon acht Tage her ist. – *Es klopft.*

VILMA *rasch* Herein! – Oh, – pardon –

SOPHIE *lächelt unwillkürlich.*

BOY *mit einer Karte.*

SOPHIE Aber natürlich, ich lasse bitten.

DIREKTOR FALK *kleiner, magerer Herr, bartlos, kluge Augen, Hornzwicker, den er zuweilen abnimmt; im Überzieher, mit Stock und einer Manuskriptenrolle* Und er läßt sich gar nicht lange bitten, da ist er schon.
SOPHIE *erfreut ihm die Hand entgegenstreckend* Guten Abend, lieber Freund. *Zu Vilma, die stehen geblieben ist und den Direktor anstrahlt* Sie entschuldigen, mein Fräulein, am besten schreiben Sie vielleicht nochmals –
VILMA Ich werde so frei sein. Aber wenn gnädige Frau vielleicht die Güte haben wollten, mich dem Herrn Direktor vorzustellen –
FALK *wendet sich ab nach einem vernichtenden Blick.*
SOPHIE *etwas verblüfft* Ich habe Ihren Namen vergessen, Fräulein.
VILMA So darf ich mir vielleicht erlauben, selbst – ich heiße Vilma Flamm, Schauspielerin, angehende Schauspielerin. Herr Direktor sehen in mir eine Ihrer glühendsten Verehrerinnen; ich besuche kaum jemals ein anderes Theater als das Ihre, und ich benütze die Gelegenheit –
FALK *scharf* Ich nicht, mein Fräulein. *Wendet sich ab.*
VILMA Ich wollte ja keineswegs – aber es schien mir geradezu ein Wink des Schicksals –
FALK Sie haben diesen Wink offenbar mißverstanden. In Theaterangelegenheiten bin ich lediglich in der Kanzlei zwischen zwei und drei Uhr nachmittag gegen vorherige Anmeldung zu sprechen.
VILMA Also werde ich so frei sein, morgen um zwei Uhr –
FALK Übereilen Sie sich nicht, mein Fräulein. Wir haben keine Vakanz. Sie sind jung; gehen Sie in die Provinz, – Deutschland ist reich an vortrefflichen –
VILMA *beflissen einfallend* Theatern.
FALK – Bahnverbindungen habe ich sagen wollen. Guten Abend, mein Fräulein.
VILMA Jedenfalls wird mir diese Stunde unvergessen bleiben.
FALK Daran kann ich Sie nicht hindern, mein Fräulein.
VILMA Guten Abend, gnädige Frau, guten Abend, Herr Direktor. *Sie geht ab.*
FALK *immer noch den Stock in der Hand* Warum lassen Sie denn so was zur Türe herein, Frau Sophie? Sie erlauben? – *Er legt Hut, Stock und Überzieher auf den Diwan, behält die Rolle in der Hand.*
SOPHIE Ich kann nichts dafür. Plötzlich stand sie da. Herbot hatte sie herbestellt. Zu Prüfungszwecken.

FALK Warum nicht? Zuweilen hat er ja seine pädagogischen Anfälle.

SOPHIE *bitter* Ob man nicht seine sieben Sachen zusammenpacken und wieder auf und davon sollte?

FALK Ja, das wäre der Mühe wert. Wegen dieser angehenden Schauspielerin, die übrigens weder Sie noch mich, ja nicht einmal ihn, im allergeringsten anzugehen scheint. Sie sehen doch, er ist nicht einmal zu Haus gewesen.

SOPHIE Vor acht Tagen hat er ihr geschrieben, zur Zeit, als er sich noch für geschieden hielt.

FALK Hat er ja nie getan.

SOPHIE Und wenn ich nicht gestern angekommen wäre –

FALK *unterbrechend* Dies aber sind Sie. Und daran, verehrte Frau Sophie, wollen wir zunächst einmal festhalten. Denn, um Ihnen zu dieser Ihrer Rückkehr seinen ergebensten Willkommgruß und Glückwunsch darzubringen, gestattet sich der Unterzeichnete seine Aufwartung zu machen. –

SOPHIE Den Willkommgruß nehme ich gern entgegen, aber ob zum Glückwunsch ein Anlaß vorliegt –

FALK Das will ich meinen. Zu zahlreichen Glückwünschen sogar. Dem Herrn Gemahl habe ich schon heute auf der Probe gratuliert, und mir gegenüber befinde ich mich in einem Zustand ununterbrochener Gratulation anläßlich des Wiedergewinns meines ersten Schauspielers.

SOPHIE Ich habe nicht gemerkt, daß Sie ihn jemals verloren hätten.

FALK Na –

SOPHIE Ich habe ja das Repertoir verfolgt. Er hat seit dem 1. September bis heute, 30. Oktober, sechsmal die Woche gespielt und in dieser Zeit zwei neue Rollen kreiert, eine klassische und eine moderne; und es sollen Triumphe gewesen sein.

FALK Triumphe? Hm! Also, bei mir hat er nicht triumphiert. Ich habe ihn sogar ausgepfiffen, ganz leise natürlich, so vor mich hin, weil ja laute Mißfallsbezeugungen in meinem Theater verboten sind. Den Leuten hat er natürlich gefallen. Herrgott, bis das Publikum oder gar die Kritik es endlich merkt, daß einer seiner alten Lieblinge anfängt, das Talent zu verlieren, bis dahin können ein Dutzend neue Genies zugrunde gehen. Neulich im Tasso ist er nicht weniger als siebenmal steckengeblieben. Die guten Leute haben es wahrscheinlich für sieben neue Nuancen gehalten. Und nebstbei ist er wieder in die hohle Deklamation verfallen, wie damals, als ich ihn mir von eurem Burgtheater wegholte.

SOPHIE Schimpfen Sie nicht aufs Burgtheater, es ist noch immer besser als – die meisten andern.

FALK Ja, das ist eine fixe Idee von euch Wienern. Dafür ist es wieder die meine, verehrteste Frau Sophie, daß es Herbots Ruin gewesen wäre –

SOPHIE Wenn er am Burgtheater –

FALK Ach nee – ich meine, wenn Sie unversöhnlich geblieben wären. Und daher war ich als Förderer der deutschen Kunst im allgemeinen und als Direktor des Schauspielhauses im besonderen verpflichtet, Sie zur Besinnung zu bringen. –

SOPHIE Oh!

FALK Und Sie wieder in seine Arme zu führen.

SOPHIE Also, der Theaterdirektor war es, der mir so herzergreifende Briefe schrieb.

FALK Ob herzergreifend wollen wir dahingestellt sein lassen. Jedenfalls sehe ich mit Vergnügen, daß sie ihren Zweck erfüllt haben, und schmeichle mir, daß nicht nur mein Theater, sondern auch Herbot persönlich und nebstbei Sie, Frau Sophie, Ihren Vorteil davon haben werden. Dafür will ich gern auf allen Dank verzichten.

SOPHIE Er wäre zum mindesten verfrüht.

FALK Das finde ich nun wieder nicht. Ich mache ja keinen Anspruch, wie gesagt, aber es ist schon gut, auch für Sie, Madame, daß ihr wieder beisammen seid. Ihr gehört nun einmal zueinander. Ja. Da mögt ihr im übrigen anstellen oder angestellt haben, was ihr wollt.

SOPHIE I h r ?!

FALK Es war ja ein Konjunktiv, Frau Sophie, – wenigstens was Sie anbelangt. Aber ihn – das behaupte ich ja nicht zum ersten Male – ihn müssen Sie nun einmal nehmen, wie er ist. Mit den Genies hat man eben seine Plage, – die Direktoren geradeso wie die Frauen.

SOPHIE Nur daß sich für den Direktor die Plage besser lohnt.

FALK Sagen Sie das nicht, Frau Sophie. Auch für Sie lohnt es sich. Es muß doch ein schönes Bewußtsein für Sie sein, daß so ein Prachtkerl direkt auf Sie angewiesen ist, und es in höherem Maße wird von Jahr zu Jahr. Daß er ohne Sie weder leben noch anständig Komödie spielen kann. Sehen Sie, Frau Sophie, wenn

es irgendeinen vollgültigen Beweis für Liebe gibt, hiermit ist er erbracht. Und da Sie gleichfalls ohne ihn nicht leben können –
SOPHIE Das wäre noch die Frage.
FALK Na, immerhin sind Sie da. Das übrige wird sich finden, insoweit es sich noch nicht gefunden haben sollte. Aber nun lassen Sie sich mal ansehen, gute Frau Sophie. Die Einsamkeit hat ganz gut angeschlagen; – wenn's die Einsamkeit war.
SOPHIE Ja, hören Sie, Doktor, was denken Sie denn eigentlich?
FALK Man hätt's Ihnen nicht übelnehmen dürfen, wahrhaftig. Er am wenigsten. Und Rache ist süß, habe ich mir sagen lassen.
SOPHIE Rachsucht, das liegt wohl nicht in meiner Natur.
FALK Na ja, vornehm ist es ja freilich nicht, schon darum, weil ja Rache, zumindest in solchen Fällen, selten allein um ihrer selbst willen geübt wird. Es fällt für die Rächerin doch ein gut Teil Süßigkeit ab, die im Sprichwort nicht vorgesehen war. Warum lachen Sie denn, Frau Sophie?
SOPHIE Ich denke mir, wie klug das ist, was Sie da eben sagten, und wie Sie's doch unbarmherzig streichen würden, wenn es einem Ihrer Autoren eingefallen wäre.
FALK Mit Recht, liebe Frau Sophie. Weisheit auf der Bühne hält nur unnütz auf. Aber – um im ungestrichenen Dialog wieder fortzufahren, so habe ich zu bemerken, daß Madame etwas schlanker geworden sind und immerhin noch etwas bläßlich aussehen.
SOPHIE Aber reden Sie sich doch nichts ein, Doktor. Famos seh' ich aus. Es ist mir auch glänzend gegangen. Einsamkeit ist gar keine so üble Sache – und gesund, gesund! Denken Sie nur, so stundenlang ganz allein spazierengehen am Meeresstrand – oder irgendein schönes Buch lesen oder im Boot liegen, in den blauen Himmel schauen und – keine Lüge hören müssen, keine Lüge den ganzen Tag.
FALK Na, Frau Sophie, Sie übertreiben wohl ein wenig. Lüge –! Es gibt überhaupt keine Lüge auf der Welt. Es gibt nur Leute, die sich anschmieren lassen. Und zu denen haben Sie doch nie gehört, Frau Sophie. Anderseits wieder gibt es gewisse menschliche Beziehungen, die auf Lüge gestellt sind. Wieder was zum Streichen, nicht? Aber daß Herbot Sie liebt und immer geliebt hat, das bleibt ja doch nun einmal eine unumstößliche, unstreichbare Wahrheit trotz allem, was geschehen ist.

SOPHIE Und was geschehen wird.
FALK Es wird nichts mehr geschehen. Diese Tragödie zwischen Tür und Angel, die sollten Sie sich doch nicht so nahegehen lassen. Vor acht Tagen konnte doch Herbot noch nicht wissen, daß Sie sich endlich würden erweichen lassen. Und so wollte er vielleicht Vorräte für den Winter sammeln.
SOPHIE Dafür hätten Sie wohl noch gar eine Entschuldigung! Wissen Sie denn nicht, daß er mir in dieser ganzen Zeit beinahe täglich geschrieben hat, trotzdem ich ihm kaum jemals mit ein paar kühlen Zeilen antwortete? Und was für Briefe!
FALK Noch schönere als ich?
SOPHIE Man hätte wirklich glauben können, glauben müssen, daß er keinen andern Gedanken, keine andere Sehnsucht hätte als nach – mir!
FALK Stimmt auch. Soll ich Ihnen erzählen, Frau Sophie, wie oft dieser verwöhnte Junge – Sie werden ja keinen Gebrauch davon machen – um Ihretwillen geflennt hat wie ein Kind? Und nicht nur in meiner stillen Klause. Neulich einmal, im Restaurant, er war noch eben scheinbar ganz lustig gewesen – hatte er plötzlich den Kopf auf der Tischplatte liegen, und begann zu heulen wie ein Schloßhund.
SOPHIE Und bei Ihnen in der Wohnung wie ein Kind, das ist ein feiner Unterschied.
FALK Also, sagen wir, wie ein Schloßkind.
SOPHIE Aber im Restaurant hattet ihr vorher jedenfalls Champagner getrunken oder 'ne Pulle Sekt, wie er jetzt wohl wieder sagen dürfte?
FALK Das will ich nicht in Abrede stellen.
SOPHIE Also, getrunken hat er auch –!
FALK Nur wenn ihn der Schmerz übermannte!
SOPHIE Aber geschmeckt hat's ihm doch?
FALK Ja, das Leben geht seinen Lauf, wie einer meiner Dichter nicht sehr tiefsinnig, aber ungemein richtig behauptet. Und in diesem Sinne wollen wir uns denn auch alle in unser Schicksal ergeben – und heute nach dem Hamlet, Ende elf dreiviertel, auf die glückliche Wiedervereinigung der Ehegatten und auf die deutsche Kunst eine Pulle – Champagner leeren! Und ich garantiere Ihnen, heute wird Herbot nicht weinen. – Aber wo steckt er denn eigentlich?
SOPHIE Er macht eben seinen Nachmittagsspaziergang nach alter

Gewohnheit, oder betrügt mich mit irgendeiner Tragödin oder Bankiersfrau oder Ladenmansell. –
FALK Aber ich bitte Sie, – betrügt Sie –! vor dem Hamlet. Was fällt Ihnen denn ein!
SOPHIE *wider Willen lachend* Was schwingen Sie denn da übrigens immerfort hin und her?
FALK Ach ja, das ist ein neues Stück. Ganz interessante Rolle. Er soll sich's mal anschauen. Jetzt kann ich mich ja auf sein Urteil verlassen, da es glücklicherweise *mit Verneigung* wieder angelangt ist.
SOPHIE Zu freundlich.
FALK Wann sind Sie denn übrigens angekommen, verehrte Frau Sophie? was, in unser geliebtes Deutsch übertragen, nicht mit Unrecht Frau Weisheit bedeutet.
SOPHIE Gestern abend. Oh, Sie müssen nicht Ihr vertracktes Gesicht machen. Das Hotel ist überfüllt. Erst heute mittag habe ich das Zimmer hier daneben bekommen.
FALK Jetzt reden wir aber doch mal ernst. Ist das nicht ein nobler Zug von ihm, daß er eure schöne Wohnung versperrt ließ, und einen heiligen Eid tat, sie nicht anders wieder zu betreten als Arm in Arm mit Ihnen?
SOPHIE O ja, – es gibt Eide, die er hält. Hier im Hotel, gerade gegenüber dem Theater, ist es für alle Fälle bequemer, – auch zum Prüfen und Unterrichten –
FALK Jetzt ist es aber genug. Entweder man versöhnt sich oder man versöhnt sich nicht. Sie dürfen nicht gleich wieder mit dem Mißtrauen anfangen. Ich bin nämlich nicht ausschließlich hergekommen, um Sie zu Ihrer Rückkehr zu beglückwünschen, sondern mir auch ein Versprechen von Ihnen zu holen.
SOPHIE Ein Versprechen?
FALK Daß Sie mir nie wieder solche Geschichten machen.
SOPHIE Geschichten? Ich?
FALK Daß Sie ihm nie wieder davonlaufen. Man möchte doch gewissen Elementarereignissen nicht mitten in der Saison ausgeliefert sein. Diesmal sind Sie ihm am 14. August echappiert, da war er doch am 1. September so weit, daß er spielen konnte. Aber was tu ich, wenn mir so was passiert, während gerade ein Zugstück läuft? Darauf kann ich's doch nicht ankommen lassen. Also, Sie müssen mir versprechen –
SOPHIE Wollen wir nicht gleich einen Kontrakt aufsetzen?

FALK Kontrakt? – ich bitte Sie! Sie sollen mir Ihr Wort geben aus Überzeugung, aus Einsicht, aus Wissen um die Dinge. Er wird's ja nicht wieder tun. Jetzt ist er wohl gewitzigt. Aber immerhin bin ich als Leiter eines Vergnügungsetablissements mit Rauchverbot verpflichtet, alle Eventualitäten in Betracht zu ziehen. Also, wenn selbst mal wieder so eine Kleinigkeit passiert –

SOPHIE Doktor! Nun setzen Sie mich aber wirklich in Erstaunen. Kleinigkeit! Habe ich denn alles in den Wind gesprochen? Oder muß ich annehmen, daß in dieser Lügenwelt auch ein so anständiger, ein so edler Mensch wie Sie das Unterscheidungsvermögen verliert zwischen – Leichtfertigkeit und – Infamie?

FALK Aber – aber!

SOPHIE Daß Sie es möglich halten, ich würde noch einmal wiederkommen –

FALK Nicht wiederkommen sollen Sie: gar nie wieder fortgehen, meine ich. Daß es schließlich im Bereiche der Möglichkeit liegt, gewisse Dinge nicht tragisch zu nehmen, das haben Sie ja selbst schon einmal bewiesen. Und ich begreife wirklich nicht, warum gerade diesmal –

SOPHIE Sie begreifen es wirklich nicht? Sie, der Sie die ganze Geschichte sozusagen mit angesehen haben?

FALK Mit angesehen habe ich am Ende auch jene andere Geschichte, vor drei Jahren. Aber ich sehe keinen Unterschied. Untreue bleibt Untreue. Ich weiß wirklich nicht, warum gerade diesmal –

SOPHIE Es gibt Unterschiede, lieber Freund. Damals vor drei Jahren hatten nur wir zwei, Herbot und ich, es miteinander auszumachen. Es hingen nicht noch andere Schicksale daran.

FALK Immerhin, – wie es in der Natur dieser Dinge liegt, es war doch auch damals eine dritte Person beteiligt.

SOPHIE So ein Philinchen, das schon allerlei erlebt und weder Verpflichtungen gegen sich noch gegen andere hatte. Und schließlich, wenn ein Mann mit so einem Wesen hundertmal hintereinander die gleiche gefährliche Rolle spielt – es ist fast wie eine Schicksalsnotwendigkeit. Schon bei der Premiere, wie es so ein Riesenerfolg wurde, hatte ich's vorausgesehen. Die Frage war nur, nach der wievielten Vorstellung das Verhängnis sich erfüllen würde.

FALK Es war nach der neunten. Aber schon zur fünfundzwanzigsten war es aus.

SOPHIE Sie führen ja genau Buch, Doktor.

FALK Nun ja, man ist doch auch ein wenig der Vater. Und ich will Ihnen sogar gestehen, wäre es nicht bald aus gewesen, so hätte ich das Rautendelein umbesetzt. Ausschließlich Ihretwegen, Frau Sophie. Denn gar so gleichgültig, wie Sie's heute glauben machen wollen, war Ihnen seine Untreue doch auch damals nicht.

SOPHIE Gleichgültig? Nein. Aber ich hab es begriffen. Ich sagte mir, wie erginge es denn dir, wenn du mit so einem Menschen wie Herbot allabendlich zusammen spielen müßtest. Es gibt nur leider keinen zweiten wie ihn. Ich kann mir schon vorstellen, das kommt über einen wie ein Rausch, wie ein Wahnsinn, wie ein Traum, – und man wacht wieder auf. Diese Einsicht war natürlich nicht sofort da. Im ersten Moment habe ich sie umbringen wollen.

FALK Beide?

SOPHIE *ganz ernst* Vor allem ihn.

FALK Da hätt ich das Stück absetzen müssen. Und es hätte sich nie mehr wieder erholt.

SOPHIE *unwillkürlich lachend* Aber ich bitte Sie, nach Herbot haben die Rolle andere gespielt.

FALK Später, viel später. Da ging's schon. Aber vor der fünfzigsten Vorstellung dürfen die Hauptdarsteller keinesfalls ermordet werden. Ja, da sieht man erst, was für Repertoirschwierigkeiten manchmal in der Luft schweben, ohne daß man es ahnt. Und jedenfalls habe ich allen Grund, Ihnen noch nachträglich zu danken, liebe Frau Sophie, daß Sie sich damals eines Bessern besonnen haben. Geradeso wie diesmal.

SOPHIE Ob es diesmal auch das Bessere war, das ist noch immer die Frage.

FALK So gewiß wie damals. Gerade nach jener Krise damals, das ist mir wohlbekannt, seid ihr erst ein so recht glückliches Ehepaar geworden. Geradezu berühmt glücklich! Wenigstens bis zum August dieses Jahres. Und nun werdet ihr's wieder werden.

SOPHIE Berühmt glücklich!

FALK Jawohl, Frau Sophia!

SOPHIE Ich glaube nicht daran. Wenn ich auch wieder da bin, Glück kann es nie mehr werden.

FALK Aber –!

SOPHIE Bedenken Sie doch, Doktor, wer diesmal die Erkorene war. Ein junges Mädchen, ein unschuldiges junges Mädchen. Eine Braut! Und der Bräutigam ein famoser, wahrhaft vornehmer Mensch, der das Mädel rasend gern hat und mit dem Herbot geradezu freundschaftlich verkehrte. Hat man das Recht, so in die Schicksale anderer Menschen einzugreifen?

FALK In höherem Sinne wohl nicht, aber man könnte wohl auch fragen, ob denn wirklich hier ein Eingriff in andere Schicksale geschehen ist? Der Bräutigam weiß nichts, in acht Tagen ist die Hochzeit.

SOPHIE Das ist vielleicht das Schlimmste.

FALK Ich glaube, Frau Sophie, Sie haben bei mir zu viel Ibsen gesehen. Glücklicherweise ist Herbot gegen Ibsen und faßt die Angelegenheit wesentlich harmloser auf, nicht anders als damals die Sache mit Philinchen, wenn es sich diesmal auch um ein junges Mädchen aus guter Familie, ja sogar um eine Braut gehandelt hat, was freilich nicht immer eine Steigerung bedeuten muß. Mit Gewissensskrupeln hat er sich nie abgegeben. Er ist eine viel zu elementare, sagen wir doch rund heraus, eine zu gesunde Natur.

SOPHIE Gesunde Natur! Man könnt es auch anders nennen.

FALK Und ehrlich gestanden, ich hätte eigentlich auch nicht gedacht, daß Sie die Angelegenheit gar so kribblig auffassen. Anfangs, an Ort und Stelle, am See, gerade während die Sache sich entwickelte, hatte ich absolut nicht den Eindruck. Sie schienen sogar ganz vergnügt und merkten nichts oder wollten nichts merken. Ich habe mich sogar ein wenig gewundert, und wenn ich noch ehrlicher sein soll, so möchte ich meine Bemerkung dahin einschränken, daß ich mich beinahe gewundert hätte.

SOPHIE Das klingt etwas dunkel, lieber Doktor.

FALK Nun, ich will sagen, ich hätte mich gewundert, daß Sie die Dinge so laufen ließen, wenn ich nicht gerade zur kritischen Zeit Sie selbst innerlich anderweitig beschäftigt gefunden hätte.

SOPHIE *lächelnd* Nein, was Sie alles bemerken, lieber Doktor.

FALK Man mußte dazu eben nicht sonderlich scharfsichtig sein. Mit welcher Bemerkung ich als alter und gewiegter Dramaturg auch auf Sie, verehrte Frau Sophie, zum mindesten einen Teil der tragischen Schuld überzuwälzen nicht umhin kann.

SOPHIE *sehr ernst* Vielleicht haben Sie recht. Vielleicht bin ich wirklich nicht ganz ohne Schuld. Sonst wäre ich möglicherweise doch nicht hierher zurückgekommen!

FALK Und ob Ihnen nicht sogar – rhetorische Frage des unmoralischen Moraltheoretikers – ob Ihnen heute nicht viel wohler zumute wäre, wenn Sie – wenn auch Sie, wie sag ich nur – v ö l l i g schuldig geworden wären.

SOPHIE Möglich. Ähnliche Gedanken sind mir schon selbst gekommen in meiner Einsamkeit.

FALK Ähnliche Gedanken kamen Ihnen, und doch blieb es die Einsamkeit?

SOPHIE Zweifeln Sie noch immer?

FALK Aber fällt mir ja nicht ein.

SOPHIE Immerhin muß ich glauben, daß Sie von der Geschichte, auf die Sie früher angespielt haben, keine ganz richtige Vorstellung haben. Und da ich fühle, daß Sie mein Freund sind – *Sie zögert.*

FALK Sie haben keinen bessern.

SOPHIE Darum sollen Sie ganz klar in dieser Sache sehen. So klar wie ich selbst. Hier ist ein Brief, den ich vor einer Stunde erhalten habe. Von ihm!

FALK Von ihm? Von dem jungen Mann mit dem Jägerhut? Meinem Schachpartner?

SOPHIE Der ist's doch, von dem Sie gesprochen haben. Oder haben Sie mich mit noch jemandem in Verdacht? Es ist ein Brief von dem jungen Mann, mit dem ich Ihnen innerlich und wohl auch äußerlich so sehr beschäftigt schien, daß ich die Dinge zwischen meinem Mann und Daisy so gehen ließ, wie sie gingen. Wollen Sie ihn lesen?

FALK Schreibmaschine? Nee, Manuskript, – da müssen Sie mich gefälligst entschuldigen, Frau Sophie. Lesen sie ihn mir doch selbst vor mit Ihrer dunklen, klangvollen Stimme.

SOPHIE Nur ein paar Stellen, die Ihnen alles aufklären werden. Warten Sie. *Blättert und liest* »Ich höre, gnädige Frau, Sie sind noch immer in Brioni und noch immer allein. Da Sie einige Tage vor mir die Ufer des Attersees verlassen haben und meines Wissens Wien nicht berührten, so folgt daraus, daß Sie Ihren Gatten länger als zwei Monate nicht gesehen haben.« *Sie unterbricht sich* Der Brief ist mir hierher nachgeschickt worden. *Liest weiter* »In Geheimnisse mich zu drängen, verehrte gnädige Frau, liegt mir so fern als der Versuch, eine selbstgewählte Zurückgezogenheit zu stören. Was sich auch ereignet haben mag, welches Ihre Vorsätze sind, darf mich nicht kümmern oder zum mindesten nicht mehr, als Sie mir erlauben wollen. Aber wenn ich es wage, Ihnen heute eine Stunde in die Erinnerung zurückzurufen, eine wundervolle Stunde am Ufer des Sees gerade vor Sonnenuntergang« – *Läßt den Brief sinken* eine wundervolle Stunde, während mein Gatte mit Daisy und ihrem Bräutigam weit draußen auf dem See umhersegelte.

FALK Darauf bezieht sich wohl nicht das »Wundervoll« in diesem Brief. Unser Freund meint doch irgend etwas, das zwischen Ihnen und ihm –

SOPHIE Es war die Stunde, in der er mir das erste und einzige Mal von seinen Gefühlen sprach. Nein, nicht von ihnen s p r a c h, sie erraten ließ in seiner stillen, schüchternen, rührenden Art. Er küßte meine Hand, das war alles.

FALK Das kann viel sein.

SOPHIE Immerhin werden Sie zugeben müssen, daß das Maß meiner Schuld recht gering war.

FALK Und das ist um so rühmenswerter, als es sich wirklich um einen ganz besonders netten Jungen gehandelt hat. Ich habe mich selten so rasch mit einem Menschen angefreundet. Es ging ein so angenehmer Waldduft von seinem ganzen Wesen aus. So ganz unliterarische Menschen sind eine wahre Wohltat. Ich trau ihm zu, daß er in seinem ganzen Leben kein Stück geschrieben hat.

SOPHIE Ja, sie haben schon etwas für sich, diese Menschen, die keine Genies sind, sondern ganz einfach brave Leute.

FALK Na, brav, das ist so ein Wort. Die wundervolle Stunde am Seeufer – ich denke, es wäre nur an Ihnen gelegen, und die ganze Bravheit –

SOPHIE Oh, Sie kennen ihn schlecht. Auch damals hatte er – wie soll ich nur sagen – höchst ehrbare Absichten, geradeso wie jetzt, was übrigens auch aus diesem Brief hervorgeht. Ich will Ihnen den Schluß vorlesen. Hören Sie. *Sie blättert.*

FALK Sie streichen viel.

SOPHIE *liest* »Derselbe . . ., ich bin derselbe, der ich im Sommer war. Wenn Sie eines Freundes bedürfen, rufen Sie mich, oder besser noch, kommen Sie.«

FALK Kommen Sie?

SOPHIE Hören Sie nur weiter. *Sie liest* »Mein Leben gehört Ihnen.

Ich stehe völlig allein und bin in jeder Hinsicht frei. Wenn Sie es *auch* sind, Frau Sophie, nur dann, so frei, wie ich es ja vermuten muß« –

FALK *brüsk* Seine Vorstellung ist falsch, vollkommen falsch. Haben Sie es ihm schon geschrieben?

SOPHIE Vor einer Stunde kam der Brief.

FALK »Kommen Sie!« Nicht übel. Der Jüngling scheint die fixe Idee zu haben, alle Leute auf sein Jagdgut nach Klein-Reifling einzuladen.

SOPHIE Alle Leute?

FALK Ja. Mich hat er nämlich auch eingeladen, schon heuer im Sommer. In einer wundervollen Stunde. »Wenn Sie einmal für ein paar Tage gründlich aus dem Theaterrummel heraus wollen«, sagte er, »so kommen Sie zu mir nach Klein-Reifling. Herrliche Gegend, wir können jeden Abend miteinander Schach spielen, Rehe brauchen Sie nicht zu schießen.« – Von Ihnen hat er das wahrscheinlich auch nicht verlangt, Frau Sophie.

SOPHIE *den Brief sinken lassend* Ah, wie ist man dumm. Warum ist unsereiner so geschaffen, daß er einem Menschen völlig verfallen sein kann, – so einem, der's nicht einmal verdient, der es nicht einmal versteht.

FALK Nicht versteht? – Einen Mangel an Verständnis könnte Herbot Ihnen gewissermaßen auch vorwerfen! Hat er denn eigentlich all das Schlimme getan, – wenigstens in der Art, wie Sie es ihm zumuten? Kümmern denn ihn die Schicksale der andern? Was sind denn überhaupt die andern für ihn? Für ihn, der gewohnt ist, immer die Hauptrolle zu spielen? Episodenfiguren, Leute, die nie einen Abgangsapplaus haben und klanglos hinter der Szene sterben. An solchen Leuten begeht man doch kein Unrecht, wenn man der Held ist. – Was haben Sie?

SOPHIE Er – er kommt. Ich höre seinen Schritt und mir klopft das Herz wie einem jungen Mädchen. Es ist schwachsinnig.

FALK Im Gegenteil, sehr nett ist das.

FALK, SOPHIE. KONRAD HERBOT *kommt, fünfundvierzig, dunkler Krauskopf, schon etwas graumeliert, schwarze Augen; zuerst etwas laut und aufgeräumt. Hut und Überzieher.*

HERBOT Guten Abend, ihr Leutchen! *Schlägt Falk auf die Schulter*

Na, was sagst du, alter Knabe, da ist man sozusagen wieder daheim, wenn's auch vorläufig nur ein Hotelzimmer ist. *Streichelt Sophies Wangen* Guten Abend, Schatz. *Zu Falk* Gut sieht sie aus, nicht wahr? Und hübsch? Es ist doch nett, daß sie wieder da ist.

FALK Das will ich glauben.

HERBOT Seit ein paar Stunden hat man sich wieder; und es ist gleich, als wär's überhaupt nie anders gewesen. Die zwei Monate versunken und vergessen. Doll! Doll!

SOPHIE Es ist doch zu merken, daß ich fort war. Du red'st wieder berlinerisch.

HERBOT Ach ja. *Den Überzieher ablegend* Das kann sie nämlich nicht leiden. *Übertrieben wienerisch* Wir' scho' wieder brav sein Schatzerl!

FALK Na, ich will euch jetzt allein lassen, das junge Ehepaar, die Neuvermählten.

SOPHIE Trinken Sie nicht eine Tasse Tee mit uns?

FALK Leider nicht mehr möglich.

SOPHIE *klingelt.*

HERBOT Warum gehst du denn schon wieder?

FALK Bin schon eine Stunde da. Wo bist du denn so lang herumgestrolcht?

HERBOT *auf die Uhr sehend* Donnerwetter, schon halb sechs. Ach, es hat so einen fabelhaften Reiz, allein in den Straßen herumzulaufen, wenn man weiß, es wartet zu Haus wer auf einen.

FALK Nur für den, der wartet, pflegt die Sache weniger reizvoll zu sein. Na also, auf Wiedersehen im Theater! *Zu Sophie* Habe Ihnen den bekannten Logenplatz reservieren lassen, Frau Sophie. Im übrigen ist es ausverkauft.

HERBOT Kunststück!

FALK Adieu!

HERBOT Ich sag's immer, du zahlst mir eine zu kleine Gage. Addio! Du bist auch drin?

FALK In der Annahme, daß du heute endlich wieder anständig spielen wirst.

HERBOT Du Schurke! – Übrigens, könnten wir nicht zur Feier des Tags nachher bei Kannenberg miteinander eine Pulle Sekt

SOPHIE Konrad!

HERBOT Was denn? Ach so! *Wienerisch* Also gehn wir nachher auf einen G'spritzten und auf ein kleines Gullasch, ja?

FALK Das wird Frau Sophie zu entscheiden haben.

KELLNER *kommt, erhält Aufträge von Sophie und geht wieder.*
HERBOT *das Manuskript gewahrend* Was ist denn das?
FALK Das Stück, von dem ich dir heut morgen gesprochen habe.
HERBOT Immer mal wieder! Na, Gott sei Dank, daß Sophie da ist. Ja, jetzt ist's aus mit den Ferien, Sophie. Dort liegt noch ein halbes Dutzend. Du, Falk, ich habe wieder versucht, in eins oder das andere mal hineinzublicken, es ist doch der reine Blödsinn.
FALK Na höre! *Zu Sophie* Die ersten Namen Deutschlands.
HERBOT Also, ich will dir ganz aufrichtig was sagen, Falk. Mir ist noch jedes Stück beim Lesen wie der absolute Irrsinn erschienen. Meistens hab ich auch recht gehabt. Freilich, bei manchem, wenn man's dann so auf der Bühne sieht –
FALK Und Konrad Herbot die Hauptrolle spielt –
HERBOT Das pflegt allerdings nicht von Nachteil zu sein. Aber Hand aufs Herz, du fühlst ja doch manchmal selber, daß das ganze Theaterzeug irgendwie ein Irrsinn ist. Hintergründe und Kulissen und der Vorhang geht herauf und herunter und vorn der weiße Kasten mit so'nem Kerl drin –
FALK Na, den laß nur ungeschoren.
HERBOT Aber das Tollste, das sind wir selber, wir Komödianten, im Leben doch zum Teil ganz vernünftige Leute. Wir stellen uns da hin und deklamieren irgendein auswendig gelerntes Zeug, als wenn's uns ganz ernst wäre und treten auf und treten ab; – und da unten sitzen sie und sperren das Maul auf und klatschen in die Hände. Unglaublich. Daß sie nur auf so was hineinfallen. Weißt du, was ich manchmal denke? Diese ganze dramatische Kunst ist eigentlich nur eine Erfindung der Theaterkassiere.
FALK Ein großzügiger oder auch tiefgründiger Gedanke.
HERBOT Na ja. Wenn die Entdeckung unter die Leute käme, das verdürbe dir das Geschäft. Vorläufig will ich's bei mir behalten. Aber daß ich gelegentlich mal eine Broschüre in diesem Sinne schreibe oder in so'ne Weihnachtsbeilage – sie wollen doch immer so was von einem – dafür möcht ich nicht bürgen.
FALK Aber wart noch ein Weilchen, bis du als Schauspieler nicht mehr ziehst. Nächstes Jahr oder übernächstes.
HERBOT Ja, das möcht ihm passen, da könnt er was sparen! Na, grüß dich Gott! Ja und was ich noch sagen wollte, wenn heut wieder vor meiner Garderobe so ein Radau ist, wie vorgestern während des Tasso, so mach ich einen Krach, daß –

FALK Und wenn du noch mal deine Garderobe vollrauchst, so mach ich von meinem Kündigungsrecht Gebrauch und entlasse dich sofort.
HERBOT Darauf warte ich ja. Dann könnte man doch ein vernünftiges Leben führen. Auf grünen Wiesen liegen, in den blauen Himmel schauen oder mit dem Jagdgewehr durch die Felder, durch die Auen –
FALK Jagdgewehr?
HERBOT Nun ja, wär nicht so übel, jammerschade, daß ich statt dessen Komödie spielen soll.
FALK Hat dich mein Schachfreund mit dem grünen Hut etwa auch eingeladen?
HERBOT Herr von Bolschan? Natürlich hat er.
FALK Das scheint eine Monomanie von ihm zu sein.
HERBOT Ein charmanter Kerl. Frag nur Sophie. Ihr gefällt er auch sehr gut. Ja, mein Schatz. *Wieder berlinerisch* Man hat Oojen im Kopp.
FALK Dir geb ich keinen Urlaub. Du hast in Klein-Reifling nichts zu tun. Also, auf Wiedersehen. Ich lade mich in Ihre Loge ein, Frau Sophie. *Ab.*

HERBOT, SOPHIE

HERBOT Eine Seele von einem Menschen. Aber mit dem letzten Vertrag bin ich ihm schön reingefallen. Na, er wird schon noch mit was herausrücken müssen. Oder ich geh nach Amerika. Hier zahlen sie ja doch nur Hungerlöhne. Na, Sophie – *unvermittelt sie an sich ziehend*, so ist man also richtig wieder beisammen. Ich kann's ja noch gar nicht glauben. Aber jetzt sag einmal, du hast mich ernstlich für immer verlassen wollen?
SOPHIE Nun bin ich ja wieder da. Also reden wir nicht mehr davon. Wir wollen es vergessen.
HERBOT Vergessen! Ja, wenn man das so könnte. Du hast wohl keine Ahnung, was für eine Zeit ich hier durchgemacht habe. Ich war gar nicht mehr ich selber. Im Traum bin ich herumgegangen, wie in einem bösen Traum. Ich hab ja auch Komödie gespielt wie ein Schwein. Nicht immer, aber öfters.
SOPHIE Ja, das behauptet Falk auch.
HERBOT Was? – Eine Frechheit! Für ihn hab ich noch lange gut genug gespielt. Überhaupt für die ganze Bande! Zu gut sogar! Das behauptet ja Falk nur, um mich drücken zu können. Den

Mann mußt du erst kennenlernen. Für einen Hundertmarkschein hängt er sich auf. Aber so sind sie alle. Ich weiß ja, er verbreitet, daß ich zurückgehe. Aber man glaubt ihm nicht. Sie haben ja Augen und Ohren – glücklicherweise! Das Publikum, das habe ich! Noch immer und noch für lange. Na und gar erst jetzt, jetzt wo du wieder da bist. Wenn du nicht zurückgekommen wärst – ja, dann freilich. – Ohne dich bin ich verloren, das steht fest. Ich wäre abgegangen vom Theater. Oder zum Varieté. Da kann man auch mehr in der Welt herumreisen, und sie zahlen auch viel besser.

Der Kellner bringt Tee, Gebäck, richtet her.

HERBOT Übrigens weißt du was. Im Feber nehm ich Urlaub und wir fahren zusammen an die Riviera. Da gibt's keine Widerrede. Herrgott noch mal, das hab ich mir wohl verdient. Das war meine Sehnsucht, seit ich 'n Bub war. Und heut bin ich dreiundvierzig. Bald siebenundzwanzig Jahre beim Theater. Siebenundzwanzig. Als sechzehnjähriger Jüngling entlief er – du weißt doch – *Kellner ab.*

SOPHIE *während sie Tee einschenkt* Ja, nur habe ich bis heute nicht eruieren können, wem du eigentlich entlaufen bist. Deine Eltern waren doch ganz einverstanden, daß du zum Theater gingst.

HERBOT Aber natürlich. Ich hab doch schon mit vierzehn Jahren zu Haus Theater gespielt. Der seither verstorbene königlich bayrische Hofschauspieler Story war es, der in dem Thespisjünger – *Er entdeckt die Karte* Wer ist Vilma Flamm?

SOPHIE Vilma Flamm ist eine junge Dame.

HERBOT Was für eine junge Dame?

SOPHIE Eine junge Künstlerin, die du herbestellt hast.

HERBOT Herbestellt?

SOPHIE Ja. Du wolltest ihr Talent prüfen. Vor acht Tagen hat sie dir geschrieben.

HERBOT Ach so. Dumme Gans. Du hast sie doch hoffentlich zur Tür hinausexpediert.

SOPHIE Das schon. Aber immerhin hast du sie herbestellt.

HERBOT Möglich. Du weißt, manchmal antwortet man und manchmal antwortet man nicht. War sonst keine da?

SOPHIE Heute nicht.

HERBOT Na also, schmeiß sie nur alle raus. Du hast plein pouvoir. Ich prüfe nicht, ich unterrichte nicht, ich gebe keine Autogramme. – Übrigens kann es auch eine Schwindlerin gewesen

sein. Hol mich der Deiwel, wenn ich mich des Namens Vilma Flamm zu entsinnen vermag.
Sie sitzen nun am Teetisch.
SOPHIE Du hast wohl überhaupt ein schlechtes Gedächtnis.
HERBOT Für so was soll man auch noch ein Gedächtnis haben, das fehlte mir. Denk doch nur, was in dem Schädel da alles Platz haben muß. Die herrlichen Worte der Meistergestalten unserer großen Dichter und der janze moderne Dreck; da ist natürlich für andere Erinnerungen kein Raum.
SOPHIE Für gar keine?
HERBOT Jedenfalls hab ich das ganz in meiner Gewalt. Ich erinnere mich und ich vergesse, wie es mir paßt. Und ich versichere dich, Sophie – ich weiß ja, woran du denkst – wenn ich – wenn ich ein gewisses Fräulein auf der Straße begegnete, ich würde sie gar nicht mehr erkennen. Ich weiß überhaupt nicht mehr, wie sie aussieht. Wenn ich versuchen wollte, mir ihr Bild zurückzurufen, es wäre vergeblich. Ein Schatten ist sie, ein Gespenst, eine Ahnfrau.
SOPHIE *ausbrechend* Wie hast du das nur tun können!
HERBOT Ja, wie hab ich das nur tun können!
SOPHIE Ihr Bräutigam war dein Freund.
HERBOT Nee, Freund, das kann man doch nicht sagen. Aber immerhin, es war ein Schurkenstreich. Und ich war bereit, dafür zu bezahlen.
SOPHIE Du warst – Wozu warst du bereit?
HERBOT An dem Morgen, Sophie, da ich nach Hause kam aus ihren Armen – Pardon – und dich nicht mehr fand – nur deine paar Abschiedsworte, diese entsetzlichen – als ich glauben mußte, ich hätte dich verloren, für immer verloren, weißt du, was da meine erste Regung war? Vor ihn hinzutreten, es ihm zu sagen, ich bin ein Elender, ich habe meine Frau verraten, ich habe Ihre Braut verführt, – na, und so weiter. Stundenlang im Morgengrauen bin ich am Ufer umhergeirrt, habe einen furchtbaren Kampf mit mir gekämpft, bis ich es endlich einsah, daß ich es nicht tun dürfe. Schon wegen Daisys Familie. Aber ich sage dir, Sophie, es waren schwere Tage, diese fünf letzten auf dem Land in unserer Villa, – und das allerschwerste war vielleicht dieses Lügenmüssen, dieses immer weiter Lügenmüssen.
SOPHIE Du meinst?
HERBOT Nun ja, es mußte doch für deine plötzliche Abreise ein

plausibler Grund gefunden werden. Und da erfand ich eine Fabel von einem Wasserrohrbruch in unserer Berliner Wohnung. Oh, ich habe Details erfunden, Details – ganze Briefstellen von dir, humoristische Wendungen. – Hast du 'ne Ahnung! Ja, so mußte ich weiterleben, auf den Lippen einen Wasserrohrbruch und im Herzen den Tod. Ja, mein liebes Kind, leicht war es nicht, so die Tage hinzubringen, als wäre nichts geschehen; baden, frühstücken, segeln –

SOPHIE Als wäre nichts geschehen. – Die Tage und die Nächte –

HERBOT Sophie, ich schwöre dir, von dem Tag an, da du mich verlassen hattest, ich schwör es dir, war es auch aus zwischen–

SOPHIE Schwöre nicht. Keinen Schwur mehr, Konrad, der sich auf vergangene Dinge bezieht. Das Vergangene ist begraben. Für alle Zeit.

HERBOT Längst begraben.

SOPHIE Aber die Zukunft, Konrad, die gehört uns, – wenn du nur willst.

HERBOT Wenn ich will?! Ob ich will, Sophiechen!

SOPHIE Und ich beschwöre dich, Konrad, sei wahr! Es ist das einzige, um was ich dich anflehe. Ich könnte ja alles verstehen, alles verzeihen, nur um das eine fleh ich dich an, spiele keine Komödie. Vor mir spiele keine. Es muß doch nicht sein. Auch alles, was du da jetzt geredet, das warst ja nicht du. Es war manchmal ein Schein von dir, – der durch deine Maske leuchtet, aber du, du selbst, du warst es nicht. Du steckst ja so tief in dir, so tief. Und ich fühle doch, daß das, was du bist, irgend was Gutes ist, etwas, an das man glauben könnte. Du müßtest nur selber dran glauben. Ganz tief in deiner Seele, ich fühl es ja, Konrad, da bist du ein Kind, wirklich ein Kind. Also –

HERBOT Ein Kind. – Daran mag was sein. Das spür ich selbst manchmal, – ein Kind. Woher weißt du das? – Ja, das erklärt mir selber vieles. Ich will dir was verraten, Sophie. Wenn ich selbst an mich denke oder von mir träume, da seh ich mich eigentlich nie als einen ziemlich erwachsenen, schon etwas graumelierten Herrn, sondern gewissermaßen als kleinen Buben, der von irgend jemandem an der Hand geführt wird, – vom Vater oder vom Hofmeister. – Dabei hab ich nie einen Hofmeister gehabt. – Es wundert mich eigentlich auch manchmal – du darfst es aber nicht weitersagen – daß die Leute so mit mir reden, wie mit einem ganz vernünftigen, vollkommen erwachsenen Menschen. Da möcht ich ihnen dann sagen, so laßt mich doch zufrieden, von all den Sachen versteh ich ja gar nichts, ich gehör ja gar nicht in euere Gesellschaft. Ja, Sophie, es war eine außerordentlich feine Bemerkung. Ein Kind – ja. *Es klopft* Wer ist's denn zum Deiwel? Herein!

BOY *mit einer Karte.*

HERBOT *ohne sie noch zu lesen* Ich bin nicht zu Hause. *Liest, zuckt zusammen* He?

SOPHIE Wer ist's denn? *Nimmt ihm die Karte aus der Hand* Edgar Gley – Edgar –

HERBOT *zum Boy* Sie haben gehört, ich bin nicht zu Hause. Ich spiele heute abend.

SOPHIE Du mußt ihn empfangen, Herbot.

HERBOT Ich muß? Das seh ich nicht ein.

SOPHIE *zum Boy* Warten Sie.

HERBOT Wo ist denn dieser Herr?

BOY In der Halle.

SOPHIE *leise zu Herbot* Entgehen wirst du dieser Unterredung nicht. Also lieber gleich.

HERBOT Ich lasse bitten.

BOY *ab.*

SOPHIE *angstvoll, aber gefaßt ernst* Konrad –

HERBOT Nun, was wird's denn schon sein? Übrigens eine Rücksichtslosigkeit – vor dem Hamlet. *Hin und her.*

SOPHIE Du hast nichts mehr von ihr gehört?

HERBOT Wenn ich dir sage, seit zwei Monaten, – es ist total ausgeschlossen, daß er irgend etwas weiß. Es muß sich doch gar nicht um sie handeln.

SOPHIE Konrad –! Wie kommt er hierher – nach Berlin?, – Sie ist in Wien – er ist in Villach bei der Statthalterei, und nun ist er plötzlich hier.

HERBOT Urlaub wahrscheinlich! – Berlin ist doch eine sehr interessante Stadt. –

SOPHIE Ihr wart unvorsichtig, gewiß. Du bist durchs Fenster eingestiegen in der Nacht. Man hat dich gesehen. –

HERBOT Er nicht, sonst wär er nicht erst heute da.

SOPHIE Mach nur jetzt keine Dummheiten. Einmal noch darfst du – mußt du lügen.

HERBOT Danke für die gütige Erlaubnis! Also da kannst du dich auf mich verlassen. Aber jetzt bitte geh in die Halle, ja? Wenn du hier daneben bliebst, würdest du dich doch – Und ich will meine Unbefangenheit haben. Wenn ich wüßte, daß du zu-

hörst, das würde mich unsicher machen. Also –
SOPHIE *angstvoll* Konrad!
HERBOT Aber ruhig, mein Kind. *Er streichelt ihre Haare. Wie er sie an sich ziehen will, wehrt sie leicht ab und geht ins Nebenzimmer.*
Herbot steht eine Weile still, dann nimmt er das Manuskript, blättert darin, zündet sich eine Zigarette an. Er wird ungeduldig, steht auf, geht bis zur Türe rechts, horcht. Es klopft. Er leise auf den Zehenspitzen wieder ins Zimmer zurück, nimmt das Manuskript vor. Es klopft wieder.
HERBOT Herein!

HERBOT, EDGAR GLEY

EDGAR Guten Abend.
HERBOT Guten Abend, Herr Gley, ich freue mich, Sie bei mir zu sehen, – im Hotel heißt das.
EDGAR Ich will Sie nicht lange aufhalten, Herr Herbot.
HERBOT Oh! – Allerdings spiele ich heute abend.
EDGAR Ich weiß.
HERBOT Ein Viertelstündchen hab ich wohl noch Zeit. Wollen Sie nicht Platz nehmen? Meine Frau wird sehr bedauern –
EDGAR *etwas erstaunt* Ihr Frau Gemahlin ist hier?
HERBOT Ja, natürlich. Wo sollte sie denn sein? Ein paar Wochen war sie allerdings verreist, ach, Sie wissen ja. Unsere Wohnung war in fürchterlichem Zustand, Sie erinnern sich vielleicht noch, ich hab Ihnen ja erzählt, – ein Wasserrohrbruch. Aber morgen oder übermorgen ist sie wieder im Stande. Sie war vollkommen überschwemmt. Eine Wirtschaft sag ich Ihnen! Und ein Schaden von mindestens zehntausend Mark. Da heißt's dann wieder gastieren. Ich muß auch den Verlust einiger unersetzlicher Handschriften bedauern. Ich sammle nämlich alte Handschriften. Interessieren Sie sich dafür, Herr Gley?
EDGAR *will reden, vermag es aber noch nicht.*
HERBOT *der es bemerkt* Aber ich rede da immer von mir und meinen Angelegenheiten. Wie befindet sich denn Ihr Fräulein Braut? Sie kommen doch wohl aus Wien?
EDGAR Nein, direkt aus Villach. Ich habe eine Frage an Sie zu stellen, Herr Herbot. Antworten Sie einfach mit Ja oder Nein. Waren Sie Daisys Geliebter?
HERBOT *steht auf* Ob ich –?! Herr Gley, ich bin fassungslos. Welcher schurkische Verleumder –

EDGAR Daß Sie das sagen müssen, ist klar. Aber es ist ebenso klar, daß damit nicht das Geringste bewiesen ist.

HERBOT *will reden.*

EDGAR Auch Ihr Ehrenwort bewiese nicht das Geringste.

HERBOT Man hat nun leider nichts anderes als sein armes Ehrenwort. Es gibt Leute, die sich mit Konrad Herbots Ehrenwort zufrieden geben.

EDGAR Auch in einem solchen Falle? Ich bin leider nicht in der Lage –

HERBOT Was also –? Wollen Sie mir nicht wenigstens sagen, aus welcher Quelle? Wollen Sie mir den anonymen Brief zeigen? Es wird sich ja bald herausstellen –

EDGAR Lassen wir das, Herr Herbot. Ich frage Sie nochmals: Waren Sie Daisys Geliebter?

HERBOT Da Sie nun einmal nicht gewillt scheinen, mir über die Quelle dieser ungeheuerlichen – nein, über die Gründe Ihres Verdachtes Aufschluß zu erteilen, und es mir auf diese Weise unmöglich machen, mich zu vertei – sachlich zu erwidern, so schlage ich Ihnen vor, Herr Gley, lassen wir das Fräulein gänzlich aus dem Spiel, sagen Sie mir einfach, daß Ihnen meine Nase nicht gefällt, ich werde mich dadurch so beleidigt fühlen, als Sie es nur wünschen können, und – auf Wiedersehen in einem jener beliebten Wäldchen!

EDGAR Ich bin fern davon, an Ihrem Mute zu zweifeln, und ich nehme an, daß auch der meine für Sie außer Frage steht. – Wir wollen hier keine Szene mit großen Worten spielen, Herr Herbot, wir wollen, wenn es möglich ist – und mir ist es möglich – miteinander reden wie zwei Männer – nein, abseits von jeder Eitelkeits- und selbst von jeder Ehrenfrage in gewöhnlichem Sinn – wie zwei Menschen. Ich bitte Sie zum letztenmal, Herr Herbot, geben Sie Ihre bisherige Haltung auf, gegen deren Korrektheit sich ja gewiß nichts einwenden läßt, und begreifen Sie endlich, daß hier ein Mensch vor Ihnen steht, Herr Herbot, der nichts anderes verlangt, als die Wahrheit, die Wahrheit, wie immer sie laute – verstehen Sie mich, Herr Herbot – und der sich in jedem Fall stark genug fühlt, sie zu ertragen, – in jedem Falle! Verstehen Sie mich doch endlich, Herr Herbot! Nicht als Geck und nicht als Rächer komm ich her, zu einem, der ein Schuft war oder unschuldig verdächtigt wird. Ein Mensch zu einem Menschen. Wenn es geschehen ist, Herr Herbot, so war es vielleicht keine Schurkerei. Wenn's nicht geschehen ist, so war es vielleicht nicht weit davon. Aber was immer vorgefallen ist, keineswegs wäre es damit aus der Welt geschafft, daß wir einander mit der Pistole gegenüberstehen und einer von uns beiden –

HERBOT *will sprechen.*

EDGAR Noch nicht. Jetzt würden Sie vielleicht noch lügen. Hören Sie mich weiter an. Es ist mir gegeben, manches zu verstehen. Ich habe selbst allerlei erlebt, – ich weiß, was ein Rausch, was der Duft von Sommernächten aus uns zu machen vermag, weiß, wieviel wir hinter uns werfen können, eigene Schicksale wie Träume, die uns ein anderer erzählt hat, und ich weiß, daß ich alles zu ertragen imstande wäre, nur nicht den Zweifel, alles verzeihen, nur die Lüge nicht, besonders wenn die Wahrheit einem so leicht gemacht wird, wie in diesem Falle Ihnen. Ich hoffe, Sie fangen an, mich zu begreifen, Herr Herbot! Oder fürchten Sie jetzt vielleicht, daß ich Sie in eine Falle locken will? Ich habe mich Ihnen völlig in die Hände gegeben, Herr Herbot, ich stünde ja da, wie – wie der erbärmlichste Komödiant, wenn ich nun nach einem offenen Geständnis Ihrerseits, das ich Ihnen tückisch entlockte, plötzlich wieder den beleidigten Bräutigam spielen wollte. Sie dürften mir dann jede Genugtuung verweigern, mir ins Gesicht spucken dürften Sie, denn, was immer Sie getan, ich wäre dann der Elendere von uns beiden. Können Sie jetzt noch unschlüssig sein, Herr Herbot? Nie, ich fühle es, ist ein Mensch so einem andern Menschen gegenübergestanden wie ich Ihnen. Waren Sie Daisys Geliebter, Herr Herbot? Sie schweigen? Jetzt m ü s s e n Sie reden. Sie müssen die Wahrheit sagen, ehe es zu spät ist. Jawohl, ehe es zu spät ist, Herr Herbot. Denn wenn ich später einmal die Wahrheit erführe, s p ä t e r – es gibt solche Zufälle, Herr Herbot, es gibt Geständnisse von Frauen, späte Geständnisse – dann werde ich mich nicht mit Ihnen schießen, dann würde ich Sie niederschlagen wie –

HERBOT Still! Nicht weiter. Ich – ich stehe zu Ihrer Verfügung. Jawohl, zu Ihrer Verfügung. Es gibt keinen andern Ausweg in dieser Sache weder für Sie noch für mich.

EDGAR Sie waren also Daisys –

HERBOT Ich war es nicht. – Und doch muß wahrscheinlich einer von uns aus dieser Welt –

EDGAR Die Wahrheit! Die Wahrheit ! Herr Herbot.

HERBOT Was sind Worte?! – Oh, wenn mir einer vorausgesagt hätte. – Verzeihen Sie, ich kann nicht mehr. *Er geht zum Fenster, scheint erschüttert; sieht unbemerkt von Edgar auf die Uhr, bleibt am Fenster stehen.*
EDGAR Sprechen Sie endlich, Herr Herbot!
HERBOT *sich wieder nach ihm umwendend* Menschenskind, wie einfach sehen Sie noch die Welt! Ja und Nein! Und Wahrheit und Lüge! Und Treue und Untreue! – Wenn es so einfach wäre, junger Fr – Herr Gley. Aber so einfach ist es eben nicht. Beim Himmel, es wäre die bequemste Angelegenheit von der Welt, wenn man einer von denen wäre, die ihr Gewissen damit beruhigen, daß sie am Ende nicht mehr zu sagen brauchen, als sie gefragt wurden. Und es wäre sogar für mich die einfachste Sache von der Welt, wenn ein anderer gekommen wäre als Sie, gerade Sie, Edgar Gley, den ich ja doch erst in dieser Stunde kennenlerne. Wenn ein anderer hier stände, einer von den Dutzendmenschen, deren inneres Schicksal mir gleichgültig sein, den ich wieder in den Alltag entlassen dürfte, aus dem er gekommen ist. Dem könnt' ich sagen, s c h w ö r e n, es ist nichts geschehen. Denn nach der Auffassung des braven Bürgers ist ja wirklich nichts geschehen. Ihnen aber, wenn Sie mich vielleicht auch grausam nennen werden, Ihnen kann ich das nicht zur Antwort geben. Denn es wäre die feigste aller Lügen; es wäre eine von denen, die man vor Gericht als Wahrheit beschwören könnte. Und es gäbe noch etwas anderes, auch einfach, aber in anderer Art, teuflisch einfach, sozusagen. Und das wäre: Ihnen antworten. Es i s t geschehen, Edgar Gley! Daisy war meine Geliebte, – – und dann Sie beim Wort nehmen, Sie in die Welt hinausschicken, und jubeln, daß man den Weg frei hat, sich von neuem mit der Hoffnung schmeicheln als alter Narr, der man ist, daß vielleicht jetzt, wenn er, der Jüngling, der Geliebte, der Bräutigam aus dem Weg geschafft ist, daß am Ende dann das Unmögliche Ereignis wird, daß dann den wahnsinnigsten Wünschen Erhörung winkt. Und wer weiß, ob man dieser Teufelei nicht fähig wäre, wenn man nicht zu viel Klugheit besäße! Wenn man nicht vorhersähe, daß der Traum nicht dauern könnte, daß er mit Enttäuschung, mit Reue, mit Fluch enden müßte. Nun, Edgar Gley, ich habe Ihre Braut geliebt, angebetet hab ich sie. Ich wollte mich von meiner Frau trennen. Ich habe Daisy geliebt, wie ein Schuljunge habe ich sie geliebt. Und hab' es ihr nicht verschwiegen.

Verse hab' ich geschrieben, der alte Herbot hat Verse geschrieben, hat nächtliche Fensterpromenaden gemacht, hat sich in den Garten geschlichen, hat wie Romeo seine zärtlichen Briefchen durchs Fenster – *er hält plötzlich inne, als fiele ihm etwas ein* Ah, jetzt begreife ich alles. Man hat mich gesehen! Irgendwer hat mich einmal nachts im Garten gesehen oder vielleicht im Kahn gegenüber dem Hause. Aber wer kann das gewesen sein? Sie haben anonyme Briefe erhalten, gestehen Sie's nur.

EDGAR Das ist ja gleichgültig. Reden Sie weiter.

HERBOT Was wollen Sie noch wissen?

EDGAR Sie haben Daisy Ihre Liebe gestanden, – und sie hat Sie ruhig angehört?

HERBOT Angehört – das kann ich nicht in Abrede stellen.

EDGAR Hat Ihre Briefe gelesen?

HERBOT *lächelt*.

EDGAR Und geantwortet –? Sprechen Sie.

HERBOT Möchten Sie mir das nicht erlassen, Herr Gley?

EDGAR Ich bedaure.

HERBOT *mit der deutlichen Absicht, daß man die Unwahrheit der folgenden Worte merkt* Ich besitze nichts Schriftliches –

EDGAR Herr Herbot – Lüge bleibt Lüge. Haben Sie mich in irgendeiner Nebensächlichkeit irregeführt, so wird auch alles andere –

HERBOT Bestehen Sie nicht darauf! Brechen wir hier ab.

EDGAR Unmöglich.

HERBOT Nun, so bleibt mir nichts anderes übrig, tun Sie, was Sie wollen, Herr Gley, ich stehe ganz zu Ihrer – –

EDGAR Sie sind zu weit gegangen, um jetzt noch einhalten zu können. Ich verspreche Ihnen, daß kein menschliches Wesen von dem Inhalt dieses Gesprächs etwas erfahren wird. Auch – auch meine Braut nicht. Martern Sie mich nicht länger. Sie haben mein Ehrenwort.

HERBOT *nach glänzender Pause, greift in seine Brieftasche und entnimmt ihr einen Brief* Dies ist ein Brief von Daisy an mich. *Auf eine unwillkürliche Bewegung Edgars* Lassen Sie. Ich bitte um die Erlaubnis, ihn selbst vorzulesen. Sie können dann selbstverständlich nachprüfen, ob ich eine Silbe unterschlagen habe. Aber er muß auch im richtigen Ton gehört werden, sonst könnte man ihn mißverstehen. *Er liest* »Konrad Herbot – ich flehe Sie an, reisen Sie ab.«

EDGAR Von wann ist dieser Brief?

HERBOT *zeigt das Datum* Vom siebenundzwanzigsten August, morgens. »Bringen Sie nicht Unglück über Menschen, die Ihnen nichts Böses getan haben. Vergessen Sie nicht, Konrad Herbot, was Sie mir schon bedeutet haben, lang ehe ich Sie kannte. Lassen Sie sich's daran genug sein. Wenn ich Sie wieder auf der Bühne in einer Ihrer herrlichen –« Ach, das lassen wir – »Noch niemals hat mir ein Mann Ihrer Art ein so –« Es ist etwas peinlich – Fräulein Daisy meinte einfach, es hätte ihr noch nie ein Mensch, von dem soviel in der Zeitung steht, eine Liebeserklärung gemacht. Und so weiter und so weiter. Nun aber hören Sie gut zu. *Liest* »Bedenken Sie doch, Sie haben eine entzückende Frau, die Sie anbetet – und ich bin verlobt mit einem jungen Mann, der mich sehr gerne hat und den auch ich liebe. Ja, Konrad Herbot, ich liebe ihn und werde niemals einen andern lieben als ihn. Glauben Sie mir's. Aber Sie, Konrad Herbot, Sie sind gefährlich, ich kann es nicht anders sagen. – Manchmal ist mir, als wenn ich Sie haßte. Ich kann Sie nur bitten, reisen Sie ab, ich beschwöre Sie.«

EDGAR *nimmt den Brief* Vom siebenundzwanzigsten. Und Sie sind abgereist –

HERBOT Wenige Stunden darauf. Selbstverständlich. *Pause.*

EDGAR Und wenn Sie dort geblieben wären –?

HERBOT Herr Gley, ich hätte ruhig bleiben können. Von meiner »Gefährlichkeit« habe ich erst durch diesen Brief Kenntnis erhalten. Bis dahin – Sie haben selbst zu bemerken Gelegenheit gehabt, wie Fräulein Daisy – mich gewöhnlich zu behandeln beliebte. –

EDGAR Sie erzählten doch eben selbst, daß es Ihre Absicht war –

HERBOT Sie aus Daisys Herzen zu reißen. Ja. Ich leugne es nicht, ich war ein Narr. Dieser Brief hier hat mich zur Besinnung gebracht. »Ich werde niemals einen andern lieben als ihn.«

EDGAR Sie hat geschwankt. Aus diesem Brief ist zu ersehen, daß sie geschwankt hat zwischen Ihnen und mir, und daß es nur an Ihnen gelegen wäre –

HERBOT *unterbricht ihn* Das würd ich auch glauben, wenn ich heute noch ein Narr wäre, wie ich es vielleicht eine halbe Stunde lang gewesen bin. Sie hat immer nur Ihnen gehört. Aber der Ruhm – mein junger Freund, ahnen Sie denn, wie das auf ein junges Mädchenherz wirkt? Wir wissen ja nie, wir Armen, ob eine Schwärmerei u n s gilt, oder dem Duft von Unsterblichkeit, der uns umschwebt. Wie oft hab ich die

Glücklichen beneidet, die nie zweifeln müssen, daß sie um ihrer selbst willen geliebt werden. Wäre ich nicht Konrad Herbot gewesen, sondern irgendein gleichgültiger Herr, ein Gutsbesitzer aus Klein-Reifling zum Beispiel, so wäre ich Ihrer Braut ausschließlich lächerlich erschienen. Aber, daß es Konrad Herbot war, der um sie beinahe den Verstand verlor, das hat sie ein wenig gerührt. Daß sie vielleicht Konrad Herbots letzte Liebe war, hat sie ergriffen, und gewiß gab es einen Moment, in dem sie nahe daran war, diese innere Bewegung für Liebe zu halten. Sie ist die erste nicht. Aber schuldig, wenn in solchen Dingen überhaupt von einer Schuld die Rede sein kann, war ich, ich allein. Es wäre nie so weit gekommen, nicht einmal bis zu diesem Brief, wenn ich meine Gefühle hätte verbergen können. Aber ich war meiner nicht mehr mächtig. Wie ein Verhängnis ist es über mich gekommen.

EDGAR Sie wollten Ihre Frau verlassen, sagten Sie vorher. Sie ist vor Ihnen abgereist, – und ich frage mich –

HERBOT *rasch unterbrechend* Nicht wegen des Röhrenbruches, Herr Gley, Sie können sich jeden Moment selbst überzeugen. Sie ist fort, weil ich ihr meinen Seelenzustand nicht verheimlicht habe. Ich habe keine Geheimnisse vor ihr. Es ist eine wundervolle Frau. Sobald ich nach diesem Brief aus Fräulein Daisys Nähe geflohen war, habe ich sie verständigt. Ich bat sie, zu mir zu kommen, mir beizustehen, mich aus meiner Verzweiflung zu retten. Aber sie empfand es als unwürdig, neben mir zu leben, solang mein Herz einer andern gehörte. Sie wollte erst wiederkommen, wenn ich ihr mit ruhigem Gewissen schreiben dürfte, daß auch der letzte Funken in mir erloschen ist. Vor drei Tagen konnte ich es ihr schreiben. Seit gestern ist sie wieder da, und morgen wird der alte Herbot sein Heim wieder haben.

Pause.

EDGAR Warum hat sie mir von all dem nichts gesagt?

HERBOT Sollten Sie wirklich nicht ahnen, Herr Gley, wie nah sie daran war, wie oft das Geständnis sich auf ihre Lippen drängte? Ich – ich hab es gesehen. Und damals hab ich gewünscht, daß sie zu Ihnen spräche. Denn Sie hätten es nicht ertragen, wären zu stolz gewesen, Sie wären davongefahren, und ich – ich wäre dort geblieben. Danken wir Gott, daß es anders gekommen. Es wäre ein fürchterliches Erwachen gewesen für uns alle.

EDGAR Warum hat sie geschwiegen?
HERBOT Soll ich es Ihnen sagen? Weil sie mit ihrem unendlich feinen Instinkt spürte, daß das, was sie für ein Geständnis der Wahrheit gehalten hätte, doch nur Lüge gewesen wäre. Sie hat mich nie geliebt, Herr Gley, das muß Ihnen doch endlich klar sein. Niemals. Und ich möchte sogar die Behauptung wagen, daß Sie, Herr Gley, mit einem schöneren Gefühl der Sicherheit in die Ehe treten dürfen, als mancher andere junge Mann, der seiner Braut, wie man zu sagen pflegt, nicht das Geringste vorzuwerfen hat. Fräulein Daisy hat ihr Abenteuer hinter sich. Und es wird der Tag kommen, an dem sie es Ihnen selbst erzählen wird. Sie wird es Ihnen erzählen, noch bevor sie mit Ihnen vor den Altar tritt. Und wenn Sie mir eine Bitte gestatten, so warten Sie diesen Augenblick ab. Beginnen Sie nicht selbst davon mit ihr zu sprechen. *Da Edgar schweigt* Doch wie töricht, Sie werden ja doch nicht so lange schweigen können. Sie werden ihr alles sagen, selbstverständlich, Sie werden ihr auch erzählen, daß ich Ihnen diesen Brief –
EDGAR *blickt ihn noch einmal rasch durch und wirft ihn ins Kaminfeuer* So wahr er hier in diesen Flammen verglüht, niemals. Von diesem Briefe niemals. Auch nicht von diesem Besuch.
HERBOT Versprechen Sie nicht zuviel, Herr Gley.
EDGAR *sieht ihn an* Ich verspreche nicht mehr, als ich zu halten gewiß bin. – Adieu, Herr Herbot.
HERBOT Haben Sie noch eine Frage an mich, Herr Gley?
EDGAR *sieht ihn lang an* Keine. *Er reicht ihm rasch die Hand.*
HERBOT *beinahe echt* Seien Sie gut zu ihr, Herr Gley. Ich bitte Sie, – seien Sie gut.
EDGAR *geht.*
HERBOT *von der Türe zurück, zuerst ernst, dann geht ein befriedigtes, aber nicht allzu eitles Lächeln über seine Züge. Er sieht auf die Uhr. Geste: Es ist noch Zeit. Er klingelt.*
BOY *tritt ein.*
HERBOT Wollen Sie meine Frau bitten heraufzukommen, sie ist in der Halle.
BOY *ab.*
SOPHIE *ist von links hereingetreten.*
HERBOT *wendet sich um, erblickt sie* Oh! Du warst –
SOPHIE Ja. Die ganze Zeit –
HERBOT Und hast mir doch versprochen – – Aber ich begreif's. Es ist vielleicht besser so. Du bist hoffentlich beruhigt.

SOPHIE Ja.
HERBOT Leicht war es ja nicht. Jetzt kann ich dir's ja gestehen. Ich hab ein wenig Lampenfieber gehabt im Anfang, trotzdem ich nicht ganz unvorbereitet war. Zuerst war ich auch recht schwach.
SOPHIE Nun, es ging –
HERBOT Aber dann ist es nicht übel geworden, was? Du hast es dir wohl anders vorgestellt, Sophiechen, – wie? Du hast dir gedacht, daß ich einfach alles ableugnen werde. Aber nur Dummköpfe leugnen. Vernünftige Menschen –
SOPHIE – lügen.
HERBOT Lügen? Nein, Sophie, es war nicht ausschließlich Lüge, es war mancherlei Wahres dabei. Das war gerade das Köstliche, wie es durcheinander gemengt war, das Wahre und das Falsche. Dadurch wurde es so absolut wahrscheinlich. Na, Gott sei Dank, jetzt kann man wieder ruhig atmen.
SOPHIE Du glaubst – Hast du vergessen?
HERBOT Was?
SOPHIE Wenn er später einmal die Wahrheit erfährt, so will er, so wird er – Und er wird sie erfahren – Es ist einfach hinausgeschoben.
HERBOT Aber was fällt dir denn ein. Er wird sie nie erfahren. Es ist ja vollkommen ausgeschlossen.
SOPHIE Ausgeschlossen? Er wird doch mit ihr sprechen. Darüber kannst du dich doch nicht täuschen. Und selbstverständlich werden sich Widersprüche ergeben.
HERBOT Widersprüche? Warum denn?
SOPHIE Die Geschichte mit dem Brief vor allem – Was sollte überhaupt der gefälschte Brief?
HERBOT Gefälscht? Der war ja echt.
SOPHIE Der Brief war echt?
HERBOT Natürlich ist er echt. Den hat mir Daisy wirklich geschrieben. Allerdings nicht am 27. August, sondern am 2. Es war eine Kleinigkeit, den Siebener dazuzumalen.
SOPHIE Ich verstehe nicht –
HERBOT Aber Kind, es ist doch ganz einfach. Die Eventualität eines Klatsches mußten wir selbstverständlich in Erwägung ziehen. Daß ein anonymer Brief oder sonst was der Art sich ereignen könnte, das lag sehr nahe. Und darum hab ich mit Daisy ganz genau festgestellt, wie wir uns in dem Fall zu benehmen hätten. Daß da ein bloßes Leugnen nicht helfen

würde, das war ja evident. Da hätte man sich sogar auf die schönste Weise hineinreiten können.

SOPHIE Ach so. Sehr gut. Nun fang ich an zu verstehn. –

HERBOT Und der Brief – ich hab ihn schön gelesen, was? der Brief, der in Wirklichkeit die Sache natürlich erst zum Klappen brachte, der war geradezu wie geschaffen, uns – wie soll ich sagen – als ein Alibi zu dienen.

SOPHIE Ausgezeichnet.

HERBOT Andere Briefe existieren nicht mehr. Irgendwelche Beweise auch nicht. Und daß sie – Daisy nämlich – ihre Sache sicher auch famos machen wird, darüber kann man wohl ruhig sein.

SOPHIE Wir wollen hoffen. Aber so gut wie du doch keineswegs.

HERBOT Vielleicht noch besser. So ein Mädel – Überhaupt die Frauen – bei denen ist es ja angeboren. Übrigens findest du nicht, daß auch er famos war?

SOPHIE Er?

HERBOT Edgar Gley. Freilich er hat's leichter gehabt. – Aber – soll ich dir was sagen, Sophie? Es gab Momente, in denen ich so mitgerissen war – es hat nicht viel gefehlt und ich hätte die ganze Geschichte selber geglaubt.

SOPHIE Welche Geschichte?

HERBOT Nun, du hast's doch gehört. Mir war gegen Schluß der Szene, als hätte ich mit dem Mädel – als wär wirklich gar nichts passiert. – Die Macht des Genies könnte man sagen.

FALK *tritt ein. Überzieher und Hut.*

HERBOT, SOPHIE, FALK

FALK Ja, sag einmal, bist du verrückt geworden? Dreiviertel sieben? Was ist denn los!

HERBOT Na, was denkst du eigentlich, ich brauch 'ne Stunde, um mich in den Hamlet zu verkleiden?

FALK Paragraph sieben: Eine Stunde vor Beginn der Vorstellung haben die in dem Stück beschäftigten Darsteller – Im übrigen kommt heute der Kronprinz.

HERBOT Wie? Mit Jemahlin?

FALK Und Suite.

HERBOT Na, was sagst du, Sophie. Da zieh ich ihm also die Gesellschaft auch noch in die Bude, die er sich mit seinem modernen Blödsinn hinausgeekelt hatte. Hast du nicht geschwind noch die Preise erhöht? Na, wir wollen doch noch heute ein ernstes Wort wegen des neuen Vertrags miteinander reden bei der »Pulle Sekt«. Insbesondere von wegen des Urlaubs. Im Feber reisen wir nämlich an die Riviera, was, Sophie?

FALK Möchtest du nicht endlich –

HERBOT Also, Sophie, mach dich geschwind fertig. Heute spiel ich mal wieder ausschließlich für dich. Da könnte meinetwegen S. M. selber drin sein oder der liebe Herrgott.

FALK Du fändest jedenfalls nichts Besonderes dran, wenn der liebe Herrgott sich in Berlin vor allem deinen Hamlet ansähe.

HERBOT Nee. Wenn der einmal nach Berlin käme, so ließ er sich vor allem für Reinhardt Billetts besorgen. Glaubst du nicht?

FALK Jedenfalls stünd's in der Zeitung.

HERBOT *streichelt Sophie flüchtig die Wangen, küßt ihr die Stirn* Addio! a rivederci! *Nimmt Hut und Überzieher und geht.*

Falk, Sophie

FALK Er ist ja so aufgepulvert. Sie etwas weniger, Frau Sophie. Sie stehn ja da wie eine Bildsäule. Was ist denn passiert? Szene? Fangt's schon wieder an?

SOPHIE *regungslos* Nein. Es fängt nicht an, es hört auf. Endgültig hört es auf.

FALK *nach einer kleinen Pause* Na, Sie werden sich auch noch zurechtmachen wollen fürs Theater. Auf Wiedersehen!

SOPHIE Ich gehe nicht ins Theater. Ich reise ab.

FALK Wie?

SOPHIE Heute abend noch, in einer Stunde, in einer halben. Es ist aus.

FALK Ja, was ist denn –

SOPHIE Das kann ich Ihnen nicht so in Kürze erzählen.

FALK Nun, ohne zudringlich sein zu wollen, ich kann die Szene mit dem Geist entbehren, mit dem von Hamlets Vater mein ich. Also – wenn Sie nicht plötzlich aufgehört haben, mich als Freund zu betrachten –

SOPHIE Warum sollte ich – *Nach kurzer Pause* Edgar Gley war da.

FALK Oh!

SOPHIE Er wünschte Aufklärung. Mein Gatte hat sie ihm gegeben. Ich befand mich im Nebenzimmer die ganze Zeit. Ich habe alles gehört.

FALK Nun also?

SOPHIE Daß ein Mensch so lügen kann, das hab ich nie geahnt.

FALK Ja, was dachten Sie denn? – Sie müssen doch froh sein.

SOPHIE Eine vollkommen abgekartete Geschichte war es zwischen ihm und dem Fräulein. – Sie waren darauf vorbereitet. Und mein Gemahl hat dem armen Jungen hier einen Roman erzählt, als wenn er um Daisy beinahe toll geworden wäre und sie hätte ihn nicht erhört. Dabei ist er Nacht für Nacht zu ihr durchs Fenster.

FALK Na, das konnte er doch wohl dem Herrn Gley nicht erzählen. Und es ist doch immer noch besser, geschickt gelogen als gar nicht in solchen Fällen.

SOPHIE Sie müßten es **gehört** haben. Und er – er spürt nichts davon, er freut sich noch dran. Oh, hätten Sie's gehört, Sie würden begreifen, daß ich nicht einen Tag, nicht eine Stunde länger bei diesem Menschen –

FALK Ja, wo wollen Sie denn hin?

SOPHIE Was weiß ich. Fort, fort!

FALK Sollten Sie's nicht doch wissen?

SOPHIE Was?

FALK Wohin Sie zu fliehen gedenken. Oder ahnen –

SOPHIE Wenn es so wäre, glaubten Sie, ich brauchte dann eine Ausrede vor mir selbst? Mich zieht es zu niemandem! Fort will ich, und allein will ich sein, für mein ganzes Leben allein.

FALK Das wird nicht gehen. In vierzehn Tagen haben Sie wieder hier einzutreffen. Längeren Urlaub gebe ich Ihnen nicht. Unser Vertrag –

SOPHIE Sie können scherzen? Verstehen Sie es denn wirklich nicht? Es ist aus für ewige Zeiten. Nichts mehr ist da, nichts, nur ein Ekel, nein, ein Grauen, ein ungeheueres Grauen. Wie kann ich zurück zu ihm? Man kann zu einem Menschen zurück, auch wenn er gefehlt, wenn er ein Verbrechen begangen, wenn er einen tief, tödlich verletzt hat. Man kann zu einem zurück, der bereut, auch zu einem, der nicht bereut. Aber er muß doch wissen, was er getan hat. Herbot weiß es nicht. Er versteht nichts von mir und nichts von sich und nichts von den andern. Liebe, Betrug, Mord, alles das wiegt in der Wirklichkeit nicht schwerer für ihn, als wenn es in einer seiner Rollen stünde. Wir sprechen verschiedene Sprachen, zwischen uns gibt es auch keinen Dolmetsch mehr. Wenn ich mich zum Fenster hinunterstürzte aus Verzweiflung, so wäre es ein Aktschluß für ihn. Vorhang fällt, – und er geht eine Pulle Sekt trinken. Ein Mensch – er? Ein toll gewordener Hanswurst, der, wenn's sich einmal so fügt, auch bereit ist,

einen Menschen zu spielen; – aber kein Mensch – kein, – *Auf dem Diwan, Hände vors Gesicht.*
Pause.
FALK Schade, schade.
SOPHIE Auch nicht mehr schade.
FALK Doch, liebe Freundin. Es müßte nicht so sein. Wie anders hätte diese Szene, die er da mit Herrn Gley aufgeführt zu haben scheint, auf Sie gewirkt, wie wenig grauenvoll, ja, wie lustig oder wie großartig vielleicht, wäre Ihnen der ganze Kerl erschienen –
SOPHIE Wenn ich seiner würdig wäre.
FALK Das wird natürlich nie der Fall sein, kann natürlich nie der Fall sein. Sie blieben ja doch, wer Sie sind in jedem Fall. Man bleibt es immer. Aber Sie hätten mancherlei leichter genommen. Daß Sie eine so fabelhaft anständige Person sind, das ist es ja, was in Ihre Beziehungen zu Herbot eine falsche Note bringt; und daß Sie in der allertiefsten Tiefe Ihrer Seele dieser Anständigkeit nicht einmal recht froh werden, das macht die Sache nicht besser. Wenn Sie beispielsweise mit so einem edlen Herrn Gley vermählt wären, – ja, solch eine Art von Menschen zu betrügen, wie man's nennt, das ist freilich sehr häßlich, denn für die Herren Gley ist das Betrogenwerden etwas sehr Wesentliches, unverdient und erniedrigend, und kann sie gelegentlich zum Selbstmord treiben, die Herren Gley. Mit den Herbots ist das etwas ganz anderes. Die Herbots täten vielleicht so, als merkten sie's nicht, auch vor sich selber täten sie so; aber sie würden aufatmen!
SOPHIE Sie sprechen wie ein rechter Sophist.
FALK Nur als Theaterdirektor, verehrte Freundin.
SOPHIE *lächelnd* In Theaterangelegenheiten bin ich lediglich – bin ich gar nicht mehr zu sprechen. Verzeihen Sie, ich muß packen. Er soll mich hier nicht mehr finden.
FALK Sie wollen im Ernst – und heute noch? Das ist ja unmöglich.
SOPHIE Es ist möglich, glauben Sie mir.
FALK Ja, was soll ich ihm denn sagen?
SOPHIE Daß ich von seiner heutigen großen Szene mit Herrn Gley zu sehr erschüttert war, um auch noch den Hamlet vertragen zu können.
FALK Das – das wird er nicht verstehen.
SOPHIE Also, sagen Sie ihm die Wahrheit – daß ich ihn –
FALK – liebe!

SOPHIE Hasse! Und daß ich nie wieder – so wahr ich lebe –
FALK Still! – keine Schwüre, man soll keine Brücken hinter sich abbrechen. Man hat davon nur die Unbequemlichkeit, sie wieder von neuem aufbauen zu müssen.
SOPHIE *nach links* Leben Sie wohl!
FALK Ich will Sie nicht länger zurückhalten, Frau Sophie, reisen Sie glücklich, aber wenn Sie mich fragen, wohin, so sage ich: nicht in die Einsamkeit, sondern – anderswohin –
SOPHIE Sie sind wahrhaftig –
FALK Es verpflichtet ja zu nichts. Nicht einmal zum Zurückkehren. Sie können ja dort bleiben. Vielleicht ist das Ihr Glück. Es wäre ja möglich. Ich glaub es freilich nicht. Sehen Sie übrigens da hinunter, Frau Sophie! Eine Wagenburg! Ja dem Mann muß man manches verzeihen.
SOPHIE Tät ich auch – als Theaterdirektor.
FALK Als Frau müssen Sie es erst recht. Es ist doch fast euer Beruf.
SOPHIE Oho!
FALK Verzeihen – und Rache nehmen. Besonders die letztere ist bekanntlich süß. Auf Wiedersehen, Frau Sophie, – auf baldiges Wiedersehen. *Auf ihren Blick* Nun ja, vielleicht – in den steirischen Wäldern. Ich bin ja auch zur Jagd geladen. Oder wenigstens zum Schachspiel. Eine Depesche genügt, ich komme hin, und wär's auch nur, um Sie abzuholen, – um Sie einem zurückzubringen, der nun einmal Ihr Schicksal ist, da mögen Sie tun, was Sie wollen. – Es gibt kleinere, Frau Sophie. *Die Türe im Hintergrund öffnet sich. Herbot tritt ein, im Hamletkostüm, darüber seinen nicht ganz geschlossenen Überzieher.*

SOPHIE, FALK, HERBOT

FALK Ja, sag mal, bist du total verrückt?
HERBOT Ja, was ist denn? Wo steckst du denn, Sophie? Ich schaue durchs Guckloch in die Loge hin und du bist nicht da –
SOPHIE *sieht ihn nur starr an.*
FALK *auf ihn zu, ihn bei der Schulter nehmend* Ja, willst du wohl. – Es ist fünf Minuten über sieben.
HERBOT Sie sollen warten! Ich spiele nicht früher, als Sophie in ihrer Loge sitzt.
SOPHIE Aber – aber – ich bin ja noch gar nicht angezogen.
HERBOT Egal. Komm mit mir, so wie du bist.
FALK *zu Herbot* Schau vor allem einmal du, daß du fortkommst.

HERBOT Bedauere. Ohne sie rühr' ich mich nicht weg. Ich weiß ja, ich weiß ja. Sie hat überhaupt nicht kommen wollen. Der – der Bursche war da. Sie hat es dir ja wahrscheinlich erzählt. Da sind die Erinnerungen wieder aufgestiegen. Na, sieh sie dir nur an, Falk. Steht sie nicht da wie ein Gespenst aus Marmor? Aber komm doch einmal zu dir. Die Vergangenheit ist ja tot, mausetot. Begreifst du es denn noch immer nicht, Sophiechen? Denk doch nicht mehr an das kleene Luder. Was gehn uns denn die andern überhaupt an? Ich habe ja nie eine andere geliebt als dich. Wenn du nicht kommst, so spiel ich nicht. Da kann unser Freund dahier das Theater meinethalben zusperren.

FALK Sechstausendfünfhundert Mark. Du hast natürlich dafür aufzukommen.

HERBOT Hörst du, Sophie. Wenn den Hamlet wer anderer spielt, hat er kein halbes Haus. Und wenn du heute nicht in deiner Loge sitzt, so spiel ich heute nicht und morgen nicht und überhaupt nie wieder und Addio Schauspielkunst! *Er wirft den Degen hin, den er in der Hand gehalten hat.*

FALK *ist beim Fenster gestanden* Eben ist Seine Hoheit vorgefahren.

HERBOT Ist mir Wurst! Sie soll wieder heimfahren, deine Hoheit. Hier gibt es nur eine – *Plötzlich auf die Knie vor Sophie. Es klopft.*

DER INSPIZIENT *tritt herein.*

INSPIZIENT Entschuldigen Sie, Herr Herbot, es ist sieben Uhr zehn. Seine königliche Hoheit – das Publikum –

FALK *zum Inspizienten* Lassen Sie das Zeichen geben.

HERBOT *zum Inspizienten* Er hat es gesagt, nicht ich.

FALK Das Zeichen geben!

INSPIZIENT *ab.*

SOPHIE Steh doch auf!

HERBOT Kommst du?

SOPHIE *antwortet nichts, nur ihre Miene drückt ihre Zustimmung aus.*

HERBOT *steht auf, faßt sie um die Mitte, nimmt den Degen in die Hand, den Falk aufgehoben hat* Ward je in solcher Laun – – –

FALK Das ist nicht Hamlet, das ist Richard.

HERBOT Also, Arm in Arm mit dir – – –

FALK Das ist auch woanders her. Du wirst mir noch eine Konfusion machen.

HERBOT Muß es gerade Hamlet sein? *Sich heftig an Sophie drängend*
  Ist es nicht ein herrlicher Gedanke –
FALK Willst du wohl? *Er schiebt ihn mit Sophie zur Türe hinaus.*
  Wenn die Türe sich öffnet, sieht man eben einige Hotelgäste auf dem Gang vorübergehn, die die Gruppe erstaunt betrachten.
  Falk dreht das Licht aus, geht gleichfalls, schließt die Türe.

Vorhang

Das Bacchusfest

Personen

FELIX STAUFNER, *Schriftsteller*

AGNES, *seine Frau*

DR. GUIDO WERNIG

BAHNHOFPORTIER

KELLNER

BÜFETTDAME

PASSAGIERE

BAHNBEDIENSTETE

Spielt in der Bahnhofshalle einer größeren österreichischen Gebirgsstadt.

Bahnhofshalle mit Restauration. Hintergrund drei Glastüren auf den Perron. Rechts eine breite Treppe, die hinabführt. Links Büfett. Darüber Uhr. Eine Anzahl Tische, einzelne gedeckt, mit Stühlen. Schwarze Tafel neben der mittleren Perrontüre rechts. An der Wand neben der Treppe Fahrpläne, Karten, Reklamebilder. – Am Büfett die Büfettdame. Wenige Menschen an den Tischen. PORTIER *steht an der mittleren geöffneten Perrontüre. Wenn der Vorhang aufgeht, ist eben ein Zug eingetroffen. Die Passagiere kommen vom Perron und gehen durch den Restaurationssaal, rechts über die Treppe ab. Links stehen Agnes und Guido, den Blick gespannt zur Türe gerichtet, offenbar jemanden erwartend; fast regungslos. Wenn die letzten Passagiere die Halle passieren, tritt* GUIDO *zur Türe, blickt zum Perron hinaus, macht einen Schritt gegen den Perron zu, wird vom Portier zurückgewiesen. Auch* AGNES *tritt näher zur Türe hin.*

GUIDO Es kommt niemand mehr.
AGNES Sonderbar.
PORTIER *schließt die Türe.*
GUIDO Entschuldigen Sie, das war doch der Zug aus Innsbruck?
PORTIER Nein.
GUIDO Nein?
PORTIER Das war der bayrische. – Der aus Innsbruck soll um 5 Uhr 20 Minuten kommen.
GUIDO Warum sagen Sie »soll«?
PORTIER Weil er sich meistens verspäten tut. Aber es ist noch kein Aviso da.
GUIDO Daß er kommt?
PORTIER Nein, daß er sich verspäten tut. *Entfernt sich rechts über die Treppe hinab.*
GUIDO *sieht auf die Uhr* Da haben wir also noch ganze acht Minuten vor uns. *Er zündet sich eine Zigarette an.*
AGNES Acht Minuten. *Nach vorn, setzt sich an einen Tisch.*
KELLNER *kommt heran, umschleicht sie.*
GUIDO *nach kleiner Pause zu Agnes hin, hinter ihr stehenbleibend* Agnes –
AGNES Guido –?
GUIDO *setzt sich, nahe zu ihr* Ob es nicht doch klüger wäre –
KELLNER Was gefällig bitte?
GUIDO Danke. Wir haben eben hier etwas genommen.
KELLNER *achselzuckend, leicht beleidigt, ab nach links.*
GUIDO Ich meine, ob es nicht doch besser wäre, wenn ich ihn allein erwartete.

AGNES Warum mit einemmal? Traust du mir plötzlich nicht mehr die nötige Festigkeit zu? Glaubst du etwa, daß ich Angesicht in Angesicht mit ihm –

GUIDO Nein, nein, deiner bin ich sicher. Aber ich wiederhole, es ist absolut nicht vorherzusagen, wie er die Neuigkeit aufnehmen wird. Und darum –

AGNES *lebhaft, steht auf* Nein. Es bleibt dabei, wir erwarten ihn gemeinsam. Damit ist die Situation sofort klargestellt. Schon das ist ein ungeheurer Vorteil. Es wird kaum noch vieler Worte bedürfen. Und überdies ist es das einzige, was unserer würdig ist – und seiner. Das sind wir ihm schuldig. Ich bin es ihm jedenfalls schuldig. *Lokomotivpfiff. Sie zuckt leicht zusammen, wendet sich aber nicht um.*

GUIDO *steht auf.*

Ein Bahnbediensteter kommt vom Perron, versperrt sorgfältig wieder die Türe, schreibt auf die schwarze Tafel: »Zug Nr. 57 von Innsbruck hat 44 Minuten Verspätung.« Er verwehrt einer Dame mit zwei Kindern den Eintritt, während er die Türe wieder hinter sich versperrt.

Guido und Agnes haben sich nicht umgewandt. Der Pfiff der Lokomotive verhallt.

GUIDO *nahe zu ihr* Agnes, liebst du mich?

AGNES Ich bete dich an. Und du? –

GUIDO Du weißt. *Hastig* Und in einer Stunde ist alles überstanden. Das halte fest! Morgen sind wir schon weit fort. Daran mußt du denken, während du ihm gegenüberstehst. Und für immer zusammen.

AGNES *etwas mechanisch* Für immer... *Ohne sich umzusehen* Fährt er denn noch nicht ein?

GUIDO *wendet sich dem Hintergrund zu* Die acht Minuten sind um.

DER PORTIER *ist wieder gekommen.*

GUIDO *bemerkt die Aufschrift auf der Tafel* Oh!

AGNES *auch hin* Was gibt's?

GUIDO Verspätung! 44 Minuten Verspätung!

PORTIER Es wird schon eine Stund' werden.

GUIDO Da steht ja deutlich 44 Minuten. 44! Das ist doch offenbar ganz genau auskalkuliert.

PORTIER *kalt* Na ja, wenn er vielleicht früher kommt. *Langsam zum Büfett hin, spricht dort ein paar Worte mit der Kassierin, entfernt sich bald.*

Guido und Agnes sehen einander an.

AGNES Eine Stunde –

GUIDO Gehen wir vielleicht wieder ins Freie indessen.

AGNES Es gießt ja noch immer.

GUIDO Freilich.

AGNES Wenn du aber Lust hast, spazieren zu gehen – ich kann ja indessen hier – ich will mir illustrierte Zeitungen ansehen. *Setzt sich, nimmt ein Blatt zur Hand.*

GUIDO *tritt näher ans Büfett, vergleicht seine Taschenuhr mit der Uhr über dem Büfett.*

AGNES *sieht ihm nach, lächelt* Er wird auch hübsch ungeduldig sein in seinem Kupee.

GUIDO *näher zu ihr hin* Wie – wie meinst du das, Agnes?

AGNES Er hat mir ja telegraphiert, wie du weißt, daß er um 5 Uhr 20 Minuten aus Stubai hier ankommt. Er denkt natürlich, daß ich ihm entgegenfahre und ihn erwarte nach dieser sechswöchigen Trennung – und daß wir zusammen nach Seewalchen zurückfahren werden in unsere Villa. – Ich erwart ihn ja auch – Nur hat er sich's wahrscheinlich ein bißchen anders vorgestellt.

GUIDO Es wäre mir recht sympathisch, wenn du das weniger sentimental auffaßtest.

AGNES Sentimental –?! Ich?! Wär ich hier, wenn ich sentimental wäre?

Kurze Pause.

GUIDO *um nur etwas zu sagen* Den Sechs-Uhr-Zug hättet ihr jedenfalls versäumt.

AGNES Um sieben geht wieder einer.

GUIDO Glaubst du, daß er ihn benützen wird?

AGNES Warum nicht? Ich würde es wünschen. Und er ist wohl der Mann – – *abbrechend* Er wird zu Hause alles vorfinden, wie er es verlassen hat. – Ich habe Therese gesagt, sie soll alles vorbereiten, als wenn –

GUIDO Das war überflüssig. Wenn er dich jemals geliebt hat, wird er keinen Fuß mehr über die Schwelle eines Hauses setzen, in dem er mit dir fünf Sommer verlebt hat und – *bitter* glücklich war.

AGNES Er wird. Er liebt das kleine Haus und die Landschaft so sehr. Die haben sich ja nicht verändert.

GUIDO In diesem Jahr wird er doch nicht mehr hinfahren.

AGNES Wenn er vernünftig ist, so schläft er schon heute nacht wieder daheim.

GUIDO In einem Haus, das solche Erinnerungen für ihn birgt?
AGNES *immer vor sich hin* Hoffentlich beginnt er schon auf der Heimreise mich zu vergessen.
GUIDO Du kannst dir vorstellen –?
AGNES Nun, ist es nicht das Beste, was wir ihm wünschen können? *Sie nimmt wieder eine Zeitung und scheint sich in sie vertiefen zu wollen.*
GUIDO *betrachtet Agnes, geht dann hin und her, vergleicht neuerdings die Uhr, dann tritt er näher zu Agnes* Man könnte vielleicht doch noch eine Kleinigkeit nehmen. *Er klopft auf den Tisch, nimmt gleichfalls eine Zeitung, blättert sie rasch durch, sieht zu Agnes hinüber, die in die Lektüre ganz vertieft scheint, dann ruft er ärgerlich* Kellner!
KELLNER *erscheint, von früher noch etwas beleidigt* Bitte.
GUIDO Bringen Sie mir – *Zu Agnes* Was wünschst du?
AGNES Es ist ja ganz egal.
GUIDO Also bringen Sie uns zwei Soda mit Zitrone.
AGNES Mir lieber mit Himbeer.
KELLNER *entfernt sich.*
Wieder Pause.
GUIDO *schaut Agnes an.*
AGNES *liest weiter, lächelt* Da steht ja was von dir.
GUIDO Von mir?
AGNES Ja. – »Regatta am Attersee« – Erster Preis Baron Ramming mit seinem Segelboot »Sturm« – zweiter Preis Doktor Guido Wernig mit seinem Segelboot »Nixe«.
GUIDO Stimmt. Ja, siehst du, solche kleine Leute wie ich stehn auch manchmal in der Zeitung. Natürlich bei entsprechend kleinen Gelegenheiten – und auch dann nur mit zweiten Preisen.
AGNES Nächstens wird es der erste sein – auf einem andern See.
GUIDO Du bist zu gütig – Aber – ob es nicht doch ein Wink des Schicksals ist –?!
AGNES *fragender Blick* Der – zweite Preis?
GUIDO Die Verspätung mein ich. Noch ein letztes Mal hast du Zeit zu überlegen. *Auf ihre abweisende Geste nah zu ihr* Es ist vielleicht doch nicht so einfach, wie du dir's denkst, wenn man durch fünf Jahre lang die Lebensgefährtin eines großen Mannes gewesen ist, – die weitre Existenz als Gattin eines ganz gewöhnlichen Doktors der Chemie –
AGNES *ihn rasch unterbrechend* Erstens einmal ist euere Fabrik in

ihrer Art geradeso berühmt, wie die sämtlichen Werke meines Gemahls.

GUIDO Was hab ich mit der Fabrik zu tun? Mein Papa hat sie gegründet, er leitet sie, – ich bin nur der Sohn –

AGNES Und dann hab ich Felix nicht darum geliebt, weil er ein »großer Mann« ist, wie du es nennst. Als ich seine Frau wurde, wer kannte damals überhaupt seinen Namen?

GUIDO Aber du hast es geahnt. –

AGNES Geahnt, – ja –

KELLNER *kommt mit dem Bestellten, stellt die Gläser hin.*

AGNES *und* GUIDO *schweigen.*

KELLNER *entfernt sich.*

Pause.

GUIDO Warum schweigst du, Agnes?

AGNES *vor sich hin* Wie geheimnisvoll ist doch das Leben. Sechs Wochen sind es her, nicht mehr als sechs Wochen, daß ich in dem kleinen weißen Dampfer mit ihm über den See gefahren bin, sechs Wochen, daß ich hier fast an derselben Stelle von ihm Abschied genommen habe. Und wie hat sich in dieser kurzen Frist die ganze Welt verändert. Wenn er – wenn wir geahnt hätten an jenem klaren Sommertag –

GUIDO Bereust du, Agnes? Noch immer ist es Zeit.

AGNES *wie erwachend* Nichts bereue ich, nichts. Alles, was geschehen ist, mußte geschehen. Glaubst du, ich fühle das nicht, Guido? Und alles, was geschah, war zu unserm Glück. Und wohl auch zu seinem.

GUIDO Zu seinem? –

AGNES Er wird mir's wahrscheinlich bald danken, daß ich ihm *lächelnd* die Freiheit wiedergeschenkt habe. Menschen wie er –

GUIDO Menschen wie er –?

AGNES Alles hat seinen tiefen Sinn. Es ist gut, es ist vielleicht eine tiefe Notwendigkeit, daß er von nun an wieder einsam bleiben darf.

GUIDO Einsam – Was man so Einsamkeit nennt.

AGNES *blickt auf* Was willst du damit sagen?

GUIDO Nichts anderes, als was du dir wahrscheinlich selber denkst.

AGNES Weiche mir nicht aus! Du hast heut schon einmal eine so sonderbare Anspielung gemacht.

GUIDO Wieso? Wann?

AGNES Auf der Herfahrt in der Eisenbahn –

GUIDO Ich glaube, daß es meiner Anspielungen bei deinem Ahnungsvermögen gar nicht bedurfte. Der Gedanke, daß ihn nicht nur sein Drama sechs Wochen statt der projektierten drei im Stubaital festgehalten hat, ist dir heute gewiß nicht zum erstenmal gekommen. Du lächelst?
AGNES Ich find es ein bißchen komisch, daß du offenbar Lust hast, mich eifersüchtig zu machen.
GUIDO Ich denke nicht daran. Aber, du verzeihst schon, ich sehe keinen rechten Grund, daß du deinen–deinen gewesenen Gatten immer mit einer Art von Glorienschein zu umgeben suchst. Er ist am Ende, in allem Respekt gesagt, ein Mensch wie andere. Er ist wahrscheinlich in gewisser Beziehung um kein Haar besser, als ich und –
AGNES *lachend* »Und du«, wolltest du sagen. Sehr liebenswürdig.
GUIDO Mißverstehe mich doch nicht.
AGNES Oh, ich versteh dich ausgezeichnet. Du willst mich glauben machen, daß dieses Fräulein X –
GUIDO Bianka Walter –
AGNES – das auf seiner letzten Ansichtskarte mit unterschrieben war, irgendwie dazu beigetragen hat, meinen Gatten –
GUIDO Deinen gewesenen Gatten, Herrn Felix Staufner –
AGNES – Felix im Stubaital festzuhalten.
GUIDO Ich will dich nichts glauben machen. Ich konstatiere einfach.
AGNES Ohne Beweise konstatiert man nichts. Ohne Beweise verdächtigt man nur. Im übrigen wird es sich ja bald herausstellen.
GUIDO Wieso, wenn ich fragen darf?
AGNES Auch e r wird mir die Wahrheit sagen.
GUIDO Es ist nicht wahrscheinlich, daß du Zeit haben wirst, ihn ins Verhör zu nehmen. Abgesehen davon, daß es dir vollkommen gleichgültig, daß es dir sogar willkommen sein müßte, wenn – meine Vermutung und – deine Ahnung sich bestätigten.
AGNES Ich wäre sogar glücklich, das brauche ich dir nicht erst zu sagen. Mir könnte nichts Erwünschteres begegnen, als wenn – als wenn er mit diesem Fräulein Bianka oder mit irgendeiner anderen aus dem Kupee stiege.
GUIDO Ich fürchte, Agnes, du stellst dir das Leben zu einfach vor. So leicht wird es uns nicht gemacht werden. Fräulein X –

AGNES Bianka –

GUIDO – wird nicht mitkommen. Sie wird in Stubai geblieben sein – vorläufig.

AGNES Mit ihrer Mutter.

GUIDO Wieso mit ihrer Mutter? Was kümmert dich nun gar die Mutter?

AGNES Sie ist ja auf der Karte mit unterschrieben. Ich fürchte überhaupt, wir tun der jungen Dame bitteres Unrecht und freuen uns zu früh! Es ist zweifellos ein anständiges Mädchen aus guter Familie, eine Bewunderin meines – meines Felix Staufner – geradeso wie die Mutter. *Sie nimmt eine Karte aus ihrem Täschchen und liest* »Isabella Walter, die ebenso wie ihr vorher unterzeichnetes Töchterchen die Gelegenheit nicht versäumen will, der Gattin des verehrten Meisters einen dankbar ehrfurchtsvollen Gruß zu senden. –«

GUIDO Etwas gewunden.

AGNES Aber sehr unverdächtig.

GUIDO Du trägst die Karte bei dir?

AGNES Ich hatte noch keine Zeit, sie einzuordnen.

GUIDO Du hast die Absicht, sie aufzubewahren?

AGNES Warum denn nicht? Es ist ja die letzte. Vor vier Tagen kam sie an. Und wohl die letzte, die er mir als mein Gatte geschrieben hat.

GUIDO *nimmt die Karte; da sie einen leichten Widerstand entgegensetzt, sagt er verletzt* Man wird sie wohl noch berühren dürfen. *Er liest* »In drei Tagen hoffe ich, mit meiner Arbeit fertig zu sein. Du erhältst jedenfalls noch ein Telegramm. Dein Felix.« Hast du ihm auf diese Karte noch geantwortet?

AGNES Nur ein Wort.

GUIDO Was für ein Wort, wenn man fragen darf?

AGNES »Auf Wiedersehen!«

GUIDO *beißt sich auf die Lippen.*

AGNES Nun, stimmt es etwa nicht? Ich schrieb nicht: auf gutes Wiedersehen, auf – glückliches Wiedersehen, einfach: auf Wiedersehen!

GUIDO Und hast du ihm auch B r i e f e geschrieben – in dieser Zeit?

AGNES Einen einzigen.

GUIDO Also – doch!

AGNES Das war, eh es sich noch entschieden hatte zwischen dir und mir. Abends – eine Stunde, ehe du plötzlich in meinem Garten standest – unter meinem Fenster – und meinen Na-

men in die Nacht riefst. – Ja, so schreibt man manchmal einen Abschiedsbrief, ohne es zu ahnen! Wie geheimnisvoll ist –
GUIDO *hat die Karte noch in der Hand und scheint sie zerknittern zu wollen.*
AGNES Was tust du, Guido?
GUIDO Du liebst ihn noch.
AGNES *ehrlich* Nein, Guido. Ich liebe niemanden als dich. Ich habe noch keinen – auch Felix hab ich nicht so sehr geliebt als dich! *Ergreift seine Hand* Aber ich werde niemals aufhören *sie läßt seine Hand wieder fahren* Felix Staufner zu bewundern – zu verehren – dem Dichter Felix Staufner innerlich nahe zu sein. – In gewisser Hinsicht – wie oft willst du es noch hören, Guido – können sich ja Beziehungen wie die zwischen Felix und mir gar nicht ändern, nie und nimmer. Daß wir verheiratet – waren, ist ja das wenigste. Auch wenn ich ihn nie wiedersehen würde, wenn wir meilenweit voneinander entfernt blieben –
GUIDO *unterbrechend* Ja, w e n n ihr meilenweit voneinander entfernt bliebt! – Das wäre freilich schön. Dann wäre ja alles gut, dann hätt ich auch nicht das geringste gegen euere innerlichen Beziehungen einzuwenden. – Aber leider kann ich mein Leben nicht mit dir auf Reisen verbringen. Ich muß zurück ins Joch, ins verdammte, und – –
AGNES Selbstverständlich. Ich würde es absolut nicht gestatten, daß du deinen Beruf aufgibst. Du mußt arbeiten, wenn du es auch nicht nötig hast. Ich würde mit keinem Müßiggänger zusammenleben wollen.
GUIDO Ich denke nicht daran, meinen Beruf aufzugeben. Aber ich könnte ihn immerhin anderswo ausüben. Ich werde mit Papa sprechen. Er denkt ohnedies schon lange daran, eine Filiale in Deutschland zu errichten oder in Amerika.
AGNES Oder in Australien.
GUIDO Je weiter, je lieber.
AGNES Guido!
GUIDO Ich ertrage einfach den Gedanken nicht, daß du deinem gewesenen Mann später wieder begegnen solltest.
AGNES *bestimmt* Guido, du darfst nicht in letzter Stunde alle unsere Abmachungen wieder entzweireißen. Du weißt, Felix ist kein Mensch wie andere –
GUIDO *Geste des Zweifels.*
AGNES *noch bestimmter* Daß einmal die Liebe zwischen ihm und

mir ein Ende nehmen könnte – diese Möglichkeit ist ihm immer vor Augen gestanden. – Aber um so weniger hat er daran gezweifelt, daß alles übrige, was uns verbindet und was das eigentliche Wesen unserer Beziehung ausmacht – unzerstörbar und unvergänglich bleibt. Er weiß vor allem, daß ihn niemand so bis auf den Grund der Seele versteht wie ich, – daß er also niemals eine bessere Freundin haben wird, als ich es ihm war – und bin – und – bleibe.

GUIDO Vor wenigen Minuten, Agnes, sprachst du den Wunsch aus, er möge dich so bald als möglich – heute noch – auf der Fahrt nach Seewalchen möge er dich vergessen!

AGNES Die Geliebte, die Gattin: Ja. Aber was ich ihm außerdem gewesen bin – und bleiben darf –

GUIDO Es wird ihn einige Mühe kosten im Anfang wenigstens – so sorgfältig zu unterscheiden.

AGNES Das will ich zugeben. Aber – wir werden irgend einmal wieder Freunde w e r d e n.

GUIDO Du bildest dir wirklich ein, daß er nicht sehr bald eine andere – Freundin finden wird?

AGNES Eine Freundin? Nein. Nie. Eine Geliebte – gewiß! Und ob sie nun Bianka heißt oder anders – ich hoffe nur, daß ich seine Wahl werde billigen können!

GUIDO Warum hoffst du das? – Hast du etwa die Absicht, mit der künftigen Geliebten deines gewesenen Gemahls gesellschaftlich zu verkehren?!

AGNES Wenn es sich so fügen sollte – –

GUIDO Es wird sich nicht fügen. Denn ich erkläre dir hiermit, daß ich unser Haus – sobald einmal unsere Situation endgültig geregelt ist – und das wird hoffentlich bald der Fall sein – bürgerlich zu führen gedenke. Und ich versichere dich, daß diese ganze recht interessante, aber zum Teil etwas bedenkliche Gesellschaft von Künstlern und Komödianten beiderlei Geschlechts, die in euerm Hause aus und ein zu gehen pflegte, die Schwelle des meinen nicht überschreiten wird.

AGNES Immerhin – bei aller Bedenklichkeit – dir blieb es vorbehalten –

GUIDO Das ist etwas anderes. Eine echte Leidenschaft erklärt und entschuldigt alles. – Und überdies hat dein Gatte sein Los verdient.

AGNES Oh!

GUIDO Eine Frau muß man behüten wie einen kostbaren Schatz.

Man läßt eine junge Frau nicht allein, ganz allein unter jungen Leuten, im Sommer – an einem See –

AGNES Er hat mir eben vertraut, in allen seinen Zweifeln. Das gehört mit zu den Widersprüchen seines Wesens.

GUIDO Man vertraut einer Frau nicht, die man liebt. Man zittert für sie. Man kämpft für sie. Ich werde dir niemals vertrauen. Auch wenn wir jahrelang zusammen sind. Auch wenn wir Kinder haben – und wir werden Kinder haben – immer werde ich für dich zittern. Sich einer Frau sicher fühlen, heißt ja beinahe, sie beleidigen!

AGNES Das hat er auch nicht getan. Er war eifersüchtig, öfter als du denkst. Sogar auf dich ist er es gewesen.

GUIDO Sogar! Nun – ich dächte –

AGNES Aber das war, als er noch nicht den geringsten Anlaß dazu gehabt hätte. Gerade damals. So geheimnisvoll –

GUIDO Ist das Leben.

AGNES – Wir hatten noch nicht dreimal miteinander gesprochen! Er hat natürlich nichts gesagt, aber ich hab es ihm wohl angemerkt. Nur begreifen konnt ich's gar nicht. Du bist ja den ganzen Tag draußen auf dem See herumgesegelt – im Anfang. Nur abends geruhtest du ein halbes Stündchen auf der Hotelterrasse neben uns Platz zu nehmen und allerlei Unsinn zu reden, der mich wahrhaftig nicht im geringsten interessierte.

GUIDO Unsinn – – Na –

AGNES Ich meine nur, es war doch alles vollkommen harmlos in jenen ersten Tagen. Gesteh nur, auch du hast dich doch eigentlich gar nicht um mich gekümmert. Die kleine Baronesse Fellah war dir wichtiger als ich! Und weiß Gott wer noch! Aber er – er hat es kommen sehn! – An seinen Blicken hab ich's bemerkt. Er hat es gleich geahnt, daß du – daß gerade du –

GUIDO Und doch hat er dich allein gelassen? Hat es kommen gesehen und ist abgereist?

AGNES So ist er nun einmal. Wenn ihn ein Werk ernstlich beschäftigt, dann versinkt alles andere.

GUIDO Und er flüchtet *mit Beziehung* in die Einsamkeit.

AGNES *ohne die Anspielung zu beachten* Jedenfalls hört er dann auf, sich um andere Menschen zu kümmern, – wenigstens um die Menschen, die – er liebt.

GUIDO Er hat dich schon öfters allein gelassen?

AGNES Manchmal. Aber das war nicht einmal das Schlimmste.

Viel unheimlicher war's, wenn er daheim blieb und mich dennoch allein ließ. Wenn meine Stimme nicht mehr zu ihm drang. Wenn ich gewissermaßen zu einem Schatten für ihn wurde, – blasser, unlebendiger, als irgendwelche Gestalten, die er eben erfand, wenn ich mich gleichsam verlöschen fühlte – für ihn –

GUIDO *ihre Hand fassend* Für mich wirst du niemals verlöschen, – niemals, Agnes.

AGNES *wie erwachend* Nicht wahr, Guido? Du wirst mich niemals allein lassen! Du wirst nie in die Einsamkeit gehen und mich vergessen auf Tage – auf Wochen – wie er es getan. – Es ist nicht gut, uns allein zu lassen, – du hast recht, Guido, es ist gefährlich, – es ist –

Bewegung in der Halle hat seit einigen Minuten eingesetzt. Passagiere kommen über die Treppe herauf.

PORTIER *kommt von rechts, zur Perrontür hin.*

GUIDO Was ist denn? *Auf die Uhr über dem Büfett schauend* Es sind ja noch zwölf Minuten.

PORTIER *öffnet die Tür.*

AGNES Es scheint doch –

GUIDO *rasch zum Portier hin* Der Innsbrucker Zug?

PORTIER Ja.

GUIDO Er sollte doch erst in zehn Minuten –?

PORTIER Er hat was eingebracht von der Verspätung.

GUIDO *zu Agnes* Du bist blaß. Willst du nicht doch –

Einige Passagiere durch den Saal auf den Perron hinaus.

AGNES *schüttelt heftig den Kopf* Wir wollen lieber hinein.

GUIDO Auf den Perron –?

AGNES Ja. Es ist besser, als hier heraußen zu warten. Schon vom Kupeefenster aus soll er uns sehen.

GUIDO Ich weiß nicht –

AGNES Komm!

Sie wollen auf den Perron.

PORTIER Perronkarten, bitte.

GUIDO Ach Gott! *Greift in die Geldbörse* Hier haben Sie – *Will ihm Geld geben.*

PORTIER Dort im Automaten, bitte.

AGNES Aber indessen fährt der Zug ein.

PORTIER Is' ja noch Zeit.

GUIDO *zum Automaten, wirft Geldstücke hinein, reißt vergeblich am Hebel* Es geht ja nicht.

PORTIER *geht zum Automaten, versucht gleichfalls vergeblich, schüttelt den Kopf* Manchmal will er halt gar nicht.
GUIDO Aber das ist ja –
PORTIER Ah, geht schon. *Reicht Guido die zwei Billette; zurück zur Türe, die er vorher verschlossen hat und öffnet sie wieder* Jetzt fährt er ein.
Geräusch des einfahrenden Zuges.
AGNES Deine Hand, Guido.

Sie gehen Hand in Hand durch die Türe auf den Perron. – Während sie eben hinausgehen, erscheint FELIX *von rechts, über die Treppe herauf. Er sieht Agnes, will ihr nach, bemerkt beinahe im gleichen Moment, daß sie nicht allein ist und sieht, wie sie mit Guido Hand in Hand auf dem Perron verschwindet. Er bleibt einen Augenblick stehen, dann will er nach, an der Perrontür hält er wieder inne; geht dann zu der anderen geschlossenen Perrontür rechts und folgt mit den Blicken augenscheinlich den beiden, die dem einfahrenden Zug entgegengehen. Er tritt zurück, greift sich an die Stirn und blickt wieder durch die Glastüre hinaus. Nun verschwinden die beiden offenbar seinem Blick. Der Zug ist eingefahren und die Passagiere verlassen den Perron; die meisten gehen durch die Halle über die Treppe rechts, einige wenige nehmen an den Tischen Platz, einige treten ans Büfett und versorgen sich dort mit Speise und Trank. Felix kommt bis in die Mitte der Bühne, der Strom der Passagiere läuft an ihm vorbei; er muß ausweichen, tritt wieder ganz nahe zur offenen Perrontüre hin, sucht mit den Augen nach Agnes und Guido. Er gewahrt sie und blickt gespannt hinaus. Dann, als wenn er plötzlich fürchtete, von ihnen bemerkt zu werden, tritt er zurück, in seinen Zügen drückt sich das völlige Verstehen der Situation aus. Wie in einem plötzlichen Entschluß, als wenn er fliehen wollte, eilt er zur Treppe rechts. Hier bleibt er einen Moment stehen, schüttelt den Kopf, eilt wieder zu der geschlossenen Perrontür und blickt hinaus. – Die letzten Passagiere des Zuges verlassen den Perron. Felix von der Perrontüre weg, tritt ganz nach vorn, gibt seinem Gesicht einen gefaßten Ausdruck, lächelt dann etwas verzerrt, wird wieder ernst, setzt sich dann sehr ungezwungen an einen Tisch links vorn, denselben, an dem früher Agnes und Guido saßen, nimmt mechanisch eine der Zeitungen zur Hand, sieht über sie hinweg zur Perrontür. – Der Portier hatte die Türe schon geschlossen, öffnet sie jetzt wieder. Es kommt zuerst eine verspätete Dame mit vielem Handgepäck heraus, dann ein Stationsbeamter, endlich Guido und Agnes. Sie können den hinter seiner Zeitung verborgenen Felix vorerst nicht sehen.*

GUIDO Sonderbar –
AGNES Kommt heute noch ein Zug aus Innsbruck?
GUIDO Wir wollen einmal auf dem Fahrplan nachsehen. *Sie gehen zu dem Fahrplan an der Wand nächst der Treppe, Guido studiert ihn sorgfältig.* 9 Uhr 12 – nein, der kommt von anderswo. Wenn es nur eine Möglichkeit gäbe, sich auszukennen. Ja, warte –
FELIX *legt die Zeitung weg, steht auf, bleibt eine Weile ruhig stehen, dann mit sehr raschen Schritten über die Bühne zu Agnes und Guido hin, die den Fahrplan studieren. Eine Weile steht er regungslos hinter ihr, dann sagt er plötzlich in harmlos-erfreutem Ton* Da bist du ja, Agnes!
AGNES *wendet sich um, Guido desgleichen. Aber beide vermögen zuerst keine Silbe zu reden.*
FELIX *der es nicht zu bemerken scheint, sehr rasch* Ich bin nämlich schon mit dem früheren Zug gekommen, mittags um zwölf Uhr. Ich konnte dir's leider nicht mehr telegraphieren. Es war so ein plötzlicher Entschluß. Ich bin zufällig etwas früher aufgewacht heute morgen, meine Sachen waren gepackt, und da hab' ich mir gedacht, nimmst gleich den ersten Zug und bummelst einfach noch ein paar Stunden in Salzburg herum. Na, grüß dich Gott, Agnes, grüß dich Gott, meine liebe Agnes. *Schüttelt ihr die Hände* Guten Tag, Herr Doktor. Was machen denn Sie da? Auf der Reise nach Wien? *Reicht ihm die Hand* Der Urlaub schon zu Ende?
GUIDO *hat Felix' Hand erst zögernd genommen* Nein, ich fahre nicht nach Wien. Ich war so frei, die gnädige Frau zu begleiten, respektive die gnädige Frau hat mir erlaubt – und zwar handelt es sich –
AGNES *wirft einen angstvollen Blick auf ihn, den Felix bemerkt.*
FELIX *ihn rasch unterbrechend* Das ist sehr nett von Ihnen, Herr Doktor. Meine Frau plaudert gern. Sehr liebenswürdig, Herr Doktor, daß Sie ihr Gesellschaft geleistet haben. Wenn man so eine Strecke dreißig- oder vierzigmal gemacht hat, da versagen endlich alle Reize der Natur. *Rasch* Also, Agnes, laß dich doch einmal anschauen. – Wir haben uns lang nicht gesehn! – Sechs Wochen! Ich glaube, das haben wir noch nicht erlebt in den fünf Jahren unserer Ehe. Nicht wahr?
AGNES Du siehst sehr gut aus, Felix.
FELIX So? Ja, man behauptet. Du übrigens auch. Mir scheint sogar, du bist etwas stärker geworden. Und abgebrannt, sehr

abgebrannt. Viel im Freien gewesen, nicht wahr? Es war ja auch ein herrliches Wetter. Nur heute – natürlich. Es ist wirklich sehr nett, daß du mir entgegengereist bist. –

AGNES Du hast mir ja –

FELIX Ich wollte dich nur für alle Fälle verständigen. Ich habe keineswegs darauf gerechnet. Es sind doch immerhin zweieinhalb Stunden von Seewalchen bis hierher. Und umsteigen muß man auch. Aber es freut mich um so mehr. Es bleibt immerhin eine Reise – auch in der liebenswürdigsten Begleitung.

GUIDO Was diese meine Begleitung anbelangt, so möchte ich mir erlauben –

AGNES *unterbricht ihn, rasch zu Felix* Du bist also schon um zwölf dagewesen? Was hast du denn bis jetzt angefangen?

FELIX Das werde ich dir sofort erzählen. *Auf einen Tisch weisend* Aber wollen wir uns nicht – Ich hätte fabelhafte Lust, Kaffee zu trinken. Und du? Oder hast du vielleicht schon? Kellner! Kellner! Was fragtest du früher? Was ich die paar Stunden hier gemacht habe? Nun, da ich schon zu Mittag da war, habe ich selbstverständlich drin in der Stadt gespeist, sehr gut, im Nürnberger Hof. *Setzt sich* Nun, Herr Doktor, wollen Sie nicht auch Platz nehmen?

AGNES *setzt sich.*

GUIDO *mit einem Blick auf Agnes* Ich weiß wirklich nicht – ich hätte nämlich –

FELIX *rasch* Keine Umstände, Herr Doktor. Bitte. *Zum Kellner, der eben herantritt* Bringen Sie uns *zu Agnes* Kaffee – nicht wahr? Eine Portion. Und Sie, Herr Doktor?

GUIDO *hat sich auf einen Wink Agnes' gesetzt* Ich habe soeben –

AGNES *rasch zum Kellner* Drei Melangen. *Kellner will gehen.*

FELIX Mir ziemlich dunkel. Und Sie – hören Sie doch – haben Sie vielleicht noch diesen Guglhupf, diesen ausgezeichneten, wie man ihn vor sechs Wochen hier bekommen hat?

AGNES *lächelnd* Du erinnerst dich noch?

FELIX Es hat dir doch auch geschmeckt! *Zum Kellner* Also bringen Sie uns ein paar Stück Guglhupf zum Kaffee. –

KELLNER *ab.*

FELIX Also – wovon sprachen wir nur? Ja richtig. Im Nürnberger Hof habe ich gegessen, dann bin ich herumgebummelt. –

AGNES In dem Regen?

FELIX Ach, das geniert mich nicht. Im Gegenteil. Nach der vor-

mittägigen Schwüle war es eine wahre Wohltat. Im übrigen war ich auch bei Sebastian Schwarz, ein halbes Stündchen. –
AGNES *zu Guido, erklärend* Das ist nämlich der Antiquitätenhändler.
FELIX Sie interessieren sich nicht für Antiquitäten, Herr Doktor?
GUIDO Ich verstehe nicht genügend davon. Jedoch –
FELIX *rasch zu Agnes* Er hat ein paar hübsche Sachen. Zum Teil sehr preiswert.
AGNES Du hast gewiß wieder eine Menge Geld ausgegeben?
FELIX Nicht so arg. Ich habe einiges übrigens schon nach Seewalchen in die Villa schicken lassen. Eine Ampel unter anderm, wie wir sie so lang gesucht haben.
AGNES Für das Speisezimmer?
FELIX Ja, man kann sie auch ins Speisezimmer hängen. Dann einen sehr hübschen Anhänger. Barock. Wirklich originell. Aquamarine durch ein Silberkettchen verbunden, – du wirst ja sehen. Ich hab' ihn in der Handtasche. Und wann bist denn du eigentlich angekommen? Um vier nehme ich an –?
AGNES Nein, ich war auch schon zu Mittag da. –
GUIDO Wir waren auch schon zu Mittag da.
AGNES *fortsetzend* – haben auf dem Bahnhof gegessen und –
FELIX *rasch* Seid dann jedenfalls auch in der Stadt herumgebummelt. Komisch, daß wir uns nicht getroffen haben.
GUIDO Wir sind spazieren ge**fahren**.
AGNES In Anbetracht des schlechten Wetters – der Herr Doktor war so liebenswürdig –
KELLNER *bringt das Bestellte.*
FELIX *hat den Sessel heftig gerückt, bringt den Tisch mit den Gläsern dadurch ins Zittern.*
KELLNER *etwas verwundert.*
FELIX UND AGNES *tun Zucker in ihren Kaffee.*
GUIDO *unterläßt es zuerst, dann tut er es mit nervöser Raschheit.*
FELIX *rührt mit dem Löffel im Kaffee.*
KELLNER *ab mit Zeitungen.*
GUIDO *plötzlich entschlossen* Herr Staufner, ich muß Sie um die Freundlichkeit bitten –
FELIX *rasch* Aber trinken Sie doch erst Ihren Kaffee aus. Und lassen Sie mich den meinen genießen. Dann mögen Sie mich um jede Freundlichkeit bitten, die Ihnen beliebt. Ich finde nämlich, die Jause ist die schönste Mahlzeit des Tages. Ich könnte eher auf das Mittagessen verzichten, als auf den Kaffee.

GUIDO Herr Staufner – Sie fragten früher, ob ich nach Wien fahre – nun – –

FELIX *rasch* Entschuldigen Sie meine Frage. Ich habe wohl gemerkt, daß sie Ihnen peinlich war. Ich will nicht indiskret sein. Was Sie mit dem Rest Ihres Urlaubs anfangen, das ist natürlich Ihre Sache. Freut euch des Lebens, solang – und so weiter. Sie werden ja wohl bald die Leitung der Hollensteiner Fabrik übernehmen? Wenn Ihr Herr Papa sich einmal zurückzieht –

GUIDO Mein Vater ist sehr rüstig. Er denkt noch nicht daran, sich zurückzuziehen. *Er versucht, einen Blick von Agnes zu erhaschen, die aber den seinen vermeidet.*

FELIX Wie alt ist er denn, wenn man fragen darf?

GUIDO Zweiundsechzig. Aber wie ich schon sagte –

FELIX Immerhin, die Hauptlast wird doch bald auf Ihren Schultern liegen. Darum – genießen Sie Ihr Leben, solang es Zeit ist. Reisen Sie. Jawohl, vor allem reisen Sie.

AGNES Der Herr Doktor ist viel gereist. Er war auch schon in Amerika.

GUIDO Ja, in Südamerika bin ich gewesen.

FELIX So, in Südamerika. Und kennen Sie Japan?

GUIDO Japan kenne ich noch nicht.

FELIX Sehen Sie, Japan, das lockt mich schon lang. Hättest du nicht auch Lust, Agnes?

AGNES Es gäbe noch so viel in der Nähe –

FELIX Darauf kommt es wohl nicht an. So der Reihe nach kann man ja die Welt doch nicht durchnehmen, nicht wahr? *Rasch* Was hast du denn übrigens für einen Hut auf, Agnes?

AGNES Du kennst ihn doch.

FELIX Das rote Band ist mir neu.

AGNES Ja, das ist neu.

FELIX So eine richtige Sommerfarbe. Das glüht und prangt. *Er wiederholt, aber in einem fast unbeherrschten Ton der Wut* Das glüht und prangt!

AGNES *sieht ihn erschrocken an, wirft einen raschen Blick auf Guido.*

GUIDO *setzt sich unwillkürlich in Positur.*

FELIX *blickt rasch auf, plötzlich in ganz heiterem Ton* Sie interessieren sich wohl noch nicht für Damenhüte, Herr Doktor?

GUIDO *als sähe er jetzt Gelegenheit zu einer Anknüpfung* Nicht für jeden. Für diesen, Herr Staufner, interessiere ich mich allerdings. Und nicht nur –

AGNES *sieht ihn erschrocken an.*
FELIX Nicht nur für diesen Hut, sondern auch für dessen Trägerin. Das ist selbstverständlich. Ich auch, Herr Doktor. Denn natürlich wäre uns dieser Hut eine vollkommen gleichgültige Sache, wenn er zum Beispiel dort drüben auf dem Haken hinge.
PORTIER *tritt ein, ruft* Erstes Zeichen zum Personenzug nach Schwanenmarkt, Vöcklabruck, Atnang, Linz, Wien.
GUIDO *rückt, als wollte er sich erheben* Herr Staufner –
FELIX Ach ja, das wäre ja Ihr Zug, wenn Sie nach Seewalchen zurückfahren wollen. Sie haben Anschluß. *Zu Agnes, die ihn vollkommen verwirrt ansieht* Auch unserer denkst du? Aber das ist ein Irrtum, Agnes. Der unsere ist es nicht. Hierüber später. – Aber ich begreife vollkommen, Herr Doktor, daß es Sie an den Ort Ihrer Triumphe zurückzieht. Jawohl. Ihrer Triumphe – *Sonderbar lächelnd* Sie gestatten wohl, daß ich Ihnen etwas verspätet meine herzlichsten Glückwünsche darbringe.
GUIDO *betroffen* Wieso? –
AGNES *sieht Felix fassungslos an.*
FELIX Sie haben – *Pause* die Regatta gewonnen.
GUIDO *unwillkürlich aufatmend* Oh. – Sehr liebenswürdig. Es war übrigens nur der zweite Preis.
AGNES *auch wie erlöst* Woher weißt du?
FELIX Es steht ja in der Zeitung.
AGNES Du liest Sportberichte? Seit wann?
FELIX Nicht alle. Aber die aus Seewalchen, die haben mich natürlich interessiert. Insbesondere auf der Eisenbahn, wenn man sogar schon den Leitartikel gelesen hat. *Zu Guido* Sie betreiben den Segelsport schon lang?
GUIDO Seit vielen Jahren. Früher hauptsächlich auf der Ostsee.
FELIX Auf Binnenseen soll es ja eigentlich schwieriger sein?
GUIDO Das läßt sich nicht so allgemein sagen.
FELIX Ich verstehe leider nichts davon.
GUIDO Sie treiben wohl überhaupt nicht viel Sport, Herr Staufner?
FELIX O doch, doch. Touristik hauptsächlich. Ich klettere viel. Ich habe jetzt auch ein paar schöne Partien gemacht im Stubai.
AGNES Allein?
FELIX Die größeren ja. Auf kleineren befand ich mich manchmal in Begleitung. Es waren nämlich ein paar Damen dort. Mutter und Tochter. Die jüngere war ganz gut zu Fuß.

AGNES Fräulein Bianka Walter –?
FELIX Wieso –? Ach ja! –
AGNES Ich nehme an, daß sie blond war. – Das ist doch deine Lieblingscouleur.
FELIX Ja, sie war tatsächlich blond. Willst du noch mehr wissen? – Angehende Schauspielerin. Sie hat mir auch einmal was vorgetragen. Jungfrau. – von Orleans meine ich.
AGNES Hübsch?
FELIX Ja. Im übrigen, ich muß wohl noch ihr Bild bei mir haben.
AGNES Ihr Bild? Du hast ihr Bild bei dir –?
FELIX Ja. *Nimmt es aus der Brusttasche* Sie hat es mir beim Abschied gegeben. Ich möchte es bei Gelegenheit einem Direktor zeigen. Sie würde so gern in Wien engagiert werden. Sie denkt, es bedürfe nur eines Worts von mir. – Naiv sind diese Weiber! – Die Mutter war auch nicht übel.
AGNES Isabella.
FELIX Isabella? Ach so! Ja, Isabella hieß die Mama.
AGNES Und die Tochter Bianka.
FELIX Isabella hieß die Mama und die Tochter Bianka. Es fängt fast an wie eine Ballade. *Zu Guido* Finden Sie nicht?
GUIDO *eisig* Ich bin nicht Fachmann.
AGNES Du hattest aber doch eigentlich die Absicht, dort gar keine Bekanntschaften zu machen und dich ausschließlich deiner Arbeit zu widmen –?
FELIX Oh, ich bin trotzdem recht fleißig gewesen. Du wirst mit mir ganz zufrieden sein, hoffe ich.
AGNES *etwas mühsam* Bist du fertig?
FELIX Fertig –? Nicht ganz.
AGNES Das war – unter diesen Umständen – kaum anders zu erwarten.
FELIX Nein, wie du boshaft sein kannst, Agnes! Gar kein Grund, ich versichere dich! Es handelt sich wirklich nur um eine Kleinigkeit. – Wenn ich Glück habe, kann ich in drei, vier Tagen fix und fertig sein. Nur brauch' ich deinen Rat.
AGNES *unwillkürlich erfreut* Meinen Rat?
FELIX Ja. Unumgänglich. Ich muß die Sache vorerst einmal mit dir besprechen. Muß dir auch das Ganze vorlesen, soweit es eben vorhanden ist. Das ist auch der Grund, weshalb wir vorläufig nicht nach Seewalchen fahren wollen. Dorthin will ich erst wieder zurückkehren, wenn ich mit allem vollkommen im reinen bin. Und hier, in Salzburg, wie ich

aus alter Erfahrung weiß, arbeitet sich's besonders gut. Deshalb wollen wir ein paar Tage hierbleiben.

AGNES Wir sollen hierbleiben? – Das kommt mir freilich sehr überraschend.

FELIX Mir auch. Ich meine nämlich – ich bin im Herfahren auf die Idee gekommen. Du bist doch einverstanden? Wir telegraphieren einfach an unsere gute Therese, sie soll dir das Notwendigste nachschicken, natürlich auch einiges Überflüssige; und was du – so für den Moment benötigst – das können wir uns noch heute einkaufen. Oder solltest du vielleicht – ahnungsvollerweise – deine reizende kleine Krokodilledertasche mitgebracht haben?

GUIDO *sich als der Unterliegende fühlend, nicht ohne Bosheit, aber äußerlich einfach* Ich selbst hatte das Glück, die reizende Krokoltasche in die Garderobe zur Aufbewahrung zu tragen.

FELIX So? Das ist ja vortrefflich. Dann ist ja alles in schönster Ordnung? Und du bleibst doch gerne hier? Nicht wahr, Agnes? Und du wirst sehen, es vergehen keine drei Tage, und alle Schwierigkeiten sind überwunden, – und noch eh wir von hier wieder zurück in unser kleines Landhaus fahren – setz ich den letzten Strich unter – *er zögert* das Bacchusfest.

AGNES *erstaunt* Das Bacchusfest –?

FELIX Ja. Warum wunderst du dich?

AGNES Du schreibst das Bacchusfest?

FELIX Ja.

AGNES Du bist doch mit einem ganz andern Plan abgereist?

FELIX Ja, – aber schon auf dem Weg ins Stubaital wurde es mir klar, daß ich nun vor allem das Bacchusfest zu schreiben hätte. Es wird wohl seine Gründe gehabt haben. All das steht ja unter so geheimnisvollen Gesetzen.

GUIDO Ja, das Leben ist sehr geheimnisvoll. –

FELIX Das Leben – nein. Nicht besonders. Aber die Kunst. Ja, – die ist höchst – So was bereitet sich innerlich vor, – reift irgendwo in der Tiefe heran, – da heroben *auf die Stirn weisend* weiß man nichts davon, – ja – *Abbrechend, in anderm Ton* Zwei Akte, wie gesagt, sind vollkommen fertig. Nur im dritten, da spießt sich die Geschichte, – na, du wirst ja hören, und es wird dir schon was Vernünftiges einfallen.

AGNES Wenn du glaubst –

KELLNER *steht da.*

FELIX *ihn bemerkend* Ach so – Also –

GUIDO Ich habe eine Melange –
FELIX Was fällt Ihnen ein, Herr Doktor – *Zum Kellner* Drei Melangen und drei Stück Guglhupf.
GUIDO Vier, – ich habe nämlich zwei. –
FELIX *lachend* Ach so. Also vier.
KELLNER Fünf.
FELIX Fünf?
AGNES Den einen hast du zerbröckelt.
FELIX So – hab ich das? – Wirklich! – Also fünf.
KELLNER Zwei Kronen vierzig.
FELIX *zahlt* So, schon gut.
KELLNER *diskret zu Guido* Dann wären noch zwei Soda. –
GUIDO Ach ja – *will zahlen.*
FELIX *bemerkt es* Wie? Ach so! *Belustigt* Aber bitte – *will gleichfalls zahlen.*
GUIDO Ich werde keineswegs –
FELIX Aber lassen Sie doch. Zwei Soda? So hier. *Zahlt.*
Felix nimmt seine Zigarettentasche heraus und bietet Guido an.
GUIDO *nimmt zögernd eine Zigarette* Danke.
FELIX *gibt ihm Feuer, zündet auch sich eine Zigarette an.*
GUIDO Und nun werde ich so frei sein, und mich von den Herrschaften verabschieden.
FELIX Guten Tag, Herr Doktor, und glückliche Reise, – für welche Route immer Sie sich entschließen sollten.
GUIDO Danke. Ich küsse die Hand, gnädige Frau. *Er reicht ihr noch nicht die Hand* Hoffentlich habe ich bald wieder – wenn nicht früher – *er ist sichtlich erfreut von seinem Einfall* so werde ich jedenfalls bei der Premiere des neuen Stücks des Herrn Gemahls das Vergnügen haben. –
AGNES Ich werde mich freuen.
FELIX Sie sind keineswegs verpflichtet, Herr Doktor.
GUIDO Oh, von Verpflichtung ist keine Rede. Aber ich habe noch niemals eine Ihrer Premieren versäumt. So werde ich selbstverständlich auch beim Bachfest nicht fehlen.
FELIX Bacchusfest, Herr Doktor.
GUIDO Pardon.
FELIX Aber – es ist kein mythologisches Drama, auch nicht in Versen, wenn Sie davor vielleicht Angst haben sollten.
GUIDO Oh, durchaus nicht.
FELIX Das Wort ist nur bildlich gemeint, selbstverständlich. Mit dem wirklichen Bacchusfest hätte ich wohl Schwierigkeiten

bei der Zensur gehabt, wie Sie sich denken können.
GUIDO Ich muß zu meiner Schande gestehen, ich weiß nicht einmal, was das ist, ein Bacchusfest. –
FELIX So, das wissen Sie nicht? Das Bacchusfest war ein eigentümlicher Brauch bei den alten Griechen – ein religiöser Brauch, könnte man sagen.
GUIDO Ein – religiöser Brauch?
FELIX *mit absichtlicher Beiläufigkeit* Ja. Er bestand darin, daß einmal in jedem Jahr, eine Nacht hindurch, zur Zeit der Weinlese, wenn ich nicht irre, der Menschheit – in gewisser Hinsicht uneingeschränkte Freiheit gegönnt war. –
GUIDO Uneingeschränkte Freiheit –?
FELIX *spricht jetzt sehr kühl, berichtend* In gewisser Hinsicht. Für diese eine Nacht waren alle Bande der Familie, alle Gebote der Sitte einfach aufgehoben. Männer, Frauen, junge Mädchen verließen bei Sonnenuntergang das Haus, dessen Friede sie sonst umgab und behütete, und begaben sich in den heiligen Hain – es gab jedenfalls eine erhebliche Anzahl solcher Haine im Land – um dort unter den schützenden Schleiern der Nacht das göttliche Fest zu feiern. –
GUIDO Das göttliche Fest? –
FELIX Das göttliche Fest.
GUIDO Unter den Schleiern der Nacht? –
FELIX Ja.
GUIDO Und wenn der Mond schien?
FELIX Daran war nicht viel gelegen. Bei Anbruch des Tags – war das Fest vorbei, und jeder Teilnehmer war verpflichtet zu vergessen, mit wem er für seinen Teil das göttliche Fest gefeiert hatte. Verpflichtet. Das gehörte mit zum religiösen Brauch – wie die Feier selbst. Einander wiederzuerkennen hätte als schlechter Ton, ja als frevelhaft gegolten. Und wie die Sage berichtet, sollen die Festteilnehmer zuweilen etwas ermüdet, aber doch erfrischt, ja gewissermaßen geläutert nach Hause wiedergekehrt sein.
GUIDO Und man hatte zu Hause ein anregendes Gesprächsthema – – bis zum nächsten Fest.
FELIX Es durfte über das Fest daheim niemals gesprochen werden. Es hätte auch keinen Sinn gehabt. Denn für die Erlebnisse dieser Nacht gab es so wenig eine Verantwortung – als für Träume.
Pause.

GUIDO Aber ist es nicht zuweilen passiert, daß ein Paar, das sich im heiligen Haine zusammengefunden hatte, keine Lust verspürte, gleich wieder auseinanderzugehen – – und daß keiner von beiden heimkam?
FELIX Das war unmöglich. Darauf stand der Tod.
AGNES Der Tod –?
FELIX Ja. Der Tod. Man mußte voneinander scheiden, eh die Sonne aufging. Das Rituale war sehr streng.
GUIDO Da der Tod darauf stand –
FELIX Freilich gab es eine Milderung.
GUIDO So? –
FELIX *betont* Wenn zwei, die sich unter den Schleiern der Nacht zusammengefunden, noch am nächsten Abend Sehnsucht nacheinander verspürten – das kam seltener vor, als man glauben sollte – so durfte n i e m a n d, weder Ehegatte noch Ehefrau, auch nicht Vater und Mutter die Verliebten zurückhalten; und sie trafen sich wieder an derselben Stelle, wo sie einander am Morgen verlassen hatten. Aber aus dieser z w e i t e n N a c h t – und hier müssen wir die Weisheit der Priester wahrhaftig bewundern – aus dieser zweiten Nacht, die kein Bacchusfest mehr war – gab es keine Rückkehr. Das frühere Heim war den beiden für alle Zeit verschlossen, und sie blieben für den weiteren Verlauf ihres Daseins aufeinander angewiesen. Darum sollen so wenige Lust verspürt haben, am zweiten Abend – außer Haus zu gehen. –
Pause.
GUIDO Sie haben die Mythologie gründlich studiert, Herr Staufner, für Ihre neue Komödie.
FELIX Das war nicht einmal notwendig. Es wird auch, wenn Sie etwa nachlesen wollen, nicht alles ganz genau stimmen. Denn, wie ich schon bemerkte, bei mir ist ja das Bacchusfest nur ein Symbol, – mein Stück spielt in der Gegenwart, und in der Gegenwart fehlen so ziemlich alle Bedingungen für die Wiedereinführung einer so schönen, einfachen, reinen Feier, wie es das uralte Bacchusfest gewesen ist. Die Menschen sind zu irreligiös geworden. Statt das Natürliche natürlich zu erleben, trüben sie es durch ihre gottverdammte Psychologie. Heute gibt es keine Bacchusfeste mehr, denn unser Liebesleben ist getrübt, ja vergiftet von Lüge und Selbstbetrug, von Eifersucht und Angst, von Frechheit und Reue. – Nur manchmal – und nur in f r o m m e n Seelen leuchtet zuweilen ein matter

oder hellerer Widerschein von dem wundersamen Zauber auf, der durch jene fernen Bacchusfeste schwebte. In frommen Seelen. – Und dieser Widerschein ist vielleicht sogar ein Zauber höherer Art. Aber wer von uns darf sich wirklicher Frömmigkeit rühmen? – Wer von uns –? –

PORTIER *kommt* Erstes Zeichen zum Schnellzug nach Freilassing–Rosenheim–München–Paris. –

FELIX *in anderm Ton* Sollte das nicht Ihr Zug sein, Herr Doktor?

GUIDO *betroffen* Mein Zug? –

AGNES Nach Paris! Natürlich ist es Ihr Zug, Herr Doktor.

GUIDO *steht auf* Dann wird es wohl so sein. – Und nun muß ich eilends nach meinem Gepäck sehen. Gnädige Frau –

AGNES *reicht ihm die Hand.*

GUIDO *zögert einen Moment, dann küßt er ihre Hand. Er verbeugt sich vor Felix.*

FELIX *reicht ihm die Hand.*

GUIDO *ergreift sie, zu sehr kurzem Druck, dann ab über die Treppe. Pause. Bewegung, Passagiere auf dem Perron mit Trägern usw.*

FELIX *sieht anscheinend dem Treiben zu, ohne Agnes zu beachten.*

AGNES *ihn betrachtend, nach langer Pause* Und – was ist das für ein Widerschein?

FELIX *wendet den Blick auf sie, als verstünde er nicht recht.*

AGNES Der Widerschein in frommen Seelen, von dem du eben gesprochen hast, – der einen noch höheren Zauber bedeuten soll als das wunderbare Fest selbst, das man heutzutage nicht mehr feiert?

FELIX *fast rauh* Dieser Zauber hieße – Vergessen. Aber an den glauben wir wohl beide nicht.

AGNES Da magst du recht haben. Aber vielleicht gibt es einen andern, an den man eher glauben könnte.

FELIX *sieht sie fragend an.*

AGNES – Verstehen. – *Sie hat das Bild in Händen und zerknittert es.*

FELIX *lacht kurz auf.*

GUIDO *von rechts, mit zwei Handtaschen, tritt nochmals an den Tisch* Ich muß sehr um Entschuldigung bitten. – Aber da ich der Bequemlichkeit halber die beiden Taschen unter derselben Nummer in der Garderobe aufbewahren ließ, so war ich so frei –

AGNES *ängstlich* Danke sehr. Wollen Sie sie nur hierherstellen.

GUIDO Bitte. *Er stellt Agnes' Handtasche auf den Sessel, auf dem er früher saß.*

FELIX *erhebt sich plötzlich* Herr Doktor Wernig –
GUIDO *versteht, sehr korrekt* Wenn es Ihnen beliebt, Herr Staufner, ich kann meine Abreise auch verschieben –
AGNES *rasch, bestimmt* Sie werden mit diesem Zug reisen, Guido!
FELIX *sieht sie an.*
GUIDO *zögert. – Pause.*
FELIX Reisen Sie! –
GUIDO *verbeugt sich, geht auf den Perron.*
FELIX *setzt sich, sieht ihm nach, sein Gesicht verzerrt sich, er erhebt sich wieder halb, als wollte er Guido nach.*
AGNES *hält ihn am Arm fest.*
FELIX *setzt sich.*
AGNES *zerreißt das Bild der Bianka in kleine Stückchen.*
FELIX *bitter* Wenn es damit getan wäre!
AGNES *mit einem leisen Lächeln* Wir wollen – fromm sein, beide.
FELIX *mit einem plötzlichen dumpfen Ausbruch* Ich hasse dich.
AGNES Und ich dich noch tausendmal mehr – – *mit einem neuen Ausdruck der Zärtlichkeit* mein Geliebter!

Vorhang

FINK UND FLIEDERBUSCH

Komödie in drei Akten

Personen

LEUCHTER, *Chefredakteur*

FRÜHBECK, *Redakteur des lokalen Teiles und verantwortlicher Redakteur*

FÜLLMANN, *Redakteur des politischen Teiles*

OBENDORFER, *Feuilletonredakteur*

ABENDSTERN, *Theaterkritiker*

FLIEDERBUSCH, *Parlamentsberichterstatter*

KAJETAN, *externer Mitarbeiter*

HANAUSCHEK, *Setzer*

DIENER

} *bei der Tageszeitung »Die Gegenwart«*

LEODEGAR SATAN, *Chefredakteur*

EGON, *sein Sohn*

STYX
WÖBL } *Mitarbeiter*

DIENER

} *bei dem Wochenblatt »Die elegante Welt«*

GRAF GISBERT NIEDERHOF, *Abgeordneter*

FÜRSTIN PRISKA WENDOLIN-RATZEBURG

DOKTOR KUNZ

KAMMERDIENER
  } der Fürstin
KAMMERFRAU

Spielt in Wien zu Beginn dieses Jahrhunderts.

ERSTER AKT

In der Redaktion der »Gegenwart«.
Geräumiges Zimmer. Drei Türen: eine rückwärts auf den Gang, eine rechts zum Chefredakteur, eine links in ein andres Redaktionszimmer (rechts und links vom Zuschauer). Zwei Schreibtische in der Mitte einander gegenüber mit Tischtelephon. An der rechten und linken Wand vorn je ein Stehpult. Rückwärts zu beiden Seiten der Türe je ein großer Schrank, der eine offen mit Aktenmappen und Zeitungen. Auf den Schränken Faszikel. In den Pultfächern Bücher, nicht geordnet, zum Teil noch in Paketen. Über dem Pult rechts eine Landkarte, über dem links ein Wandkalender. Einfacher Messinglüster mit drei Flammen. – Es ist abends nach zehn Uhr.

FRÜHBECK, HANAUSCHEK

Frühbeck, gegen vierzig, hager, braunes Haar, bartlos, Zwicker, raucht eine Zigarre aus einem langen weißen Spitz, am Schreibtisch links, Bleistift in der Hand, Korrekturbogen vor sich. Hanauschek, der Metteur, breit, mit blondem zottigem Schnurrbart, hinter ihm stehend.
FRÜHBECK *hat einen überlegenen, oft höhnischen Ton, langsame Redeweise* Ja, wieso denn, mein Lieber? Da fing die Kleine Chronik erst auf Spalte neunzehn an und Theater gar erst auf zweiundzwanzig.
HANAUSCHEK *spricht gedehnt, phlegmatisch, was manchmal wie frech wirkt* Wenn wir zwei Spalten offenlassen, müssen gleich nach dem Leitartikel –
FRÜHBECK Nach dem Leitartikel –?
HANAUSCHEK Na, wegen dem Nekrolog auf'n Ebenstein! Der Herr Chefredakteur hat grad hinuntertelephoniert.
FRÜHBECK *vor sich hin* Auf'n Ebenstein! Vorgestern war er noch der Herr Doktor. Sic transit –
HANAUSCHEK Gloria mundi.
FRÜHBECK *über die Schulter nach rückwärts* Finden Sie auch?
HANAUSCHEK Tut uns allen leid um den Doktor Ebenstein. Auch in der Druckerei unten. Mit einer so leserlichen Schrift – Herr Doktor werden schon entschuldigen – kommt keiner wieder.
FRÜHBECK Sie hätten den Nekrolog schreiben sollen, Hanauschek. *Mehr für sich* Der wär wenigstens ehrlich geworden. *Wieder an seiner Arbeit* Parlament fünf, Telegramme sieben, Chronik zweieinhalb, Ebenstein – – Noch einmal?
HANAUSCHEK Begräbnis.

FRÜHBECK Eineinviertel – wieso denn?
HANAUSCHEK Der Chef wünscht auch die Grabreden im großen Druck.

FRÜHBECK, HANAUSCHEK. OBENDORFER *von links*.

OBENDORFER *schon etwas früher eingetreten, etwa sechsunddreißig, gescheitelt, Schnurrbart, schlank, breitgestreifte Beinkleider, Phantasieweste, dunkles Jackett, helle Krawatte mit Nadel; im ganzen von etwas vorstädtischer Eleganz* Was, Frühbeck, gut geht's uns bei dem Blatt, wenn wir einmal unter der Erd liegen?!
FRÜHBECK *immer über seinen Papieren* Nur Geduld, Obendorfer. Sie werden's auch einmal so gut haben.
OBENDORFER Gemütsmensch!
FRÜHBECK Für Sie leisten wir uns sogar einen Leitartikel. »Er ist dahin, der Sänger des goldenen Wiener Herzens, des höchsten Heurigen, der Pablatschen –«
OBENDORFER *winkt ab* Schon gut. *Am Schreibtisch rechts stehend, in Papieren blätternd, die dort liegen* Was gibt's übrigens sonst Neues in der Welt? Haben s' wieder g'schossen oben bei Strakonitz?
HANAUSCHEK Vom Streik haben wir nix mehr unten. Vielleicht, daß noch was kommt.
FRÜHBECK Es ist ja schon Ruhe. Seit vorgestern wird in allen Gruben wieder eingefahren.
OBENDORFER Was sagen S', Frühbeck, zu der Sozialisteninterpellation im Reichsrat? *Zu Hanauschek* Was, Hanauschek, da lacht Ihr Genossenherz?
HANAUSCHEK *zuckt die Achseln*.
FRÜHBECK Theater zwei. Haben S' nur für die Premiere genug Platz gelassen?
HANAUSCHEK Der Doktor Abendstern hat g'sagt, er wird sich kurz fassen.
FRÜHBECK Sagt er immer – und dann wird's eine Wurst!
OBENDORFER Was für eine Premiere?
FRÜHBECK Die neue Komödie von Kajetan.
OBENDORFER *beim Pult, kramend* Ja, richtig, – wird ein schöner Schmarrn sein!
FRÜHBECK Ich muß schon bitten. Haben Sie das je erlebt, daß ein Mitarbeiter der »Gegenwart« einen Schmarrn geschrieben hat? Mitarbeiter haben immer Talent. *Zu Hanauschek* Mit dem Parlament schaut's wieder einmal lausig aus!

HANAUSCHEK Der Fliederbusch hat telephoniert, er bringt noch was.
FRÜHBECK *grob* Der Herr Fliederbusch! Verstehen Sie mich, Hanauschek? Der lebt nämlich noch. *Sieht auf die Uhr* Drei Viertel elf!
HANAUSCHEK Vielleicht, daß er schon unten ist – *ironisch* der Herr von Fliederbusch.
FRÜHBECK In diesem Falle möchte er sich freundlichst heraufbemühen, ich hab' mit ihm zu reden.
HANAUSCHEK *will gehen.*
FRÜHBECK *ihm nachrufend* Telegramme!
OBENDORFER *wieder am Schreibtisch rechts* Und mein Feuilleton möcht ich gern lesen, Hanauschek.
FRÜHBECK *zu Obendorfer* Wodurch Sie sich von unseren Abonnenten unterscheiden, – ob vorteilhaft, will ich dahingestellt lassen.
HANAUSCHEK *ist rückwärts abgegangen.*

FRÜHBECK, OBENDORFER

OBENDORFER Witze –
FRÜHBECK *immer korrigierend und sonst beschäftigt* Ich les' da grad, was Sie auf dem Friedhof gesprochen haben. Ergreifend.
OBENDORFER *hat sich an den Schreibtisch rechts gesetzt, Beine unter den Tisch gestreckt* Na ja, wie's einem halt vom Herzen kommt.
FRÜHBECK Wenn man bedenkt, daß Sie ihn eigentlich nicht haben ausstehen können –
OBENDORFER Aber Sie – Frühbeck?
FRÜHBECK Was haben Sie davon –! Ebenstein war wirklich ein anständiger Mensch!
OBENDORFER Leugne ich nicht. Ein Ehrenmann. Aber ewig die Spinatflecken auf'm Gilet –! Manchmal war's auch Eierspeis.
FRÜHBECK Er hat andre Sorgen gehabt.
OBENDORFER Kommen S' mir nicht vielleicht mit seine fünf Kinder. Ich hab auch drei, dabei rechne ich nur die legitimen. Ha, schaun S' mich an.
FRÜHBECK Danke. Es wird Sie übrigens interessieren, daß unser verehrter Chef den Hinterbliebenen eine Pension von dreitausend Gulden jährlich ausgesetzt hat.
OBENDORFER *ist aufgestanden, gegen rechts gegangen, wendet sich wieder um* Dreitausend! Na ja. Täuschen wir uns nicht, der

Ebenstein war ja doch der einzige von uns allen, den er wirklich gern gehabt hat, der Leuchter. Wir andern sind ja doch nur seine Schklaven.

FRÜHBECK Die Anhänglichkeit muß man doch begreifen! Jugendfreunde! Zusammen in die Schule gegangen! Vor vierzig Jahren sozusagen Arm in Arm in der Haupt- und Residenzstadt Wien eingewandert –!

OBENDORFER Noch dazu aus Szegedin.

FRÜHBECK *kühl* Temesvar.

OBENDORFER Zu Fuß! –

FRÜHBECK *parodistisch* Was heißt zu Fuß?! – mit zerrissene Stiefeln!

OBENDORFER Und doch war er heut' nicht am Friedhof draußen!

FRÜHBECK Er kann sich das nicht zumuten – mit seinem Herzen. Sie wissen.

OBENDORFER Ich weiß. Wer ist übrigens so lang drin bei ihm?

FRÜHBECK Füllmann.

OBENDORFER Ah, Füllmann. Kann mir schon denken. Wahrscheinlich soll er auch das I n l a n d übernehmen.

FRÜHBECK Wirtschaft, Horatio!

OBENDORFER Unter uns, an Sie ist er noch nicht herangetreten, unser verehrter Chef?

FRÜHBECK Wozu? Er weiß, daß ich nicht über mein Ressort hinausstrebe. Und mein Ressort ist bekanntlich die Reblaus.

OBENDORFER No, sei'n S' nur nicht gar zu bescheiden.

FRÜHBECK Politik? Lassen S' mich in Ruh! Es gibt Wichtigeres. Fünfuhrtee beim chinesischen Botschafter. – Erstbesteigung des Winklerturms von der Nordseite. – Blumenkorso. – Doppelselbstmord. – Flucht des Advokaten X. mit Hinterlassung. – Zusammenstoß eines Möbelwagens mit einer Hofequipage, in welcher Seine Hoheit. – Wiederauftreten der Reblaus. – Das sind die Dinge, für die die Leute sich interessieren. Wer schert sich denn in Wirklichkeit um Politik? Minister, Diplomaten, Börsianer, Fürsten, Abgeordnete, Journalisten, Bankpräsidenten, – kurz, die geschäftlich Beteiligten. Ja, wenn irgendwo im Namen der Politik gemetzelt oder geschändet wird, dann bilden sich auch die andern Leut' ein, sie interessieren sich für Politik. Aber das ist eben nur Einbildung. Nehmen Sie den Ereignissen ihren trügerischen Parfüm von zukünftiger Weltgeschichte, was bleibt übrig –? Die Reblaus.

FRÜHBECK, OBENDORFER, KAJETAN

KAJETAN *über dreißig, klein, beweglich, schwarzes krauses Haar, Smoking, Überzieher, Zylinder, Aktentasche; sehr eilig wie immer* Guten Abend, meine Herren, wie geht's? Was Neues? Kann ich mit dem Chef sprechen? *Zur rechten Tür.*
FRÜHBECK Halt! Wer drin.
KAJETAN *er hat die Gewohnheit, die letzten Worte des Vorredners ganz mechanisch zu wiederholen* Halt, wer drin! – Ist der blutige Abendstern schon da?
FRÜHBECK Der ist doch im Theater bei Ihrem Stück.
KAJETAN Ihrem Stück – Schon lang aus. –
OBENDORFER Wie ist's denn ausgefallen?
KAJETAN Kolossal! Bombenerfolg! Unzählige Male gerufen. Jubel! Geht über sämtliche Bühnen.
FRÜHBECK Gratuliere. *Reicht ihm die Hand.*
OBENDORFER Gleichfalls. *Reicht ihm auch die Hand* Und da erweisen Sie uns heute noch die Ehre?
KAJETAN Nur im Vorübergehen. Muß ins Bristol. Bankett mir zu Ehren. Direktor, Mitwirkende. Tewele war großartig. Aber muß noch geschwind mein Entrefilet korrigieren.
FRÜHBECK *telephoniert in die Druckerei* Das Entrefilet. – Und was ist denn mit den Telegrammen? – Ist Fliederbusch schon da? – Noch immer nicht? – Unerhört!
OBENDORFER *zu Kajetan* Womit beglücken Sie denn diesmal unsre Leser?
KAJETAN Unsre Leser – Plauderei. Park der Fürstin.
OBENDORFER Was für eine Fürstin?
FRÜHBECK Gibt doch für uns nur eine. Die Fürstin Wendolin.
OBENDORFER *vor sich hin* A nimmer ganz jung.
KAJETAN Herrliches Weib!
OBENDORFER Und was hört man denn eigentlich von ihm?
FRÜHBECK *zu Kajetan* Apropos, haben Sie den Nekrolog da?
OBENDORFER Is er g'storben, der Fürst?
KAJETAN Denkt nicht daran. Wird nie sterben. Lebt im Süden. Mallorca. Wundervolle Gegend. Dort gewesen, Dattelbäume, Klapperschlangen, erstklassige Hotels.
OBENDORFER Also wer is denn gestorben?
KAJETAN *nimmt ein Manuskript aus seiner Aktentasche* Hier. *An Frübeck.*
OBENDORFER *in das Manuskript blickend* Was – der Minister –?

FRÜHBECK *unterbricht ihn* Pst –
OBENDORFER Na, es wird doch kein Geheimnis sein, wenn ein Minister abkratzt.
FRÜHBECK *zu Kajetan* Aber der ist doch noch keine sechzig –
KAJETAN Keine sechzig. Macht nichts. Gestern Ohnmachtsanfall! Zucker! Sechseinhalb Prozent! Kann's nimmer lang machen. Habe mit seinem Hausarzt gesprochen. Diskretion Ehrensache. Sichere Angelegenheit. Mit denen zwischen sechzig und siebzig bin ich überhaupt fertig.
OBENDORFER Ah, auf Vorrat schreiben Sie Nekrologe –
KAJETAN Rasch tritt der Tod den Menschen an.
OBENDORFER Das ist aber schon die höchste Frivolität.
FRÜHBECK Im Gegenteil. *Auf seinen Schreibtisch weisend* Da drin liegen fünfunddreißig. Wir haben noch keinen gebraucht. Es ist beinah eine Lebensversicherung, wenn der Kajetan einen Nekrolog schreibt.
KAJETAN – log schreibt – Und Honorar wird erst fällig nach Ableben des Betreffenden. Was sagen Sie?
OBENDORFER Schmutzerei.
FRÜHBECK Nein, erst nach Begräbnis. Könnt ja einer scheintot sein.
HANAUSCHEK *bringt wieder Korrekturen.*
FRÜHBECK Ist Fliederbusch gekommen?
HANAUSCHEK Nein.
FRÜHBECK Unglaublicher Kerl!
KAJETAN *hat einen Bogen von Hanauschek genommen* Mein Artikel? Nicht einmal die Hälfte. Wieso?
FRÜHBECK Habe mir erlaubt zu streichen. Das wissen wir eh, daß im Park Wendolin die Vögel zwitschern und der Flieder duftet. Wenn Sie poetisch sein wollen, Kajetan, so schreiben Sie Gedichte.
KAJETAN Gedichte – Tu ich ohnehin. Lirum larum – Dritte Auflage bei Pierson, zwei Mark, gebunden zwei fünfzig. Viel zu billig.
OBENDORFER Wie kommen Sie denn zu der Fürstin, Kajetan?
KAJETAN Warum nicht? Geh dort aus und ein.
FRÜHBECK Kajetan ist dort wie's Kind im Haus.
KAJETAN Kind im Schloß – Haha. Da ist übrigens die Notiz. *Nimmt aus der Aktentasche ein Papier, übergibt es Frühbeck; zu Obendorfer erklärend* Demnächst großes Wohltätigkeitsfest. Basar. Lotterie. Lebende Bilder. Herren und Damen der höchsten Aristokratie wirken mit.

FRÜHBECK So? – Die Aristokratie verkehrt jetzt auch bei der Fürstin Wendolin?

KAJETAN Haha. Schreibe den verbindenden Text. Mythologisch. Dann Renaissance. Hierauf Barock, dann Biedermeier. Schlußtableau: Triumph der Moderne.

OBENDORFER Triumph? Da werden Sie kein Glück haben.

KAJETAN Vielleicht auch Untergang. Je nachdem. Wird sich finden.

OBENDORFER Is aber nicht ganz dasselbe, hab ich mir sagen lassen.

KAJETAN Gewissermaßen doch. Tod und Leben, Laster und Tugend, Weisheit und Einfalt, Kunst und Natur, irgendwie identisch. Neue Entdeckung. Oder alte Wahrheit. Wie Sie wollen. Bald Gemeingut. Philosophisches Werk unter der Feder: Identität der Gegensätze.

OBENDORFER Sö san a Narr!

FRÜHBECK *hat das von Kajetan ihm übergebene Blatt zerrissen und wirft es in den Papierkorb.*

KAJETAN Haha. Kenn ich schon. *Nimmt ein zweites Papier aus der Aktentasche* Duplikat. Muß gebracht werden. Chef einverstanden. Fürstin hat ihm eigenhändig geschrieben. War übrigens heut auch im Theater. Halbtotgelacht.

OBENDORFER Da müssen S' halt einen halberten Nekrolog schreiben. –

KAJETAN Applaudiert wie verrückt. Graf Niederhof gleichfalls. War in ihrer Loge. Cousin. Haben ein Verhältnis zusammen alle beide.

FRÜHBECK Das is längst nimmer wahr.

KAJETAN Längst nimmer wahr – Wo bleibt Abendstern? Er hat doch das Referat über mein Stück.

FRÜHBECK Seine Referate schreibt er meistens im Silbernen Brunnen.

OBENDORFER Und wenn ihm's Rostbratl nicht schmeckt, war's Stück schlecht.

KAJETAN Stück schlecht – Haha! *Hat sich rechts niedergesetzt und liest Korrekturen* »Und so wird der lauschige, sonst so weltabgeschiedene Garten der Fürstin Proska – *korrigiert* Priska, – in dem oft Monde lang –«

FRÜHBECK »Monde –?« Monate tät's auch.

KAJETAN *weiterlesend* »von dem heilig-unheiligen Treiben der Großstadt nur verhallende Leute – *korrigiert* Laute –«

FLIEDERBUSCH *kommt, hübscher, dreiundzwanzigjähriger, bartloser Mensch, nett, aber recht bescheiden gekleidet.*

OBENDORFER, FRÜHBECK, KAJETAN, HANAUSCHEK, FLIEDERBUSCH

FLIEDERBUSCH Guten Abend, meine Herren.
KAJETAN Servus, Fliederbusch.
FLIEDERBUSCH Guten Abend, Herr Kajetan. Erlauben Sie mir, Ihnen zu Ihrem großen Erfolg zu gratulieren.
KAJETAN Waren Sie drin?
FLIEDERBUSCH Leider war ich durch berufliche Geschäfte verhindert. Aber ich hörte schon davon reden.
FRÜHBECK *mit Ironie* Wenn Sie vielleicht etwas Zeit für mich übrig hätten, Herr Fliederbusch –
FLIEDERBUSCH Ganz zu Ihrer Verfügung, Herr Doktor.
KAJETAN *gibt dem Hanauschek das Manuskript* Da – Die Überschrift lautet: Aus einem adeligen Alt-Wiener Park. Und Priska, nicht Proska.
HANAUSCHEK *ab mit Korrekturen.*
KAJETAN *sieht auf die Uhr* Elf Uhr! Und Abendstern frißt noch immer! *Zum Pult, macht sich mit den Büchern zu schaffen, öffnet ein Paket, blättert usw.*
OBENDORFER *am Pult links, liest Korrekturen.*
FRÜHBECK *sich zurücklehnend, zu Fliederbusch* Was ich Ihnen zu sagen habe, mein werter Herr Fliederbusch, ist nämlich folgendes. Es wird so nicht weitergehen.
FLIEDERBUSCH *steht ihm gegenüber, ziemlich unberührt* Herr Doktor glauben?
FRÜHBECK Allerdings glaub ich. Wenn der Chef nicht bisher mit Rücksicht auf Ihre Familienverhältnisse so viel Nachsicht mit Ihnen gehabt hätte –
FLIEDERBUSCH Herr Leuchter war in der Tat bisher sehr gütig.
FRÜHBECK Aber ihm reißt auch allmählich die Geduld und – *zu Kajetan, nervös* Was machen S' denn da, Kajetan? Möchten S' das nicht liegenlassen? Sind Rezensionsexemplare.
KAJETAN *packt Bücher in seine Aktentasche* Eben. Zum Rezensieren. Bringe demnächst die Besprechungen.
OBENDORFER *zu ihm hin, nimmt eines der Bücher* Aber das verstehn S' ja gar nicht, das ist ja Kroatisch.
KAJETAN Kinderleicht. Ganz ähnlich wie Slowenisch.
OBENDORFER Seit wann verstehen Sie denn Slowenisch?

KAJETAN Versteh ich ja auch nicht, haha!

HANAUSCHEK *bringt wieder Korrekturen.*

FLIEDERBUSCH Bin da ich vielleicht dabei?

HANAUSCHEK *reicht ihm wortlos einen Bogen.*

FRÜHBECK Lassen Sie anschaun. Das ist das Ganze? *Zu Fliederbusch* Das nennen Sie einen Originalbericht, Herr Fliederbusch? Das könnt uns die Korrespondenz Wilhelm auch liefern.

KAJETAN *zur Türe des Chefs, horcht, schüttelt den Kopf* Werde ins Bristol telephonieren. *Rückwärts ab.*

FRÜHBECK *zu Fliederbusch* Zu der sozialdemokratischen Interpellation war doch etwas zu sagen! Sie wissen, unser Chef wünscht, daß Stellung genommen wird. Wo bleibt die Stellungnahme? Die persönliche Note, Herr Fliederbusch?!

FLIEDERBUSCH Was ich aus eigenem meinen Parlamentsberichten hinzufüge, wird mir beinahe regelmäßig gestrichen. Erst neulich –

FRÜHBECK Haben Sie sich über den Justizminister lustig gemacht. Das konnten wir selbstverständlich nicht bringen.

FLIEDERBUSCH Ich dachte nicht, daß in einem unabhängigen Blatt die Persönlichkeit eines Ministers von vornherein als unverletzlich zu gelten hätte.

FRÜHBECK Da läßt sich keine allgemeine Regel aufstellen. Das muß man als Journalist im Gefühl haben, wann man einen Minister verletzen darf und wann nicht. Na, – und heute wieder einmal nichts als das stenographische Protokoll?! Das kann ich dem Chef gar nicht vorlegen.

FLIEDERBUSCH Das muß ich ganz Ihrem Ermessen überlassen, Herr Redakteur.

FRÜHBECK *etwas befremdet* Wie Sie glauben, Herr Fliederbusch. Aber unter diesen Umständen dürfte Herr Leuchter genötigt sein, auf Ihre fernere Tätigkeit bei der »Gegenwart« zu verzichten.

FLIEDERBUSCH Das trifft sich gar nicht so übel.

FRÜHBECK Inwiefern?

FLIEDERBUSCH Auch ich kam heute mit der Absicht hierher, Herrn Leuchter eine Lösung unserer Beziehungen vorzuschlagen.

FRÜHBECK *besonders über den Ton des Fliederbusch überrascht* Wie meinen Sie?

FLIEDERBUSCH Jawohl, Herr Redakteur.

FRÜHBECK *nach einer kleinen Pause* Nun, wie's beliebt. Ich werde dem Chef – Sie wissen, er hält niemanden, der gehen will.
FLIEDERBUSCH Darf ich indes um die Korrektur bitten? Vielleicht kann ich noch einige Zeilen dazudichten, – als Schwanengesang gewissermaßen. *Mit der Korrektur an das Pult links.*
FRÜHBECK *schaut ihm nach, verzieht den Mund, beschäftigt sich weiter.*

ABENDSTERN *kommt.* FRÜHBECK, FLIEDERBUSCH, OBENDORFER

ABENDSTERN *zwischen vierzig und fünfzig, dick, blondes, etwas meliertes, dichtes Haar, Schnurrbart, Hut auf dem Kopf, Überzieher, Virginia im Mund. Während seiner ersten Worte legt er ab, hängt Überzieher und Hut auf.* Ihr habt's es gut, meine Herren. Guten Abend. Ihr könnt's ruhig in eurem Bureau sitzen und über vernünftige Sachen schreiben, müßt euch nicht an einem schönen Frühlingsabend in ein sogenanntes Kunstinstitut einsperren, das eigentlich eine Schmiere ist und euch eine sogenannte Komödie vorspielen lassen, die in Wirklichkeit der größte Schmarrn, der jämmerlichste Dreck ist. – *Er hat sich indes an den Schreibtisch rechts gesetzt.*
OBENDORFER Also war's wirklich ein Erfolg?
FLIEDERBUSCH *von seinem Pult her* Guten Abend, Herr Doktor.
ABENDSTERN *hinüberwinkend* Grüß Sie Gott, Fliederbusch. Warum schreiben Sie keine schlechten Stücke? Das beste Geschäft, wenn man verwandt ist.
OBENDORFER Mit wem?
ABENDSTERN Egal. *Er beginnt zu schreiben* Wer ist denn überhaupt dieser Kajetan?
FRÜHBECK Ein Duzfreund von Ihnen, soviel ich weiß. *Steht auf.*
HANAUSCHEK *kommt, zu Frühbeck, bringt Korrekturen.*
ABENDSTERN Freund?! Das war einmal. Und beim Du bleib ich, weil man einem da besser die Wahrheit sagen kann. Dieses Nichts! Diese Null!
Frühbeck und Hanauschek sind rückwärts abgegangen.
OBENDORFER Schrei'n Sie nicht so. Er ist im Haus.
ABENDSTERN Wer ist im Haus?
OBENDORFER Kajetan. Beim Chef ist er drin.
ABENDSTERN So? Wird ihm auch nichts nützen. Dieser Bursche! *Er schreibt.*
Obendorfer geht mit seinen Korrekturen links ab. Fliederbusch und Abendstern sind somit allein auf der Szene.

ABENDSTERN *schreibt.*

FLIEDERBUSCH *zum Pult rechts und nimmt aus einer Lade etliche Bleistifte und Papiere, steckt sie ein; sieht manchmal auf Abendstern, endlich tritt er näher zu ihm hin.* Herr Doktor –

ABENDSTERN Was gibt's? Ach, Sie sind's –

FLIEDERBUSCH Ich störe.

ABENDSTERN Keine Spur. *Auf das Papier vor sich deutend* Eigentlich würde ein Wort genügen: Gehirnschwund. Womit kann ich dienen?

FLIEDERBUSCH Ich wollte mich nur ergebenst von Ihnen verabschieden, Herr Doktor.

ABENDSTERN Verabschieden, wieso?

FLIEDERBUSCH Herr Frühbeck hat mir eben meine Entlassung in Aussicht gestellt. Ich werde diese Räume aller Voraussicht nach nicht mehr betreten. Und Sie sind mir stets mit so viel Freundlichkeit entgegengekommen, Herr Doktor –

ABENDSTERN Ach, Unsinn. Aber man kann Sie doch nicht so ohne weiters –

FLIEDERBUSCH Doch, Herr Doktor. Ich arbeite nur auf Zeilenhonorar.

ABENDSTERN Wie, noch immer? Sie sind doch fast schon ein Jahr lang bei uns.

FLIEDERBUSCH Herr Frühbeck hat mir allerdings zu wiederholten Malen – auch Herr Leuchter persönlich –

ABENDSTERN Na also. Reden Sie nochmals mit ihm. Oder wollen Sie, daß ich selbst –? Eine Garantie kann ich natürlich nicht übernehmen. Es wäre ja manches anders hier, wenn man auf mich hörte.

FLIEDERBUSCH Ich danke Ihnen vielmals, Herr Doktor, aber ich möchte dringend bitten, sich meinetwegen nicht im geringsten zu inkommodieren.

ABENDSTERN Unsinn. Ist ja nicht Ihretwegen. Es ist um der Sache willen. Sie sind ein begabter junger Mensch. Wir können Sie hier famos brauchen. – In diesem Konventikel zermürbter und zerbrochener Existenzen repräsentieren Sie das einzige hoffnungsvolle Element. Mit der Zeit werden Sie auch schreiben lernen. Schreiben können Sie nämlich noch nicht. Aber das kommt schon mit der Zeit. Dafür haben Sie Eigenart, die werden Sie natürlich später verlieren in diesem Bagno, – *sich plötzlich interessierend* oder haben Sie vielleicht schon was andres in Aussicht?

FLIEDERBUSCH Ach Gott, es wird sich schon etwas für mich finden.
ABENDSTERN Na ja, – Sie können zuwarten. –
FLIEDERBUSCH Inwiefern, Herr Doktor?
ABENDSTERN Sie leben hier im Schoß Ihrer Familie! Da können Sie leicht den stolzen Herrn spielen, – wenn Ihr Herr Vater auch wahrscheinlich kein Rentier ist. Ich in Ihrem Alter – Aber was kann Ihnen am Ende passieren? Sie haben Ihr Heim –
FLIEDERBUSCH Heim –! Das klingt manchmal schöner, als es in der Nähe betrachtet aussieht. Mein Heim! – Kennen Sie zufällig die Kleine Schiffamtsgasse, Herr Doktor?
ABENDSTERN Leider hab' ich nicht –
FLIEDERBUSCH Sagen Sie lieber, Gott sei Dank, Herr Doktor. Dort wohn ich nämlich, Numero – Aber das tut nichts zur Sache. Denn in dieser Gegend schaut ein Haus genau so aus wie das andre, trübselig von außen und von innen. Auf den Stiegen riecht es nach Kraut und Kohl – zu jeder Tageszeit, – auf den Gängen stehen Weiber herum in fettglänzenden Schlafröcken –
ABENDSTERN *fachlich* Sehr lebendig schildern Sie das!
FLIEDERBUSCH Hinter jeder Türe, aus jedem Fenster tönt Kindergeschrei, – und mir klingt es um nichts wohllautender, weil meine eigenen Geschwister mitschreien.
ABENDSTERN So kleine Geschwister haben Sie noch?
FLIEDERBUSCH Das Jüngste ist drei Jahre alt. Im ganzen sind wir sechs. Ich bin der Älteste.
ABENDSTERN So. Das ist freilich – Und wenn ich fragen darf – Ihr Vater – was für einen Beruf –?
FLIEDERBUSCH Wie Sie sehr richtig vermutet haben, Herr Doktor, Rentier ist er nicht. Er war allerdings manchmal sehr nahe daran, es zu werden. Ganz dunkel erinnere ich mich auch einer Zeit, wo wir nicht in der Kleinen Schiffamtsgasse gewohnt haben. Das ist ziemlich lange her. Er ist nämlich Kaufmann. Fragen Sie mich nicht, Herr Doktor, was er kauft oder verkauft. Ich glaube, es gibt vom Schuhknopf bis zum Ringstraßenpalais keinen Gegenstand, der im Laufe dieser zwanzig Jahre nicht durch seine Hände gegangen wäre. Das Malheur ist nur, daß in der letzten Zeit die Schuhknöpfe vorwiegen.
ABENDSTERN *amüsiert, lacht* Sehn Sie, Fliederbusch, da – da liegt möglicherweise Ihre Zukunft.
FLIEDERBUSCH *abwehrend* Na –

ABENDSTERN Nicht in den Schuhknöpfen, mein ich. In der humoristischen Skizze. Schreiben Sie doch einmal so was in der Art, wie unser Backhendelfeuilletonist, der Obendorfer, nur besser natürlich, realistischer. –

FLIEDERBUSCH Halten Sie das für so besonders humoristisch, Herr Doktor, was ich mir da erlaubt habe, Ihnen aus meinem Privatleben... Das wäre ein Irrtum. Übrigens möchte ich auch nicht, daß Sie mich mißverstehen, Herr Doktor. Mein Vater – ich bewundere ihn eigentlich. Er ist in gewissem Sinn eine geniale Natur. Er glaubt an sich. Er glaubt noch heute an seine Zukunft. Eine beneidenswerte Natur! Aber man hat's manchmal recht schwer mit ihm, gerade darum. Besonders meine Mutter. –

ABENDSTERN *sentimental* Sie haben noch eine Mutter, Sie Glücklicher.

FLIEDERBUSCH Eine wunderbare Frau. Eine wahrhaft – Aber das würde zu weit führen. Ich nehme Ihre Zeit ohnedies schon zu lange in Anspruch, Herr Doktor –

ABENDSTERN Nur ein Gewinn für Herrn Kajetan. – Aber jedenfalls entnehme ich aus dem allen, daß Ihre persönlichen Verhältnisse – Ich würde mir an Ihrer Stelle jedenfalls reiflich überlegen, ehe ich –

Indes sind Obendorfer und Kajetan in der Türe rückwärts erschienen, im Gespräch miteinander. Etwas früher Frühbeck mit Hanauschek. Füllmann kommt von rechts aus dem Zimmer des Chefredakteurs.

KAJETAN *ihn erblickend* Na endlich. Servus, Füllmann! *Rasch mit seiner Aktentasche zum Chefredakteur.*

HANAUSCHEK *rückwärts ab.*

FRÜHBECK, OBENDORFER, FLIEDERBUSCH, FÜLLMANN, ABENDSTERN

FÜLLMANN *über Vierzig, graumeliertes, gesträubtes Haar, dunkler Vollbart, Zwicker, etwas abgetragener Gehrock, erregt, kreischt zuweilen* Es ist unerhört, unerhört! *Setzt sich an den Schreibtisch.*

FRÜHBECK *ihm gegenüber, links*
Was gibt's denn?

OBENDORFER *am Pult rechts* Sehn Sie denn nicht? Er hat wieder einmal seine Entlassung genommen.

FÜLLMANN *dumpf* Ich frage Sie, meine Herren *lehnt sich zurück*, sind wir ein demokratisches Organ oder nicht?

OBENDORFER 's steht doch auf dem Blatt, was fragen S' so dumm.

III

FÜLLMANN *nach wegwerfender Gebärde* Ich frage Sie ferner, meine Herren, halten Sie mich für einen Revolutionär, für einen Bombenwerfer?

FRÜHBECK *kaum von seiner Arbeit aufschauend* Das kann Ihnen niemand nachsagen, Füllmann.

FÜLLMANN Ich danke. Und jetzt gestatten Sie mir, meine Herren, Ihnen meinen Artikel vorzulesen, den unser verehrter Chef nicht bringen will, weil er ihn zu scharf findet. *Stummer Widerstand der andern* Ich kann Sie davon nicht entbinden, meine Herren. Sie müssen selbst hören. Und wenn Sie gehört haben, werde ich Sie fragen, ob Sie sich mit mir solidarisch erklären, solidarisch gegen den Verbrecher da drin. *Weist nach rechts.*

FRÜHBECK *kühl* Mäßigen Sie sich.

ABENDSTERN Er hat doch recht.

FÜLLMANN Scharf! *Sich überschreiend* Dieser Artikel scharf! Und wenn schon. Ich frage Sie, meine Herren, wann denn sollen wir scharf sein, wenn nicht bei einer solchen Gelegenheit? Bei Strakonitz ist Blut geflossen, Menschenblut, unschuldiges Menschenblut. Wir wollen nicht untersuchen, auf welcher Seite die Schuld liegt. Fern sei es von mir, dem Umsturz, dem Aufruhr das Wort zu reden. Sie kennen mich, meine Herren.

OBENDORFER Fern sei es von Ihnen.

FÜLLMANN Aber wir dürfen es nicht unwidersprochen lassen, wenn ein Vertreter unsrer Feudalen im Parlament aufsteht und klipp und klar behauptet, daß das Leben des Arbeiters, des Bürgers keinen Pfifferling wert sei.

OBENDORFER Wer hat denn so was g'sagt?

FÜLLMANN Der Graf Niederhof.

OBENDORFER Das ist doch der, der vor ein paar Jahren den Baron Napador im Duell erschossen hat?

FLIEDERBUSCH *informiert* Derselbe.

FÜLLMANN Keinen Pfifferling – ein Menschenleben!

FLIEDERBUSCH Entschuldigen Sie, Herr Füllmann, ich habe der Sitzung beigewohnt, – ich erinnere mich nicht, daß der Graf Niederhof diese Worte –

FÜLLMANN Der Sinn seiner Worte war es, junger Mann! Das Prinzip der staatlichen Autorität, so sagte er, steht in jedem Fall höher als das Leben eines Einzelnen, wer immer es sei. Sagte er so oder nicht? Nun also! Schießt nur hinein in das Gesindel, wenn es aufmuckt! Und wenn ein unschuldiger Knabe bei dieser Gelegenheit von einer tödlichen Kugel getroffen wird, was liegt daran?! Macht doch nicht so viel Aufhebens von ein paar Tropfen Menschenblut! Das Prinzip ist gewahrt worden! Hat er das gesagt, der Graf Niederhof, oder nicht?

FLIEDERBUSCH *zögernd* Dem Sinne nach – allerdings. –

FÜLLMANN Nun also. Und darum –

FRÜHBECK *unterbrechend* Aber ich bitt' Sie, Füllmann, wer ist denn schon der Graf Niederhof? Den nimmt doch kein Mensch ernst!

FÜLLMANN Glauben Sie –?

OBENDORFER Seit wann ist er denn überhaupt Politiker? Ein Jockei ist er! – Noch im vorigen Jahr, meine Herren, ist er bei der großen Steeplechase mitgeritten.

FRÜHBECK Wie er angefangen hat, Fett anzusetzen, hat er sich ins Parlament wählen lassen.

FÜLLMANN Er ist der kommende Mann, sag ich Ihnen. Heut über ein Jahr ist er Minister. *Obendorfer und Frühbeck lachen* Wollen wir wetten? Im Palais Nepomuk geht er aus und ein. Das ist der Mann, der einmal Österreich regieren wird.

FRÜHBECK Vorläufig kümmert sich kein Mensch um das, was er im Parlament redet. In der Arbeiterzeitung war er auch mit ein paar ironischen Zeilen abgetan.

FÜLLMANN Das ist es ja eben. Das ist ja das Unglück. Die Sozialisten sind ironisch, und wir – wir Liberalen – halten das Maul, – wie gewöhnlich. Das ist so verkehrt als möglich. Und es wird sich rächen. Es rächt sich schon. Denn die andern, die reden. Sie rufen den Grafen Niederhof als den Verkünder ihrer Weltanschauung aus, sie blasen die Fanfare.

OBENDORFER Hat jemand was g'hört?

ABENDSTERN Wer blast die Fanfare? *Schreibt weiter.*

FRÜHBECK Wovon reden Sie denn eigentlich, Füllmann?

FÜLLMANN Ja, hat denn niemand von Ihnen, meine Herren, die »Elegante Welt« gelesen?

FRÜHBECK Das Klatschblatt?

OBENDORFER Man könnt schon sagen Revolverblatt.

FÜLLMANN Das war einmal. Herr Satan entwickelt politischen Ehrgeiz.

OBENDORFER Ah, der Satan! Hat er noch das Verhältnis mit der Negedy?

FÜLLMANN Was weiß ich? Das sind Ihre Sorgen. Ob er noch ein Verhältnis mit der Negedy hat, das interessiert die Herr-

schaften. O du mein Österreich! Aber daß Herr Satan demnächst ein großes klerikales Blatt herausgeben wird, davon ist Ihnen nichts bekannt –!
OBENDORFER Wär grad auch kein Malheur. –
FÜLLMANN Oh, mein bester Herr Obendorfer, mißverstehen Sie mich doch nicht.
OBENDORFER *frozzelnd* Fern sei es von Ihnen.
FÜLLMANN Jawohl, fern sei es von mir, dem Atheismus oder der Anarchie das Wort zu reden, aber die »Elegante Welt« predigt in ihrer letzten Nummer nicht etwa Ordnung und Glauben, wogegen ich gewiß nicht das geringste einzuwenden hätte, sondern Reaktion –
FLIEDERBUSCH Reaktion –?!
FÜLLMANN – schwärzeste Reaktion in jedem Sinn.
FLIEDERBUSCH *immer stärker interessiert* Sie finden wirklich, Herr Füllmann?
FÜLLMANN Jawohl, junger Mann. Haben Sie den Artikel gelesen?
FLIEDERBUSCH Flüchtig.
FÜLLMANN Lesen Sie ihn aufmerksam. Sie alle, meine Herren, sollten ihn lesen. Dieser Artikel ist in vieler Hinsicht symptomatisch. Was der Graf Niederhof beiläufig, aphoristisch gewissermaßen, wahrscheinlich unter der Nachwirkung eines Champagnerfrühstücks, im Parlament vorgebracht hat, das wird von einem Herrn, der sich Fink unterschreibt, und schon seit etlichen Wochen in der »Eleganten Welt« sein Unwesen treibt – Fink, merken Sie sich den Namen, meine Herren – das wird verteidigt, was sag ich, verteidigt? gepriesen wird es, – in ein System gebracht! Und es klingt aus in einen Hymnus auf all das, was wir bekämpfen, und in Hohn auf alles, was uns teuer ist. Hören Sie selbst. Nur ein paar markante Stellen *er liest* »Auch wir beklagen die Opfer von Strakonitz, um so mehr als die wahrhaft Schuldigen nicht unter ihnen zu suchen sind, sondern unter den Leuten, die mit ihren terroristischen Phrasen seit Jahren, seit Jahrzehnten eine unverantwortliche und leider auch ungestrafte Wühlarbeit betreiben, – eine Wühl- und Hetzarbeit, die sich nicht nur gegen die Besitzenden, ja gegen die gesamte ruhige und zufriedene Bevölkerung richtet, sondern auch gegen den Besitz als solchen, gegen den Besitz in weiterm und in höherm Sinn! Denn als Besitz möchten wir in diesem Zusammenhang nicht nur ma-

terielle Werte bezeichnen, sondern auch ideelle, die hochzuhalten, zu bewahren, zu verteidigen, wenn's drauf ankommt, unser aller Pflicht ist –: Vaterland und Glauben!«

OBENDORFER Was wollen Sie denn, das ist ja alles gar nicht so dumm?!

FÜLLMANN Dumm? Das behaupt ich ja gar nicht. Ganz im Gegenteil. Es ist sehr schlau, sehr denunziatorisch und sehr – – Aber es kommt noch besser, meine Herren, warten Sie nur – – *suchend da unten. Er liest* »Sagen wir es doch einmal frei heraus, daß es immer die alten, die erbgesessenen Familien unsres Landes waren, in deren erlauchten Sprossen die Staatsidee ihren reinsten und edelsten Ausdruck gefunden hat, daß es weder die Emporkömmlinge der Finanz und Industrie noch die sogenannten Intellektuellen waren, sondern immer unsre vielverlästerten Feudalen, die – allerdings in einem höheren Sinn als Gevatter Schneider und Handschuhmacher« – Das ist das Bürgertum, meine Herren! – oder »eine gewisse internationale Professorengilde« – Merken Sie was, meine Herren? – »oder gar unsre demokratisch-liberale Presse jemals zu fassen vermöchte, die Sache des Fortschritts, freilich nicht der Auflehnung; der Entwicklung, keineswegs der Revolution; die Sache der Freiheit, nicht der Demokratie Gott sei Dank! gefördert haben.«

FLIEDERBUSCH *steht hinter ihm, liest mit, wachsende Erregung in seinen Zügen* Unerhört!

FÜLLMANN Nicht wahr –?

ABENDSTERN Eine Sophisterei, die ihresgleichen sucht.

FLIEDERBUSCH Schlimmer als das.

FÜLLMANN Fälschung!

FLIEDERBUSCH Büberei!

FÜLLMANN Und nun noch der Schluß. Haben Sie noch so lange Geduld, meine Herren. – »Wir aber treu den altbewährten Prinzipien unsres Blattes halten es mit dem Grafen Niederhof und wiederholen an dieser Stelle das tapfere Wort, das er vor drei Tagen im Parlamente aussprach: Dem Politiker steht Sentimentalität so wenig an wie dem Soldaten! Und wer durfte mit größerem Recht ein Wort wie dieses prägen als ein Mann, dessen Ahnen jederzeit bereit waren, Blut und Leben für Gott, Kaiser und Vaterland –«

Leuchter tritt rechts aus der Türe, gleich hinter ihm Kajetan. Fliederbusch verschwindet im selben Augenblick durch die Türe links.

LEUCHTER, KAJETAN, OBENDORFER, FRÜHBECK, FÜLLMANN, ABENDSTERN

LEUCHTER *zwischen fünfzig und sechzig, untersetzt, Glatze, langer, grauer, herunterhängender Schnurrbart, von anscheinend gutmütigem, fast patriarchalischem Benehmen, zuweilen ganz unvermittelt bis zu beinahe brutaler Grobheit umschlagend; auf Füllmann bezüglich, gemütlich zu den andern* Hat er sich noch immer nicht beruhigt? Auf das Geschwätz sollen wir replizieren. Was sagen Sie dazu, meine Herren?

OBENDORFER Einfach lächerlich.

LEUCHTER *grob* Wir denken nicht daran.

KAJETAN Servus, Abendstern.

ABENDSTERN Guten Abend. Habe die Ehre, Herr Chefredakteur.

LEUCHTER Sie kommen aus dem Theater, Abendstern? Kajetan erzählt mir gerade von seinem großen Erfolg.

ABENDSTERN Erfolg? Das ist Auffassungssache, Herr Chefredakteur.

LEUCHTER *sich von Abendstern gleich wieder abwendend; zu Frühbeck* Aus Strakonitz nichts Neues?

FRÜHBECK Alles ruhig. In sämtlichen Schichten wird gearbeitet.

LEUCHTER Wie ich vorhergesagt. Also lassen wir die Toten ruhen.

FÜLLMANN Es handelt sich längst nicht mehr um Strakonitz, Herr Leuchter. Es ist eine Frage der Weltanschauung!

ABENDSTERN *zu Kajetan* Was steckst du dich hinter den Chef? Wird dir nichts helfen. Dein Stück ist ein Dreck, und nichts auf der Welt wird mich hindern, es auszusprechen.

KAJETAN *lacht*.

ABENDSTERN Lach nicht so dumm, morgen wirst du nicht lachen.

KAJETAN Nicht lachen. Wird nicht so heiß gekocht. Leider keine Zeit mehr. Werde im Bristol erwartet. Habe die Ehre, Herr Chefredakteur. *Ab.*

LEUCHTER *zu Frühbeck* Die Grabreden sind Borgis?

FRÜHBECK Jawohl, Herr Chefredakteur. Nimmt uns etwas viel Raum weg.

LEUCHTER So geben Sie sie Petit.

FRÜHBECK *nickt, telephoniert in die Druckerei.*

LEUCHTER *zu Füllmann* Außerdem sind wir nicht dazu da, um für die »Elegante Welt« Reklame zu machen. Sie ist bei uns noch nie genannt worden, wird nie genannt werden, und solang wir sie nicht nennen, existiert sie nicht. Schreiben Sie über die Wirren in Albanien. Dort sind Sie auch besser zu Hause. Mit der inneren Politik – glauben Sie, Ebenstein ist als Meister vom Himmel gefallen? Fragen Sie Frühbeck, wie oft ich ganze Seiten – – Na – de mortuis nihil nisi bene. Und merken Sie sich, Füllmann *väterlich* in der inneren Politik kommt es vor allem auf das richtige Maß an. Wir sind nicht dazu da, die Gegensätze zu verschärfen, wir sind da, die Gegensätze auszugleichen. Das erscheint mir als die vornehmste Aufgabe eines wahrhaft demokratischen Organs.

FÜLLMANN *wollte ihm immer schon ins Wort fallen* Ganz richtig, zweifellos. Aber wenn wir schon von dem Artikel der »Eleganten Welt« absehen wollen, – eine Rede, wie die des Grafen Niederhof darf nicht –

LEUCHTER Der Graf Niederhof ist ein Bajazzo.

OBENDORFER Ein Jockei.

LEUCHTER *der sich nicht gern verbessern läßt* Ein Bajazzo.

OBENDORFER *besiegt* Ein Bajazzo.

FÜLLMANN Zugegeben, Herr Chefredakteur. Aber trotzdem er ein Bajazzo ist, oder vielleicht gerade deswegen, – ist er in gewissen Kreisen persona gratissima. Mit Erzherzog Nepomuk geht er auf die Jagd.

LEUCHTER *gemütlich* No, lassen Sie ihn mit Nepomuk auf die Jagd gehen. *Zu den andern* Was hat ihm schon wieder Nepomuk zuleid getan? *Plötzlich grob* Die Angelegenheit ist erledigt. *Als wollte er abgehen, zu Abendstern* Ihr Referat möcht' ich sehen, eh es in die Druckerei hinuntergeht.

ABENDSTERN Herr Chefredakteur, ich bedaure im vorhinein erklären zu müssen –

LEUCHTER Ich weiß, Sie finden, Kajetan ist kein Shakespeare.

ABENDSTERN Allerdings werde ich nicht umhin können, etwas Ähnliches zu konstatieren. Denn ich halte es für meine heilige Pflicht in meiner Eigenschaft als Kritiker, unbeirrt von meiner persönlichen Freundschaft mit einem Autor, nach meiner innersten Überzeugung die reinste Wahrheit –

LEUCHTER Mein lieber Abendstern, ich habe noch nie einen meiner Mitarbeiter gehindert, seine Überzeugung auszusprechen. *Wendet sich zu den andern* Oder haben die Herren vielleicht – *zu Abendstern* Aber die Wahrheit ist etwas sehr Relatives, und jedenfalls läßt sie sich auf verschiedene Arten aussprechen: scharf oder mild, – und es bleibt doch immer die

Wahrheit. Man kann Goldkörner finden sogar im Quarz, und auf solche Goldkörner hinzuweisen widerspricht keiner heiligen Pflicht, wie Sie sich früher auszudrücken beliebten. *Scheint wieder abgehen zu wollen; zu Frühbeck* Meinen Artikel über Ebenstein möcht ich sehn.

FRÜHBECK *telephoniert* Der Nachruf. *Zu Leuchter* Kommt sofort.

LEUCHTER Ich bin ja neugierig, was Sie dazu sagen werden, meine Herren. Keine leichte Sache, ich versichere Sie, solche Artikel zu schreiben. Und es ist nicht der erste von der Art. Im vorigen Jahr Breitner, vor drei Jahren Wagenstein, – ja, ja. Aber was soll man machen, meine Herren? Der Journalist ist wie der Soldat. Er hat eben nur Zeit, dem gefallenen Freund die Hand zu drücken, – und dann wieder hinein ins Schlachtgetümmel. *Pause* Also, Füllmann, schreiben Sie mir einen schönen albanischen Artikel. Aber tun Sie dem Halbmond nicht zu weh. Man kann nie wissen. *Winkt Frühbeck herbei* Haben Sie mit Fliederbusch gesprochen?

FRÜHBECK Jawohl, Herr Chefredakteur.

LEUCHTER Nun?

FRÜHBECK Er scheint darauf gefaßt gewesen zu sein.

LEUCHTER Wieso –?

FRÜHBECK Es hat ihn offenbar verletzt, daß wir ihm neulich seine Bemerkungen über den Justizminister gestrichen haben, und ich müßte mich sehr irren, wenn er nicht schon irgend etwas anderes in Aussicht haben sollte.

LEUCHTER So. Wir halten niemanden. Wir werden auch ihn nicht halten.

FRÜHBECK Haben wir gewiß nicht notwendig.

LEUCHTER Aber Sie hätten die Sache nicht auf die Spitze treiben sollen, Frühbeck.

FRÜHBECK Ich habe keineswegs –

LEUCHTER Schad'. Ich hab mit ihm Pläne gehabt. Ich spür' was in ihm. Sie wissen, ich habe eine Nase. *Mit Frühbeck rechts ab.*

OBENDORFER *ist indessen rückwärts abgegangen.*

ABENDSTERN, FÜLLMANN. *Abendstern am Schreibtisch rechts, schreibt. Füllmann links am Pult, schreibt. Pause.*

FÜLLMANN *plötzlich* Ich kann nicht. – Ich pfeife auf Albanien.

ABENDSTERN *ein Blatt zerreißend* Dieser Bursche! Daß er sich nicht schämt. Wollen Sie wetten, Füllmann, jetzt schlief er bei der Tagespost herum und kriecht dort. – Aber das ist die Art, Karriere zu machen.

FÜLLMANN *der ihm nicht zugehört hat* Soll ich Ihnen was sagen, Abendstern? *Nah bei ihm* Es geht was vor. Die Sache stimmt mir nicht.

ABENDSTERN Wieso?

FÜLLMANN Wir sind verkauft, Abendstern.

ABENDSTERN Was fällt Ihnen ein. Da kennen Sie Kajetan schlecht. Kajetan richtet sich das billiger.

FÜLLMANN Wer red't von Kajetan? – Ich red' vom Blatt. Er hat nicht immer die Gegensätze so ausgeglichen, wie er jetzt tun möchte, unser Herr Chef. Wir schwenken. Wir schwenken immer weiter nach rechts. Darum soll nichts gegen Niederhof geschrieben werden. Niederhof ist der kommende Mann, – und wir werden offiziös, um es milde auszudrücken.

HANAUSCHEK *kommt* Kann ich jetzt das Referat haben, Herr Doktor?

ABENDSTERN Hol Sie der – Sie werden's noch erwarten können.

HANAUSCHEK *ab.*

Abendstern und Füllmann schreiben wieder.

FÜLLMANN Dieser Mortimer starb ihm auffallend gelegen.

ABENDSTERN *im Schreiben gestört, etwas ärgerlich* Wie? Was?

FÜLLMANN Sehr a tempo hat Ebenstein der Schlag getroffen.

ABENDSTERN *lacht* Aber Füllmann!

FÜLLMANN Was lachen Sie? Ebenstein hat ihn geniert.

ABENDSTERN Er hätt ihn doch entlassen können.

FÜLLMANN Entlassen? Leuchter entläßt nie einen Mitarbeiter.

ABENDSTERN *lachend* Eher bringt er ihn um?

FÜLLMANN Und wenn ihn wirklich der Schlag getroffen hat, wer ist schuld daran? *Mit Geste nach rechts* Er, nur er. Der Verrat des alten Freundes hat Ebenstein zu Tod getroffen.

ABENDSTERN Haben Sie gehört? Dreitausend Gulden Pension gibt er der Witwe.

FÜLLMANN Damit kauft er sich los von seinem Gewissen. Seine Sache! – Aber ich mach' da nicht mit. Ich denke nicht daran, meine Vergangenheit zu verleugnen. Ich bleibe bei keinem offiziösen Blatt. Ich gehe anderswohin.

ABENDSTERN Leicht gesagt. Meinen Sie, ich möchte nicht auch? Aber wohin? Wohin?

FÜLLMANN Es müßte sich wohl was finden für den blutigen Abendstern.

ABENDSTERN Ja, wenn ich noch der alte blutige Abendstern wäre. Aber ich bin ja nur mehr sein Schatten.

FÜLLMANN Na –

ABENDSTERN Wer kann auf die Dauer blutig bleiben in einem Blatt, wo man mit allen Leuten gut ist, die Karriere gemacht haben? Wo man sich mit den meisten Leuten verhält, die überhaupt noch auf der Welt sind?

FÜLLMANN Es gibt ja auch Tote.

ABENDSTERN *wütend* Zu wenig. Und außerdem macht es mir nicht das geringste Vergnügen, Leute herunterzureißen, die sich nicht mehr giften können.

FÜLLMANN Hören Sie mich an, Abendstern.

ABENDSTERN Lassen Sie mich jetzt in Ruhe, Füllmann, ich muß eine Hymne auf Kajetan verfassen. Sonst kann ich morgen betteln gehen. Lassen Sie mich. *Er schreibt* »Seit Shakespeare, Molière, Holberg« – wissen Sie noch wen, Füllmann?

FÜLLMANN *bei ihm* Wir zwei sollten zusammen ein Blatt machen, Abendstern.

ABENDSTERN Wir zwei?

FÜLLMANN Ein Blatt, in dem wir schreiben können, was wir wollen. Ein Blatt gegen die Lebendigen. – Gegen die Lebenden in Politik und Kunst. Von den Lebendigen kommt alles Übel.

ABENDSTERN Wer gibt uns das Geld dazu?

FÜLLMANN Das kriegen wir.

ABENDSTERN Woher?

FÜLLMANN Sie haben ja Vermögen.

ABENDSTERN Ich hab' Vermögen?

FÜLLMANN Sie haben doch was geerbt vor zwei oder drei Jahren.

ABENDSTERN Geerbt? So viel, daß ich von den Zinsen gerade mein Gabelfrühstück bestreiten könnte.

FÜLLMANN Wär ganz gut, wenn Sie sich's abgewöhnten. Aber im Ernst, Abendstern, wir finden auch Kapitalisten, wenn die Leute nur erst sehen, daß wir selbst bereit sind, unsere paar Groschen zu riskieren!

ABENDSTERN Wir? Haben Sie denn etwas?

FÜLLMANN Das ist doch egal. Wenn wir in Kompanie sind –

ABENDSTERN Und wenn ich heut oder morgen meine Feder aus der Hand legen muß –?

FÜLLMANN Was reden Sie da, Sie mit Ihren zweiundvierzig oder dreiundvierzig –

ABENDSTERN Siebenundvierzig, Füllmann.
FÜLLMANN Die besten Jahre.
ABENDSTERN Nicht, wenn man sein lebelang hat roboten müssen, wie ich. Ja, mein lieber Füllmann, von meinem sechzehnten Jahr an hab ich fürs tägliche Brot schreiben müssen. Wenn ich's so gut gehabt hätte wie andere Leute, wenn ich – –

LEUCHTER *kommt von rechts mit einigen beschriebenen Blättern in der Hand. Abendstern, Füllmann, Leuchter. Dann* FRÜHBECK, OBENDORFER, FLIEDERBUSCH. *Zum Schluß* KAJETAN.

LEUCHTER Frühbeck! Wo ist Frühbeck?
ABENDSTERN *aufstehend, ruft* Frühbeck!
FRÜHBECK *von links* Herr Chefredakteur –
LEUCHTER *auf die Blätter weisend* Kennen Sie die Schrift, Frühbeck?
FRÜHBECK Fliederbusch.
LEUCHTER *ungläubig* Wieso?
FRÜHBECK Es ist die Schrift von Fliederbusch.
LEUCHTER Rufen Sie mir den Hanauscheck herauf. *Kopfschüttelnd* Wie kommt Fliederbusch –
FRÜHBECK *hinuntertelephonierend* Hanauschek soll heraufkommen.
OBENDORFER *kommt von rückwärts.*
LEUCHTER *zu Füllmann, gemütlich* Nun, was macht Albanien?
FÜLLMANN Es fehlt mir leider die Inspiration, Herr Chefredakteur.
LEUCHTER Ich werde Ihnen was sagen, Füllmann, es ist mir fast lieber, Sie schreiben ohne Inspiration. In der äußeren Politik kann die Inspiration sehr gefährlich werden.
HANAUSCHEK *kommt* Herr Chefredakteur –
LEUCHTER Was haben Sie mir denn da mit den Korrekturen für einen Wisch hineingelegt, Hanauschek?
HANAUSCHEK Ja, der Flie – der Herr Fliederbusch hat mir g'sagt, ich soll's mit heraufbringen. Ich hab gemeint, der Herr Chefredakteur wissen –
LEUCHTER *kopfschüttelnd* Lesen Sie's einmal, Frühbeck. *Gibt ihm die Blätter* Wo ist Fliederbusch?
HANAUSCHEK Jetzt grad war er noch in der Druckerei unten, aber grad im Weggehn.
LEUCHTER Wenn er noch da ist, schicken Sie ihn mir gleich herauf, Hanauschek.

HANAUSCHEK *ab.*
LEUCHTER Also was sagen Sie, Frühbeck?
FRÜHBECK Ich bin mir noch nicht klar.
LEUCHTER Lassen Sie's Füllmann lesen.
FRÜHBECK *zu Füllmann; sie lesen gemeinsam.*
FLIEDERBUSCH *tritt ein; im Überzieher* Herr Chefredakteur haben gewünscht –
LEUCHTER Sie haben mir da durch Hanauschek ein Manuskript hineinlegen lassen –
FLIEDERBUSCH Ich war so frei.
LEUCHTER Was sind das für mystische Sachen? Sind Sie der Krathy Baschik? Warum haben Sie mir's denn nicht persönlich überreicht?
FLIEDERBUSCH Ich wollt es gewissermaßen dem Zufall überlassen –
LEUCHTER *barsch* Ah was. Ist denn das Zeug überhaupt von Ihnen?
FLIEDERBUSCH Herr Chefredakteur, wer denn sollte –
LEUCHTER Seit wann sind denn Sie für politische Artikel bei uns engagiert?
FLIEDERBUSCH *schon etwas frecher* Ich bin überhaupt nicht engagiert.
LEUCHTER *überhört das absichtlich* Wer hat Ihnen denn überhaupt den Auftrag gegeben?
FLIEDERBUSCH Niemand, Herr Chefredakteur. Es hätte auch kaum jemand das Recht dazu gehabt. Es war ein Versuch. Wenn er mißlungen sein sollte, so bitte meine Kühnheit zu entschuldigen.
FÜLLMANN *zu Frühbeck* Das ist ja mein – ich bitte, das ist ja genau dasselbe, was ich – *Zu Leuchter* Ich möchte aufmerksam machen, Herr Chefredakteur –
LEUCHTER *zu Fliederbusch* Wann wollen Sie denn das Zeug geschrieben haben?
FLIEDERBUSCH Soeben, Herr Chefredakteur.
LEUCHTER Was heißt das, soeben?
FLIEDERBUSCH In dieser Stunde. *Nach links weisend* Hier daneben.
LEUCHTER Wie sind Sie denn auf die Idee gekommen? Reden Sie nur.
FLIEDERBUSCH *anfangs zögernd, dann immer bestimmter* Vor einer Weile hat Herr Füllmann einiges aus dem Artikel der »Eleganten Welt«, auf den ich mich beziehe, hier vorgelesen. Ich

hatte ihn zwar schon gekannt, wie ich es überhaupt für meine Pflicht halte, mich in jeder Hinsicht zu orientieren. Aber ich muß gestehen, beim flüchtigen Lesen war er ziemlich spurlos an mir vorübergegangen. Erst als Herr Füllmann die markantesten Stellen vortrug, im Ton edelster und gerechtfertigter Entrüstung –

FÜLLMANN *abwehrende Geste.*

FLIEDERBUSCH Da offenbarte sich mir allmählich von Wort zu Wort die ganze Zweideutigkeit, die ganze Niederträchtigkeit der Gesinnung, die darin zum Ausdruck kommen. – Die Parlamentssitzung, in der Graf Niederhof das Wort ergriff, tauchte plötzlich wieder vor mir auf. Ich sah den Grafen vor mir stehen in seiner ganzen feudalen Überhebung – Sie hätten ihn sehen müssen, meine Herren! – Meine Empörung war grenzenlos. Ich glaube, ich wäre dran erstickt, wenn ich mich nicht sofort hingesetzt und eine Art Entgegnung verfaßt hätte. Hier ist sie. Ich bitte nochmals, Herr Chefredakteur, meine Kühnheit –

LEUCHTER Nun, meine Herren, was sagen Sie dazu?

FRÜHBECK Sehr temperamentvoll, gewiß. Aber in mancher Hinsicht nicht ganz unbedenklich.

LEUCHTER Und was ist Ihre Meinung, Obendorfer?

OBENDORFER Mit der Tendenz kann ich mich nicht so durchaus einverstanden erklären. –

LEUCHTER Sie sind überhaupt ein Reaktionär, Obendorfer.

OBENDORFER *lacht* Aber nicht so übel geschrieben. Die Frage ist nur, ob Herr Fliederbusch auch persönlich für das einzutreten geneigt wäre, was er da –

FLIEDERBUSCH Ich bin selbstverständlich bereit, mit meinem vollen Namen zu zeichnen.

LEUCHTER *energisch* Das ist bei uns nicht üblich. Das Blatt steht dafür ein.

FRÜHBECK Der verantwortliche Redakteur bin aber ich.

LEUCHTER Wir haben schon schlimmere Sachen gebracht, in früherer Zeit. –

FRÜHBECK *vorsichtig* In früherer Zeit –

FÜLLMANN *plötzlich kreischend* Und es trifft doch nirgends den Kern der Sache.

FRÜHBECK *auf das Blatt weisend* Hier zum Beispiel –

FLIEDERBUSCH Ich stehe für jedes Wort persönlich ein.

LEUCHTER *zu Frühbeck* Welche Stelle meinen Sie? Lesen Sie vor.

Es ist vielleicht ganz gut, daß wir die Wirkung –

FRÜHBECK *liest* »Ob es geboten schien, auf eine vielleicht irregeleitete, jedenfalls aber höchst erregte, ihrer Sinne nicht mehr mächtige Menge, in der sich auch Weiber und Kinder befanden, eine scharfe Salve abfeuern zu lassen, das wird die angekündigte Untersuchung klarzustellen haben. Ob es politisch klug war, dürften bereits die nächsten Wahlen zeigen. Und, da am Ort der Ereignisse vorläufige Beruhigung eingetreten scheint, dürften wir uns jeder allgemeineren Betrachtung enthalten, wenn nicht die mehr originelle als zartfühlende Grabrede, die den beklagenswerten Opfern von Strakonitz im Parlamente gehalten wurde, zu einem bescheidenen Widerspruch herausforderte. Dem Grafen Niederhof war es vorbehalten –«

LEUCHTER Die Rede kennen wir. Dort unten – *Weist auf eine Stelle des Blattes.*

FRÜHBECK *liest* »Wir aber fragen, wer sich denn vermessen darf, über den Wert oder Unwert eines Menschenlebens abzuurteilen, in dessen letztes Geheimnis zu schauen –«

FLIEDERBUSCH *nimmt Frühbeck die Blätter aus der Hand und liest selbst* – »zu schauen ihm notwendig versagt sein muß. Und wer will entscheiden, welche von beiden Wagschalen in die Höhe schnellen würde, wenn wir auf die eine den so fragwürdigen und oft mißbrauchten Begriff der staatlichen Autorität legten und auf die andere Schale die Tränen einer Mutter träufeln ließen, der man einen Sohn ermordet hat.«

FÜLLMANN *rauft sich die Haare.*

FLIEDERBUSCH *liest weiter* »Wir für unsern Teil haben uns stets zur Ansicht bekannt, daß Männer, die von ihrer Hände Arbeit leben, daß auch die Ärmsten der Armen, die ihr kärgliches Stück Brot im Dunkel und in der Gefahr der Kohlengruben verdienen müssen, als ebenso nützliche Mitglieder der menschlichen Gesellschaft zu gelten haben, als die Mehrzahl von den auf der Sonnenhöhe des Daseins wandelnden Standesgenossen des Grafen Niederhof. Und auf die Gefahr hin, von ihm ob unserer Sentimentalität belächelt zu werden, möchten wir den Toten von Strakonitz, die wir nicht nur als Opfer ihrer Unbotmäßigkeit, sondern auch ein wenig als die einer nicht allen Sterblichen gleich günstigen Gesellschaftsordnung betrachten, eine ganz unpolitische Träne weihen; vor allem dem zwölfjährigen Knaben –«

FÜLLMANN Vierzehn!

LEUCHTER Zwölfjährig ist viel besser in diesem Zusammenhang. Lassen Sie zwölf.

FLIEDERBUSCH *weiterlesend* – »vor allem dem – zehnjährigen Knaben –«

FRÜHBECK *für sich* Talent!

LEUCHTER *schmunzelt befriedigt.*

FLIEDERBUSCH *weiterlesend* – »dem es vielleicht bestimmt war – denn wer kennt die Wege der Vorsehung? – seinem Vaterland erheblichere Dienste zu leisten, als die, zu denen uns der neugewählte Parlamentarier Graf Niederhof berufen scheint, so sehr wir im übrigen geneigt sind, seinen Verdiensten um die Hebung der Vollblutzucht in Österreich und um die Förderung der schönen Künste mit besonderer Berücksichtigung des Balletts alle Gerechtigkeit widerfahren zu lassen.«

FÜLLMANN Das sind ja persönliche Invektiven.

LEUCHTER Weiter.

FLIEDERBUSCH *liest* – »Doch wehrt sich auch unser innerstes Empfinden gegenüber einer Erscheinung wie der des Grafen Niederhof, dessen Herz an der Bahre eines unschuldig hingeopferten Proletarierkindes nicht höher schlägt als beim Niederbrechen eines Rennpferdes, – was uns mit ihm und seinesgleichen zu versöhnen vermag, ist die Erwägung, daß es, wenn auch eine üble, doch eben seine eigene Sache ist, die er vertritt, und daß er, wie seine Standesgenossen, gewiß jederzeit bereit wäre, seine Theorie vom Unwert des Einzellebens durch Einsatz des eigenen zu bekräftigen. Unsere tiefere, nicht so sehr politische als menschliche Abneigung richtet sich nicht gegen die Niederhofs, wie immer sie heißen mögen, sondern gegen ihre freiwilligen Trabanten, gegen das klägliche Gefolge, das sich an ihre Spuren heftet, oder ihnen Hymnen singt, in der Art jenes holden Schwärmers etwa, der heute seinen Finkenschlag –«

FRÜHBECK *geringschätzig* Na –

LEUCHTER Ganz gut!

FLIEDERBUSCH *liest weiter* – »in einem viel gelesenen Sportblatt ertönen läßt.«

LEUCHTER Warum »viel gelesen« –? in einem wenig gelesenen Sportblättchen.

FLIEDERBUSCH *korrigiert* Wenig gelesenen Sportblättchen. – *Liest weiter* »Unsere Abneigung, ja, unser Widerwille gilt dem Snob, dem albern würdelosen Snob, der immer gerade dort zu finden ist, wo er nichts zu suchen hat und sich gebärdet, als wenn er auch dazu gehörte; dem Snob, der jederzeit bereit ist, für das herablassende Lächeln eines Höhergeborenen Vater und Mutter zu verleugnen, und zum gerechten Lohn von denselben Leuten verhöhnt und verachtet wird, vor denen er sich erniedrigt.«

LEUCHTER Sehr gut. Mit dem, was hier gesagt wird, legt Fliederbusch den Finger mutig an ein Geschwür, das am Mark unserer bürgerlichen Gesellschaft frißt. – Weiter.

FLIEDERBUSCH – »In all seiner Nichtigkeit ist aber der Snob keineswegs ein ungefährliches Geschöpf. Denn nicht der, der uns in Reih und Glied gegenübersteht, ist unser schlimmster Gegner, – der wahre Feind ist der Überläufer, und darum –«

FRÜHBECK *unterbricht* Ich möchte doch zu bedenken geben –

FÜLLMANN Das mit der Hymne hab' doch ich früher gesagt!

FRÜHBECK Es könnte Abonnenten geben, Herr Chefredakteur, die sich gerade durch diese letzten Bemerkungen getroffen fühlen.

LEUCHTER Ein Abonnent fühlt sich niemals getroffen. Da können Sie ganz ruhig sein, meine Herren. Der Artikel wird gebracht.

FÜLLMANN Um – um – die Gegensätze auszugleichen –?

LEUCHTER Wie? – *Erinnert sich* Manchmal muß man sie ausgleichen, manchmal muß man sie betonen. Es kommt immer auf die Form an. – Der Artikel ist gewiß kein Meisterwerk, er verrät sogar deutlich den Anfänger, aber – es ist Stellungnahme darin; und wir haben Stellung zu nehmen, meine Herren, besonders in einer politisch so bewegten Zeit. Daher bringen wir den Artikel – und zwar – gleich nach meinem über Ebenstein.

FRÜHBECK Und wie schaffen wir Platz, Herr Chefredakteur?

LEUCHTER *nimmt den »Spiegel«* Albanien bleibt weg.

FÜLLMANN Wie, Herr Chefredakteur?

LEUCHTER Albanien ist nicht dringend. Unsere Leser werden's erwarten können.

FÜLLMANN In diesem Falle, Herr Chefredakteur, bitte ich –

LEUCHTER *hört nicht auf ihn* Kommen Sie, Fliederbusch, ich möchte noch ein paar Worte mit Ihnen – *Rechts mit Fliederbusch ab.*

FRÜHBECK *telephoniert hinunter* Hanauschek soll heraufkommen. *Pause.*

OBENDORFER Ich glaube, diesmal hat unserem verehrten Herrn Chef sein Temperament einen Streich gespielt.

FRÜHBECK Gratuliere, Abendstern.

ABENDSTERN Wieso?

FRÜHBECK Ihr Protegé macht Karriere.

ABENDSTERN Wieso Protegé? Mit dem Artikel werden wir uns blamieren.

FÜLLMANN Jetzt reden Sie! Warum haben Sie früher nicht das Maul aufgemacht?

ABENDSTERN Was geht mich der politische Teil an? Soll ich immer für die andern die Kastanien aus dem Feuer holen?

KAJETAN *stürzt herein mit der Aktentasche* Guten Abend, meine Herren.

FRÜHBECK Schon aus, das Bankett?

KAJETAN Noch nicht. Fiaker unten. *Gibt ihm ein Blatt* Kleine Notiz. Fürs Morgenblatt. Mein Stück soeben ins Englische übersetzt worden. *Will zum Chefredakteur.*

FRÜHBECK Halt, wer drin.

FÜLLMANN Meine Herren, wir können uns das nicht gefallen lassen. Albanien muß kommen.

KAJETAN Albanien – wieso?

FÜLLMANN *zu Frühbeck tretend* Frühbeck, ich bestehe darauf, daß Albanien kommt.

FRÜHBECK *zuckt die Achseln, weist nach rechts, er möge sich selbst hineinbemühen.*

KAJETAN *wendet sich fragend an Obendorfer.*

FÜLLMANN *macht ein paar Schritte hin, bleibt wieder stehen* Ich werde die Kabinettsfrage stellen. Was ich da eben erlebt habe, das kann morgen jedem von Ihnen passieren. Ich muß wissen, ob ich mich auf Sie verlassen kann, meine Herren. Wollen Sie sich mit mir solidarisch erklären? *Pause, beschwörend* Meine Herren – *Schweigen* – *beschwörend zu Abendstern* Abendstern, Sie –!

FRÜHBECK Aber natürlich, Füllmann, erklärt er sich solidarisch mit Ihnen. Er bleibt nämlich auch.

KAJETAN *versteht noch nicht* Solidarisch – nämlich auch –?

Vorhang

ZWEITER AKT

Das Redaktionslokal der »Eleganten Welt«. Sieht eher einem leidlich eleganten Herrenzimmer ähnlich. Dunkelrote Tapeten. In der Mitte des Zimmers ein nicht sehr großer Schreibtisch. Darauf Telephon, Photographien in Rahmen, ein Kalender, elektrische Lampe, Schreibzeug, Zeitungen, Briefe. – An den Schreibtisch gerückt ein Diwan mit persischem Teppich und vielen Polstern. Rechts eine Tür ins Vorzimmer, das nach rückwärts in der Weise verläuft, daß eine dort stehende Person das Zimmer nicht gleich zu überschauen vermag. Links Türe mit Portiere. Im Hintergrund ein Fenster. Links an der Wand Kamin. Darüber ein Spiegel. Rückwärts ein Bücherschrank. Rechts eine Art Aktenschrank, der nicht hereinpaßt und durch einen Vorhang so ziemlich kaschiert ist. An den Wänden Photographien von Schauspielern und Schauspielerinnen usw., auch Sportbilder in englischem Geschmack. Rauchtischchen rechts vorn mit Rauchrequisiten, daneben ein Schaukelstuhl.

Die Bühne ist leer. Türe rechts öffnet sich. Ein livrierter DIENER *erscheint. Gleich darauf* LEODEGAR SATAN. *Etwa fünfzig, mit etwas übertriebener, doch nicht ganz einleuchtender Eleganz gekleidet. Blondes, in der Mitte gescheiteltes Haar, ebensolcher Schnurrbart, schmale Koteletten. Hellgrauer Sommeranzug, hellgelbe Schuhe, lichte Krawatte, weiße Nelke im Knopfloch. Legt beim Eintreten den Überzieher ab, der Diener ist ihm behilflich. Er übergibt dem Diener Hut und Handschuhe und Spazierstock.*

SATAN *während des Ablegens* Mein Sohn schon dagewesen?
DIENER Noch nicht, Herr Chefredakteur. *Pause.*
SATAN Hat sich Herr Styx vielleicht sehen lassen?
DIENER Bisher noch nicht, Herr Chefredakteur. *Pause.*
SATAN Herr Wöbl schon erschienen?
DIENER Nein, Herr Chefredakteur.
SATAN Es ist gut.
DIENER *ab.*
SATAN Alles muß man allein machen. *Setzt sich an den Schreibtisch, nimmt die Briefe in die Hand, läßt sie etwas angeekelt wieder fallen, zündet sich eine Zigarette an, öffnet einige Briefe, durchfliegt sie, wirft sie gelangweilt wieder hin, der dritte Brief scheint ihn zu befremden.*
Türe rechts öffnet sich wieder. Diener steht an der Türe. Styx im Vorzimmer; fünfundvierzig Jahre. Sehr schlank und groß,

schwarzes, rechts gescheiteltes Haar, kleiner, schwarzer Schnurrbart, Monokel ununterbrochen im Auge, ramponierte Eleganz. Gestreifte Modehose, schwarzes Jackett, dunkler Überzieher, vertretene Lackschuhe. Haltung ungezwungener und vornehmer als die Satans. Raucht eine Zigarette.

SATAN, STYX

SATAN *nimmt seine Korrektur vor.*
STYX *noch im Vorzimmer* Herr Wöbl schon da?
DIENER Nein, Herr Styx.
STYX *etwas wegwerfend* Vielleicht der junge Herr?
DIENER Noch nicht, Herr Styx.
STYX *hat Überzieher usw. gleichfalls dem Diener übergeben, staubt mit dem Taschentuch seine Schuhe ab.*
SATAN *amüsiert-geärgert* Guten Morgen.
STYX Oh, du bist schon da? Guten Morgen. *Staubt die Schuhe weiter ab, schüttelt dann das Taschentuch, tut seine Zigarette in den Aschenbecher, nimmt eine andere aus dem Zigarettenetui auf dem Rauchtischchen, zündet sie an. – Diener ist abgegangen.*
SATAN *wie oben* Laß dich nicht stören.
STYX Gewiß nicht. *Nimmt eine Zeitung, setzt sich in den Schaukelsessel, liest. Hinter der Zeitung* Ich hatte dir vorhergesagt, daß Fiebertraum das Rennen unmöglich gewinnen kann.
SATAN Es handelt sich nicht um Fiebertraum.
STYX *unbeirrt* Ich habe dir geraten, Mezzanin zu setzen. Hätte ich noch fünf Gulden im Vermögen gehabt, so hätte ich Mezzanin gewettet.
SATAN Es handelt sich nicht um deine fünf Gulden.
STYX Gewissermaßen doch. Ich möchte dich nämlich um einen Vorschuß ersuchen.
SATAN Du bist mit dem Gehalt von eindreiviertel Jahren im Vorschuß.
STYX Gestern habe ich einen Artikel in die Druckerei gegeben, der Sensation machen wird.
SATAN *mit der Korrektur beschäftigt* Ich lese ihn eben.
STYX Nun?
SATAN Er wird nicht Sensation machen.
STYX Ah?!
SATAN Er wird nämlich nicht erscheinen. Du weißt doch, daß ich dergleichen Gesellschafts- und Kulissenklatsch nicht mehr

zu veröffentlichen gedenke. Warum kommst du mir immer wieder damit?

STYX Du gedenkst? Egon gedenkt.

SATAN Wir gedenken.

STYX *erhebt sich, langsam zum Schreibtisch, bleibt endlich Satan gegenüber stehen* Gestern hast du mit Radlmann konferiert. Das Konsortium, das die »Elegante Welt« kaufen will, besteht aus den Gebrüdern Borgmann und Bankier Veit. Hinter diesen aber steht niemand anderer als der Fürst Wendolin-Ratzeburg und sein Vetter Graf Niederhof.

SATAN *etwas unwirsch* Du bist ja fabelhaft unterrichtet!

STYX Das sollte dir nichts Neues mehr sein. Ich weiß alles.

SATAN Alles? Nein. Daß der Graf Niederhof heute um elf Uhr dreißig persönlich hier vorsprechen wird, das, zum Exempel, hast du nicht gewußt.

STYX Graf Niederhof – persönlich? Eine große Ehre!

SATAN Soviel ich weiß, wart ihr in vergangenen Zeiten befreundet –?

STYX Befreundet?! Mein Kamerad war er – wie ein paar Dutzend andere. Einer von denen, die mehr Glück gehabt haben als ich. Ah – *leicht* reden wir nicht von ihm. Das Wesentliche ist, daß du tatsächlich die Absicht zu haben scheinst, aus einem bisher sehr amüsanten, ja originellen Blatt eines zu machen, das gerade so langweilig sein wird wie die hundert andern, in denen die Politik ernst genommen wird.

SATAN Langweilig? – Das ist Ansichtssache. Gerade seit unser Blatt sich politisch etwas deutlicher zu färben beginnt, geht es wieder in die Höhe, während in den letzten zwei, drei Jahren, wie dir wohl bekannt ist – *Achselzucken.*

STYX Weil du keine Courage mehr gehabt hast. Weil du es für richtig hältst, mir aus meinen Artikeln das Pikanteste herauszustreichen. Wenn wir unser – mein Material ordentlich ausgenützt hätten –

SATAN Wir haben genug riskiert in früheren Zeiten. Nun haben wir das glücklicherweise nicht mehr nötig.

STYX Du glaubst –?!

SATAN Was hast du denn übrigens zu dem Artikel unseres kleinen Fink gesagt?

STYX *verächtliches Achselzucken.*

SATAN Er war glänzend. Auch Egon – *abbrechend* Du hast was gegen Fink!

STYX Wie sollt ich? Ich kenn ihn kaum – vorläufig. Wir kennen ihn alle nicht. Ein Mädchen aus der Fremde. Eines schönen Tages kommt so ein Jüngelchen daher, – bringt dir ein Stimmungsbild über die Rennen –

SATAN Ein sehr feines. –

STYX Das nächste Mal eine gesellschaftliche Plauderei –

SATAN Sehr geistreich.

STYX Aber ahnungslos. Und nun gar seine politischen Causerien. –

SATAN Sie gefallen unserem Publikum.

STYX Das will nicht viel – *Geste ergänzt:* »*bedeuten*« Hast du übrigens gelesen, wie er heute hergenommen wird, dein kleiner Herr Fink, zusamt dem edeln Grafen?

SATAN Hergenommen –?

STYX Abgetan!

SATAN Inwiefern? Wo? Du weißt, ich lese Zeitungen nur in den dringendsten Fällen.

STYX *bringt ihm die Zeitung* Hier, mein lieber Leodegar.

SATAN *fliegt die Zeitung durch.*

STYX *nimmt eine neue Zigarette* Was hast du dir denn da für eine Sorte angeschafft? Sollten das schon die Folgen der Politik sein?

SATAN *lesend* Der geht ja heftig ins Zeug. Wer kann denn – Vielleicht der alte Leuchter selbst?

STYX Nicht sein Stil.

SATAN Nun, unser kleiner Fink wird schon die richtige Antwort zu finden wissen, darum ist mir nicht bang.

STYX Und Herr Fink wird nicht der einzige sein, der sich getroffen fühlen dürfte. Auch dein Herr Sohn –

SATAN Wieso?

STYX Nun, abgesehen von den allgemeiner gehaltenen Bemerkungen über Snobismus, die ich gar nicht so übel finde, schon mit Hinsicht auf seine freundschaftlichen Beziehungen zu Herrn Fink. – Gestern sind sie zusammen zum Rennen gefahren. Fiaker Numero 714.

SATAN Ich mit der Eisenbahn! –

STYX Ja, die Söhne haben's besser. – Egon hat sogar die Gelegenheit benützt, der Fürstin Wendolin, die ihn herablassend wie immer einer huldvollen Ansprache würdigte, seinen Freund vorzustellen.

SATAN Warum sollte er nicht –? Übrigens – was die Fürstin anbelangt, habe ich dir was zu sagen.

STYX Ach ja, du warst Sonntag zur Audienz befohlen. Nun? –
SATAN Die Fürstin schickt uns dieser Tage eine Anzahl von Bildern, die anläßlich des bevorstehenden Parkfestes in der »Eleganten Welt« erscheinen sollen. Interieurs, Aufnahmen aus dem Park, Ahnenporträts, eigene Bilder usw. Ich wollte dich ersuchen, den begleitenden Text zu verfassen. Aber, wenn ich dich bitten dürfte – *zögert.*
STYX Ich weiß schon, ohne ihre verflossenen Liebhaber aufzuzählen. Ich werde einfach sagen, der Raum unseres Blattes gestattet uns leider nicht –
Egon Satan tritt ein; hübscher, junger Mensch von einundzwanzig Jahren mit absichtlicher, aber im ganzen tadelloser Eleganz gekleidet. Sein Ton manchmal kindisch-hochmütig.

EGON, SATAN, STYX

EGON Guten Morgen, Papa. *Reicht seinem Vater die Hand, Styx grüßt er nur durch ein kurzes Kopfnicken.*
STYX Guten Morgen.
EGON Herr Fink noch nicht hier gewesen?
SATAN Bisher nicht. Warum fragst du?
EGON Hast du die »Gegenwart« gelesen, Papa?
SATAN Allerdings.
EGON Nun, was sagst du?
SATAN *unsicher, mit einem Blick zu Styx* Auf solche Angriffe muß man als Journalist immer gefaßt sein.
EGON *nach kurzer Pause* Ich habe Herrn Fink im Kaffeehaus aufgesucht, aber leider – Du hast vielleicht seine Privatadresse, Papa?
SATAN Nein, die hab ich nicht. Es war bisher niemals – Weißt du etwa, Styx?
STYX Nein. *Zu Egon* Aber ehe ich meine Freunde einer durchlauchtigsten Fürstin vorstelle, möchte ich mich doch erst erkundigen, wo sie wohnen und vor allem, ob sie wirklich so heißen, wie sie behaupten.
EGON Ich verstehe nicht recht, Herr Styx.
STYX Im Adreßbuch sind drei Wohnparteien namens Fink verzeichnet. Mathias Fink, Herrenschneider, Margaretengürtel 15, hat eine verheiratete Tochter und keinen Sohn. Hofrat Fink, Wollzeile 17, kinderloser Junggeselle. Dann Walpurga Fink, Private, Hauptmannswitwe, hat zwei Söhne, einer sie-

ben, der andere fünf Jahre alt. Weitere Finke sind in Wien polizeilich nicht gemeldet. *Pause.*

SATAN *etwas verlegen* Du hast dich um all das gekümmert, Styx?

STYX Liebhaberei. Man könnte beinahe sagen Metier.

EGON *zu seinem Vater, ohne Styx anzusehen* Ein Metier, das Herr Styx in Zukunft vielleicht anderswo mit mehr Erfolg ausüben könnte als in der Redaktion der »Eleganten Welt«.

SATAN Egon!

EGON Wo man fernerhin keiner Spitzeln und Schnüffler benötigen dürfte.

STYX *kühl* Dummer Bub!

EGON Herr –

STYX Bemühen Sie sich nicht, junger Mann. Ich bin seit längerer Zeit satisfaktionsunfähig. Ungefähr ebensolang, als ich der Redaktion der »Eleganten Welt« angehöre. Zufälliges Zusammentreffen – Aber sonst bin ich noch im Besitze von allerlei sehr nützlichen Eigenschaften aus früherer Zeit. *Blick.*

EGON *zuckt die Achseln und wendet sich ab.*

STYX Auf Wiedersehen, Leodegar. Ich geh in die Druckerei hinunter. *Ab.*

SATAN, EGON

Kleine Pause.

SATAN *verlegen, mit dem Versuch streng zu sein* Lieber Egon, du erlaubst dir –

EGON *energisch* Nein, Papa. Du darfst diesen Menschen nicht länger in deiner Umgebung dulden.

SATAN Du bist ungerecht gegen ihn. Gut, er hat einmal Pech gehabt. Unter anderen Umständen –

EGON Man spielt eben nicht über seine Verhältnisse, wenn man Offizier ist. Übrigens, das würde ich noch am ehesten entschuldigen –

SATAN Ich darf von dir verlangen, mein lieber Egon – du bist jung, du hast keinen Einblick –

EGON Aber Papa, dir wäre es doch auch am liebsten, wenn wir ihn los wären. Nur fürchtest du, leider nicht ganz ohne Grund, daß dann gewisse dunkle Punkte in der Vergangenheit der »Eleganten Welt« –

SATAN Wieso dunkle Punkte?

EGON Ach Gott, Papa –

SATAN Mein Sohn, du tust dir ein bißchen zu viel darauf zugute, daß du einmal Gelegenheit hattest, mit der Waffe in der Hand für die Ehre unseres Blattes –

EGON Nicht darauf tu ich mir was zugute, Papa. Aber daß ich es gewissermaßen gegen meine Überzeugung getan habe –

SATAN Niemand hat es von dir verlangt. Ich gewiß nicht.

EGON Trotzdem wirst du kaum behaupten, Papa, daß mein Eintreten unserem Blatte geschadet hätte.

SATAN Das – das – will ich dir ohne weiteres zugeben. Ja, mein Sohn. *Milder, auf ihn zu, die Hand auf seiner Schulter* Es wird dich wahrscheinlich interessieren, daß unsere Verhandlungen in erwünschter Weise ihren Fortgang nehmen.

EGON Das hör ich gern. Aber solltest du nicht wieder ein wenig zu optimistisch sein?

SATAN Ich glaube nicht. Noch heute vormittag steht mir eine wichtige Unterredung bevor.

EGON Mit Veit?

SATAN Nein. Mit dem Grafen Niederhof. *Sieht auf die Uhr* In zehn Minuten wird er hier erscheinen.

EGON *unwillkürlich* Hier?

SATAN *etwas verletzt* Na höre, dieses Lokal dürfte für den Grafen Niederhof eben gut genug sein. Er hat sich in übel berüchtigten herumgetrieben.

EGON Immerhin – den Besuch des Grafen dürftest du doch wohl Herrn Fink zu verdanken haben –

SATAN Du weißt, daß schon vorher unverbindliche Besprechungen mit Leuten, die dem Grafen sehr nahestehen –

EGON Der letzte glänzende Artikel von Fink hat den Ausschlag gegeben, zweifellos.

SATAN Mag sein. Aber was sagst du denn zu den Mitteilungen von Styx über –

EGON Sie überraschen mich nicht weiter. Ich glaube schon lange nicht, daß wir in ihm einen beliebigen Herrn Fink vor uns haben. Meiner Ansicht haben wir es mit –

SATAN Nun?

EGON Mit einem Emissär zu tun.

SATAN Wie?

EGON Die Leute, die das Blatt käuflich an sich bringen wollen, haben ihn in unsere Redaktion gesetzt, um die Verhältnisse an der Quelle zu studieren.

SATAN Woraus schließt du das?

EGON Hast du ihn gestern vielleicht beobachtet, während die Fürstin mit ihm sprach? Und sie selbst, ihre Blicke – ihr ganzes Benehmen? – Ich zweifle nicht, daß sie ihn längst gekannt hat.

SATAN Ein Emissär, hm. Und wenn das so wäre, wie erklärst du dir – *zögernd* Ich habe da früher einen Rohrpostbrief erhalten, von dem ich Styx gegenüber absichtlich keine Erwähnung tat, einen Brief, in dem dein Emissär mich dringend ersucht, heute vormittag das fällige Honorar für ihn bereit zu halten.

EGON Warum sollte ein Emissär nicht in Geldverlegenheiten sein?

SATAN Die Forderung des Herrn Fink beläuft sich auf siebenunddreißig Kronen vierzig Heller. Für einen Emissär –

EGON Wenn jemand eine Rolle spielt, so hat er die Verpflichtung, sie konsequent durchzuführen. Gerade dieser Zug – Im übrigen will ich doch nochmals im Café Dobner nachsehen. *Sieht auf die Uhr* Falls Herr Fink indes hier erscheinen sollte, so hast du wohl die Güte, Papa, ihn zurückzuhalten. *Will gehen.*

SATAN Das werde ich. Und ihm bei dieser Gelegenheit ein wenig auf den Zahn fühlen.

EGON *schon an der Tür* Ich rate dir, vorsichtig zu sein, Papa!

DIENER *bringt eine Karte.*

SATAN Er ist es.

EGON Der Graf Niederhof?

SATAN Ja. Ich lasse bitten.

GRAF NIEDERHOF *tritt ein. Kurze Verneigung.*

SATAN Es ist mir eine besondere Ehre, Herr Graf. Gestatten Sie, daß ich Ihnen meinen Sohn Egon vorstelle –

GRAF Sehr angenehm.

EGON *verbeugt sich. Er stand an der Türe zum Weggehen bereit* Herr Graf –

GRAF Hoffentlich bin ich es nicht, der Sie –

EGON Keineswegs, Herr Graf, ich hatte mich eben empfohlen. *Nochmalige Verbeugung; ab.*

GRAF, SATAN

Graf gegen 40, zwar etwas verlebt, aber doch jünger aussehend; blond, elegant, von einer zuweilen recht hochmütigen Liebenswürdigkeit.

GRAF Schon einen so erwachsenen Sohn, Herr Satan? Das sieht man Ihnen nicht an!

SATAN Zweiundzwanzig Jahre, Herr Graf. Leutnant in der

Reserve, – bei den Dragonern Numero 34.
GRAF *nickt wie beifällig, dann nebenbei fragend* Wir sind uns schon persönlich begegnet, Herr Satan –?
SATAN Ich hatte die Ehre, Herr Graf, vor vier Jahren anläßlich eines Routs auf der amerikanischen Botschaft –
GRAF Natürlich, ich erinnere mich sehr gut. Nun, es freut mich, unsere Bekanntschaft unter so vielversprechenden Umständen erneuern zu dürfen.
SATAN *lädt ihn zum Sitzen ein* Ganz meinerseits, Herr Graf.
GRAF *Platz nehmend* Habe ich mich etwa gar bei Ihnen für den famosen Artikel zu bedanken, der anläßlich meiner vielfach mißdeuteten Parlamentsrede in Ihrem Blatt erschienen ist?
SATAN Leider bin ich nicht in der Lage, eine so schmeichelhafte Anerkennung für mich allein in Anspruch zu nehmen. Der Artikel stammt aus der Feder eines unserer jüngeren Mitarbeiter namens Fink.
GRAF Fink, ja. Ich dachte, das sei ein Pseudonym. Mir ist, als hätte ich es schon einige Male gelesen.
SATAN Wir beschäftigen den jungen Mann bereits seit mehreren Monaten. Mir selbst ist es ja leider nur selten vergönnt, persönlich die Feder zu ergreifen. Ich muß mich meistens damit begnügen, Anregungen zu geben, richtunggebend zu wirken–
GRAF Sie sind das geistige Haupt, ja, so dacht' ich mir's. Doch, um zur Sache zu kommen. Herr Radlmann hat mir, wie Ihnen bekannt ist, im Prinzip seine Geneigtheit zum Verkauf der »Eleganten Welt« zu verstehen gegeben, und daran unter anderm die für uns selbstverständlich sehr willkommene Bedingung geknüpft, daß Sie als der bisherige Redakteur –
SATAN Seit zwanzig Jahren.
GRAF – auch weiterhin im Verbande des Blattes –
SATAN *etwas eilig* Mein Vertrag, der noch weitere drei Jahre läuft, berechtigt, ja verpflichtet mich –
GRAF Natürlich, davon wollt ich eben –
DIENER *tritt ein.*
SATAN *nervös* Was gibt's denn? Sie sehen doch. – Entschuldigen Sie gütigst, Herr Graf. *Steht auf, zum Diener, der in der Nähe der Türe stehen geblieben ist.*
DIENER Herr Fink fragt, ob Herr Satan nichts für ihn hinterlassen haben?
SATAN *sich besinnend* Ach ja. Er möchte gefälligst ein bißchen später – ich bin jetzt beschäftigt.

GRAF Habe ich recht gehört, Fink? Er selbst?
SATAN Der junge Mann kann warten. *Winkt dem Diener, kommt zurück* Herr Graf –
GRAF Aber warum denn? Wenn es Ihnen nicht unangenehm ist, so lassen Sie ihn doch eintreten, Herr Satan. Es wird mich interessieren, ihn persönlich kennenzulernen.
SATAN Wenn Herr Graf erlauben – *Wink an den Diener.*
DIENER *ab.*
GRAF *sieht sich im Zimmer um, beiläufig* Sie haben sich das hier sehr gemütlich eingerichtet.
FLIEDERBUSCH *tritt ein, etwas eleganter als im ersten Akt, fast stutzerhaft, aber keineswegs übertrieben. Er trägt Monokel* Pardon, ich hatte keine Ahnung – –
SATAN Erlauben Herr Graf, daß ich Ihnen unseren jüngsten Mitarbeiter, Herr Fink –
GRAF Sehr angenehm, Ihre persönliche Bekanntschaft zu machen, Herr Fink. *Reicht ihm die Hand, faßt ihn ins Auge* Aber wo habe ich Sie denn nur – Sie kommen mir so bekannt vor.
FLIEDERBUSCH Vielleicht von gestern her. Herr Graf promenierten auf dem Rennplatz an mir vorüber. Ich hatte eben die Ehre, von Ihrer Durchlaucht der Fürstin Wendolin in ein Gespräch gezogen zu werden.
GRAF Richtig. Sie standen mit meiner Cousine unter der Richterloge. Ich hätte Sie mir eigentlich älter vorgestellt, nach Ihren schriftstellerischen Leistungen. Eben nahm ich Gelegenheit, Ihrem Herrn Chef über Ihren Artikel – nicht wahr, Herr Satan? – Famos, wirklich famos!
FLIEDERBUSCH Herr Graf, ich bin glücklich, daß mein bescheidener Versuch Ihren Beifall gefunden hat.
GRAF Zu »Versuchen« solcher Art, Herr Fink, dürfte Ihnen bald in reicherem Maß Gelegenheit geboten werden als bisher. Da die »Elegante Welt« – Herr Satan wird nichts dagegen haben, daß wir die begonnene Unterredung in Ihrer Gegenwart fortsetzen –
SATAN *lädt Fliederbusch ein, Platz zu nehmen; alle sitzen.*
GRAF *fortsetzend* – Da die »Elegante Welt« binnen kurzem – wenn wir uns im übrigen einigen sollten – als Tageszeitung erscheinen wird –
SATAN Herr Radlmann deutete mir bereits an, daß eine solche Absicht –
GRAF *immer bestimmter* Mit einer Wochenschrift wäre uns nicht

gedient. Und nur, um über gewisse Kinderkrankheiten neugegründeter Zeitungen rasch hinwegzukommen, entschloß man sich im Schoße unserer Partei, mit einem bereits bestehenden Unternehmen in Verbindung zu treten. Ich habe mir erlaubt, die Aufmerksamkeit meiner Freunde gerade auf Ihr Blatt zu lenken mit dem Hinweis, daß es sich gerade in denjenigen Kreisen einer besonderen Verbreitung erfreut, deren Tendenzen, deren Weltanschauung, wenn ich so sagen darf, unser neues Blatt mit aller Entschiedenheit zu verfechten gedenkt.

SATAN In diesem Zusammenhange darf ich vielleicht erwähnen, daß die »Elegante Welt« nicht nur in den Kreisen des Hofs, des Adels, der haute Finance, sondern, wie aus unserer Abonnentenliste zu ersehen, auch von Mitgliedern des höheren und höchsten Klerus gern gelesen wird. *Überreicht dem Grafen ein Heft, das auf dem Schreibtisch lag.*

GRAF *flüchtig, blätternd, nickt* Das ist sehr schön. – Nun wird es natürlich darauf ankommen, diesen Leserkreis nicht nur zu erhalten, sondern auch entsprechend zu erweitern. Wir können uns ja nicht verhehlen, meine Herren, daß unsere politischen Gegner vorläufig über eine besser fundierte und auch besser organisierte Presse verfügen als wir, und es scheint wirklich hohe Zeit, der journalistischen Betriebsamkeit, welche im andern Lager entfaltet wird, durch entsprechende Bemühungen ein wirksames Paroli zu bieten. Und wenn auch die Gebiete, auf denen Ihr Blatt bisher tonangebend war, Sport, Mode, gesellschaftliches Leben, in Hinkunft keineswegs vernachlässigt oder gar ausgeschaltet werden sollen, so halten wir es doch für sehr wünschenswert, daß die Reformierung der »Eleganten Welt«, ihre Politisierung, wenn ich so sagen darf, schon in einem neuen Titel zu möglichst klarem Ausdruck gelange.

SATAN Auf diese Eventualität, Herr Graf, war ich so sehr vorbereitet, daß ich über eine solche Titeländerung bereits nachgedacht und mir erlaubt habe, einige zur gefälligen Auswahl aufzunotieren. *Wieder zum Schreibtisch, bringt dem Grafen ein Blatt Papier.*

GRAF *liest* Niniche – Miss Harriet –

SATAN Pardon – das sind Tips für die morgigen Rennen. *Wieder zum Schreibtisch, sucht unter Papieren.*

GRAF *sachlich* Miss Harriet für die große Steeple-Chase?

SATAN Herr Graf glauben nicht? Nach dem Rennen vom letzten Sonntag –
GRAF Das zählt nicht. Das war falsch.
SATAN Und darf man vielleicht wissen –
GRAF Ich glaube nur an Fiebertraum.
SATAN Fiebertraum?
GRAF Butters reitet ihn. Unfehlbar bin ich freilich nicht, wie ich oft zu meinem Mißvergnügen erfahren mußte, aber – *in ernsterem Ton* aber ich glaube, wir sind von unserem Thema ein wenig abgekommen. Sie wollten uns Titel zur Wahl vorschlagen.
SATAN Ja, hier. *Steht am Schreibtisch mit einem Blättchen in der Hand* Wie dächten Herr Graf über »Fromme Seelen«? Oder noch schlagkräftiger: »Die christliche« – oder ganz einfach – »Die katholische Welt«?
GRAF *unwillkürlich lächelnd* Ich verkenne nicht Ihr tiefdringendes Verständnis für unsere Bestrebungen, aber ich fürchte, daß den von Ihnen in Vorschlag gebrachten Titeln keine genügende werbende Kraft innewohnt; – in journalistisch-geschäftlichem Sinne meine ich. Dazu kommt, daß das Publikum gerade mit den von Ihnen vorgeschlagenen Bezeichnungen manchmal, wenngleich mit Unrecht, Begriffe zu verbinden pflegt, die, so schätzenswert sie dem Ethiker erscheinen mögen, für den politischen Kampf doch weniger in Betracht kommen; Begriffe wie – Nachsicht, Demut und dergleichen. Ich will aber gar kein Hehl daraus machen, daß wir in dem neuen Tageblatt gerade Artikeln einer gewissen schärferen, sozusagen militanten Tonart den Vorzug zu geben gedenken, Artikeln von der Art etwa, wie sie Ihrem jungen Mitarbeiter *höfliche Handbewegung zu Fliederbusch* besonders liegen dürften.
FLIEDERBUSCH *leuchtend* Ich bitte vollkommen über mich zu verfügen, Herr Graf.
GRAF Ich danke, Herr Fink. Ihrem Talent wird sich ein weites Feld eröffnen. Unsere Gegner sind ja bisher, wie ich schon bemerkt habe, energischer und erfolgreicher gewesen als wir. Wenn wir die Sache historisch betrachten, so hallen ihre ebenso hohlen als verführerischen Phrasen seit den Zeiten der Französischen Revolution durch die Welt. Freiheit, Gleichheit, Brüderlichkeit –! Wo ist der Flachkopf, der diese Worte nicht zu verstehen glaubte, – der arme Schlucker, dem sie nicht Erlösung aus seinem Elend zu bedeuten schienen, –

wo der Volkstribun, der sein Publikum damit nicht zu fangen vermöchte? Die Seichtigkeit macht hier wie so oft den weithintragenden Erfolg. Und zu den klingenden Dauerphrasen, wenn ich so sagen darf, gesellen sich die Schlagworte des Augenblicks, politische und philosophische, die einander ergänzen und auf die ich – *zu Fliederbusch* Ihre Aufmerksamkeit nicht erst im einzelnen zu lenken brauche.

FLIEDERBUSCH Ich brenne geradezu darauf, die Leitmotive, die ich in dem von Ihnen gütigst bemerkten Artikel anschlagen durfte, Herr Graf, bei nächster Gelegenheit in reicheren und kühneren Modulationen durchzuführen.

GRAF Ich nenne nur aufs Geratewohl ein paar Worte, die unsere Gegenpartei mit Vorliebe auf ihre Fahne zu schreiben liebt: Freie Schule, – Zivilehe –

SATAN *lacht höhnisch.*

GRAF Individualismus, – Recht der Persönlichkeit und so weiter. Sie ahnen schon die Fülle der Themen, Herr Fink, die sich einem streitbaren Geiste darbieten, der entschlossen ist, sich mit Entschiedenheit auf die Seite jener Tendenzen zu stellen, die wir im Gegensatz zu den destruktiven kurz und bündig die staatserhaltenden nennen wollen.

FLIEDERBUSCH Herr Graf, ich weiß kaum, wie ich Ihnen für alle diese wertvollen Anregungen danken soll.

GRAF Ich hoffe mich bald überzeugen zu dürfen, daß sie auf fruchtbaren Boden gefallen sind.

FLIEDERBUSCH Schon die nächste Nummer unseres Blattes – *mit Betonung* so Gott will – soll es Ihnen beweisen, Herr Graf.

GRAF –?

FLIEDERBUSCH Es ist Ihnen wahrscheinlich entgangen, Herr Graf, daß ich, daß – entschuldigen Herr Graf meine Kühnheit – daß wir beide, Sie, Herr Graf, und ich, auf Grund meines letzten Artikels in ziemlich rüder Weise angegriffen worden sind.

GRAF So? – Wo denn?

FLIEDERBUSCH In der »Gegenwart«.

GRAF Ah –? Die pfleg' ich nicht zu lesen.

SATAN Auch diesmal kaum der Mühe wert.

FLIEDERBUSCH Nun darüber – *Geste ergänzt: »ließe sich streiten«* – – Jedenfalls habe ich die Absicht, eine geharnischte Erwiderung zu verfassen, und diese Erwiderung, Herr Graf, soll zugleich ein Programm – das Programm Ihres, unseres neuen Blattes,

sie soll, wenn ich so sagen darf, den Kampfruf unserer Partei bedeuten.
GRAF Das ist ja famos. Das kann ja wirklich –
STYX *tritt ein* Ich bitte um Entschuldigung.
GRAF Oh! *Erkennt ihn, steht auf, auf ihn zu.*
STYX *ruhig* Sie irren, Herr Graf, ich bin es nicht. Styx ist mein Name.
SATAN Ein langjähriger und verdienter Mitarbeiter der »Eleganten Welt«.
GRAF *unmerklich lächelnd* Sehr erfreut, Herr Styx.
STYX Herr Radlmann ist soeben vorgefahren und erwartet die Herren in der Druckerei.
SATAN Wir wollen ihn –
GRAF *mit abwehrender Handbewegung* In der Druckerei? Das trifft sich ja sehr gut. Es würde mich interessieren, auch diese Lokalitäten kennenzulernen. Wenn Sie nichts dagegen haben, Herr Satan, wollen wir vielleicht gleich hinunter. Wir können dann alles Weitere –
SATAN Wie's beliebt, Herr Graf.
GRAF Also, mein lieber Herr Fink, wir sprechen uns bald wieder – und ausführlich. Auf Ihre Entgegnung *mit Betonung* auf Ihr Programm – wie sagten Sie doch? – auf Ihren Schlachtruf bin ich sehr begierig und hoffe, daß ich ihn vor Drucklegung zu sehen bekomme. Wir können dann vielleicht gewisse Einzelheiten noch gemeinsam feststellen.
FLIEDERBUSCH Herr Graf –
SATAN *sauersüß* Adieu, lieber Fink.
Graf zuerst, dann Satan ab, Styx folgt ihnen, wendet sich an der Türe noch einmal um, betrachtet Fliederbusch mit einem sonderbaren, halb zweifelnden, halb pfiffigen Blick, dann geht er gleichfalls.
FLIEDERBUSCH *allein* Ein faszinierender Mensch! Ist das nicht Schicksalsfügung? Wenn ich denke, daß ich vor einer Stunde dieses Haus nur betreten habe, um mir mein Geld zu holen – das ich übrigens noch immer nicht habe – und niemals wiederzukehren! Schicksalsfügung! Nun weiß ich, wohin ich gehöre. Hier ist mein Platz, – bei der Eleganten – bei der *zögernd* katholischen Welt. Nun hat es sich endgültig entschieden. Und nun wollen wir sofort das Programm entwerfen, den Schlachtruf; – ah, da ist ja – *Er nimmt die »Gegenwart« zur Hand, die Satan auf dem Schreibtisch liegen ließ, liest für sich, schüttelt*

den Kopf Zu dumm! *Liest laut* »Wo er nichts zu suchen hat –«
»– sich gebärdet, als wenn er dazu gehörte –« Wer gebärdet
sich? Unverschämtheit! – »Bereit, seine Mutter zu verleugnen –« »– verachtet und verhöhnt wird zum Lohn –« Wer
wird verhöhnt? Wer wird verachtet? Na warte! Dir soll gehörig heimgeleuchtet werden! Flieder – Wieso? Ich weiß ja
nicht einmal, wie der Kerl heißt. Kümmert mich auch nicht.
Ein Anonymus – Ein feiger Anonymus – *Er denkt nach, dann
beginnt er eifrig zu schreiben.*

STYX *tritt ein* Verzeihen Sie, Herr Fink, wenn ich störe.

FLIEDERBUSCH *macht eine höflich verneinende Bewegung.*

STYX Wohl eine Entgegnung auf den heutigen Angriff in der
»Gegenwart«?

FLIEDERBUSCH Ein paar Zeilen. Es wird rasch geschehen sein.

STYX »Snob« – »Albern würdeloser Snob!« – Ein hartes Wort!

FLIEDERBUSCH *etwas irritiert* Ich – erwidere soeben. *Schreibt weiter.*

STYX Sie wünschen die Auszahlung Ihres rückständigen Honorars – siebenunddreißig Kronen fünfzig. Herr Satan erlaubt
sich hiermit – Darf ich um gefällige Bestätigung ersuchen?
Legt ihm ein Blatt hin.

FLIEDERBUSCH *unterschreibt.*

STYX *steckt das Papier ein* Danke. Und Sie wünschen – wieviel?

FLIEDERBUSCH *sauer lächelnd* Ich denke, Sie haben ja selbst –
siebenunddreißig Kronen fünfzig Heller.

STYX *zählt umständlich auf* Zehn, zwölf, vierzehn – Sie würden mir
übrigens einen Gefallen erweisen, wenn Sie mir etwa die
Hälfte leihweise zur Verfügung stellten.

FLIEDERBUSCH Es ist mir wahrhaftig nicht leicht.

STYX Bis morgen nach dem Rennen, auf Ehrenwort. Ich will
Ihnen auch gern einen Tip geben.

EGON *eilig herein, sieht Fink, Styx nicht* Endlich – *Wie er Styx sieht,
schweigt er.*

STYX *lacht; steckt auch das übrige ein* Ich setze gleich für Sie, das ist
noch einfacher. Nun muß ich mich leider empfehlen. Recherchen, lieber Herr Fink. – Immer Recherchen. Manchmal
wirklich nur aus Liebhaberei. *Er geht.*

EGON, FLIEDERBUSCH

EGON Ich suche Sie seit drei Stunden, Herr Fink. Haben Sie
den Artikel in der »Gegenwart« gelesen?

FLIEDERBUSCH Allerdings, – und bin eben daran, nach Gebühr zu erwidern.
EGON Wie meinen Sie? Erwidern? Sie scherzen wohl, Herr Fink.
FLIEDERBUSCH Inwiefern?
EGON Brauche ich Ihnen zu sagen, Herr Fink, daß es kaum angeht, auf Invektiven solcher Art zu erwidern?!
FLIEDERBUSCH Sie finden –?
EGON Hier gibt es wohl nur eine gebührende Antwort.
FLIEDERBUSCH –?
EGON Vor die Pistole den Kerl!
FLIEDERBUSCH Wie?
EGON Einen Snob, verzeihen Sie, daß ich wiederhole, einen würdelos albernen Snob hat man Sie genannt.
FLIEDERBUSCH *etwas verwirrt* Mich?
EGON So was läßt sich nicht mit Tinte abwaschen.
FLIEDERBUSCH Warum nicht? Es kommt nur auf die Tinte an. Sie werden ja lesen, lieber Egon.
EGON Ich werde nicht lesen, Herr Fink, denn Sie werden nicht schreiben. Sie gehören dem Redaktionsstab der »Eleganten Welt« an, Sie werden sich schlagen.
FLIEDERBUSCH Mit einem Anonymus? Die Sache dürfte ihre Schwierigkeiten haben.
EGON Binnen einer Stunde werden wir erfahren haben, wie Ihr Beleidiger heißt.
FLIEDERBUSCH Wie sollte das –
EGON Sie haben Freunde glücklicherweise. Da wir Sie im Café nicht fanden, und uns Ihre Privatadresse nicht bekannt ist –
FLIEDERBUSCH *hastig* Ich bin in Übersiedelung begriffen, ich wohne solange im Gasthof.
EGON Ich bitte, es ist nicht meine Absicht, mich in Geheimnisse zu drängen, deren tiefere Bedeutung ich vielleicht zu ahnen vermag. Jedenfalls wäre uns eine Verschleppung der Angelegenheit gerade in dem jetzigen Entwicklungsstadium der »Eleganten Welt« nicht opportun erschienen, und daher haben wir uns erlaubt, die Angelegenheit auf eigene Faust in Gang zu bringen.
FLIEDERBUSCH Wir?
EGON Kollege Wöbl hat sich bereits in die Redaktion der »Gegenwart« verfügt, um den Namen Ihres Beleidigers in Erfahrung zu bringen.
FLIEDERBUSCH Man wird ihn nicht nennen.

EGON Warten wir ab.
FLIEDERBUSCH Man wird uns auf den Klageweg verweisen. Bedenken Sie doch, ein liberales, ein demokratisches Blatt! Das Pack schlägt sich ja nicht.
EGON So werden Sie den Kerl eben ohrfeigen.
FLIEDERBUSCH Den Anonymus?
EGON Oder den verantwortlichen Redakteur, – wen immer. Jedenfalls –

WÖBL *tritt ein. Groß, stark, athletisch, aufgedrehter schwarzer Schnurrbart, breites, gezwungenes Hochdeutsch, verfällt leicht wieder in Dialekt.*
EGON, FLIEDERBUSCH

WÖBL Servus, Egon. Meine Hochachtung, Herr von Fink. Es kann angehen, meine Herren. Wir haben ihn schon, selbstredend. Fliederbusch heißt die Kanaille.
EGON Na also, das ist ja geschwind gegangen.
WÖBL Hast eine Zigaretten, Egon? Ah da. *Nimmt aus der Kassette eine Zigarette, zündet sie an.*
FLIEDERBUSCH Man hat Ihnen ohne weiteres den Namen genannt, Herr Wöbl?
WÖBL Ohne weiteres kann ich nicht sagen. Aber da war glücklicherweise ein Herr anwesend, ein alter Couleurbruder von mir; ja, hat man ihm auch nicht an der Wiege gesungen, daß er in so einem Judenblatt enden wird, mein Freund Obendorfer.
FLIEDERBUSCH *vor sich hin* Obendorfer.
WÖBL Also, der hat die Herren daran erinnert, die zuerst was vom Redaktionsgeheimnis geschwalbelt haben, daß der Verfasser ausdrücklich erklärt hat, alle Konsequenzen zu tragen. Na, und da hat man sich eben anders entschlossen und mir erklärt, daß der Verfasser Herr Fliederbusch heißt und zwischen halb zwei und zwei mit Sicherheit in der Redaktion anzutreffen ist.
FLIEDERBUSCH Mit Sicherheit. So –
WÖBL Um halb zwei.
EGON *sieht auf die Uhr* Um halb zwei. *Sie betrachten Fliederbusch, wartend.*
FLIEDERBUSCH Eine nette Gesellschaft, das muß man sagen.
EGON Wieso?
FLIEDERBUSCH Einfach ausliefern, einen Kollegen? Ich finde –

EGON Da der Verfasser selbst ausdrücklich erklärt hat, die Konsequenzen auf sich zu nehmen, kann doch nicht von Ausliefern die Rede sein!

FLIEDERBUSCH Immerhin –

WÖBL Und uns kann's jedenfalls recht sein.

EGON Es ist dreiviertel eins, wir sind Ihrer Weisungen gewärtig, Herr Fink.

FLIEDERBUSCH Ich danke Ihnen, meine Herren.

EGON Sie ermächtigen uns, Herrn Fliederbusch Ihre Forderung zu überbringen?

FLIEDERBUSCH Jawohl. Ich ermächtige Sie, meine Herren.

WÖBL Können S' gut fechten, Herr von Fink?

EGON Von Säbeln kann in unserem Fall überhaupt nicht die Rede sein. Darin sind Sie wohl meiner Ansicht, Herr Fink?

FLIEDERBUSCH Vollkommen. Säbel sind ausgeschlossen.

EGON Nicht wahr! Lange genug haben die Journalistenduelle als Farce gegolten. Das soll endlich aufhören, zum mindesten, wenn man es wagt, einen Mitarbeiter der »Eleganten Welt« zu insultieren. Und man hat Sie insultiert, Herr Fink! Und uns alle mit. – Es kommen nur Pistolen in Frage.

FLIEDERBUSCH Unbedingt. Pistolen.

WÖBL Selbstredend.

EGON Dreimaliger Kugelwechsel.

FLIEDERBUSCH Mindestens.

EGON Distanz dreißig Schritt mit Vorrücken bis zwanzig.

FLIEDERBUSCH Mit Vorrücken bis zwanzig.

WÖBL Die andern Sekundanten haben allerdings auch etwas zu reden.

EGON Nicht viel, dafür werden wir schon sorgen. Sie geben uns Vollmacht, Herr Fink?

FLIEDERBUSCH Vollmacht. Uneingeschränkte Vollmacht.

EGON Sie erwarten uns hier, Herr Fink?

FLIEDERBUSCH Ich erwarte Sie! –

EGON In einer Stunde können wir wieder zurück sein.

FLIEDERBUSCH Ich weiche nicht von der Stelle. Ich zucke nicht mit der Wimper.

EGON Auf Wiedersehen, Herr Fink!

WÖBL Werden's schon machen, Herr von Fink.

FLIEDERBUSCH *reicht beiden die Hand* Auf Wiedersehen, meine Herren. *Egon und Wöbl ab.*

FLIEDERBUSCH *bleibt allein zurück. Zuerst wie starr. Lacht plötzlich auf. Dann wieder ernst. Zum Fenster, grüßt die Wegfahrenden, ins Zimmer zurück, lächelt, wird ernster, überlegt, zur Türe, bleibt stehen, schüttelt den Kopf* Nein, das hätte ja – *Geste ergänzt: gar keinen Sinn* Da müßt ich mich ja zu erkennen geben. Und dazu – *Es fällt ihm jetzt ein* müßt ich vor allem selber einmal wissen, wer ich bin. *Schüttelt den Kopf, überlegt* Ich hätte vielleicht doch nicht gleich so grob mit mir werden sollen. Auf diese Konsequenzen war ich allerdings – *Er lacht, dann wieder ernst* Aber nun ist es einmal geschehen, und ich muß mich entscheiden. – Muß ich? – Muß ich wirklich? Wenn nicht heute, morgen – oder übermorgen. Und wie wird man – *Überlegt wieder* Es war ein Spaß. Ja. – Aber wer hat den Spaß gemacht? Fink oder Fliederbusch? Das ist die Frage! Ein Fliederbusch, den es gelegentlich juckt, einen Fink zu spielen –? Oder ein geborener Fink, der nur durch einen Irrtum des Schicksals als ein Fliederbusch auf die Welt gekommen ist –? Hm. – Und wenn es kein Spaß wäre –? Es ist ja auch keiner. Aber man versuche das den Leuten – *Geste: klarzumachen* Keine Übereilung, das ist das Wichtigste. Und jedenfalls muß ich vor allem in der Redaktion der »Gegenwart« meine Abwesenheit irgendwie entschuldigen. *Rasch zum Telephon; in diesem Augenblick, ehe er anklingelt, öffnet sich die Türe rechts.*

FÜRSTIN PRISKA *erscheint, etwa siebenunddreißig, hübsch, in keiner Weise chargiert, weder im Benehmen noch in Kleidung. Hinter ihr* FRANZ, *der Kammerdiener, mit einem Paket.*

FÜRSTIN *zum Redaktionsdiener, noch in der Türe* Man hat mir doch unten beim Portier gesagt, daß der Herr Satan –
FLIEDERBUSCH *ihr entgegen, verneigt sich tief.*
FÜRSTIN *weiter herein* Ah – *Erkennt ihn nicht gleich.*
FLIEDERBUSCH *sich vorstellend* Fink! Ich hatte gestern das Glück, Durchlaucht –
FÜRSTIN Freilich, beim Rennen, ich erinnere mich schon. Ist der Herr von Satan nicht anwesend?
FLIEDERBUSCH Er ist meines Wissens unten in der Druckerei. Ich werde sofort –
DIENER Der Herr Satan ist soeben mit dem Herrn Grafen weggefahren.
FÜRSTIN So, das ist aber schad'. Geben Sie das Paket her, Franz. Das sind nämlich die Bilder, um die mich der Herr von Satan

neulich ersucht hat. Er wird Ihnen vielleicht schon was gesagt haben, Herr von Fink?
FLIEDERBUSCH Gewiß, Durchlaucht. *Er nimmt das Paket von ihr in Empfang.*
FÜRSTIN Im Wagen unten ist mir eingefallen, wenn ich schon da bin, könnte ich das Nähere gleich mündlich mit ihm besprechen.
FLIEDERBUSCH Wenn Durchlaucht etwa mir – ich werde alle Wünsche von Euer Durchlaucht aufs genaueste übermitteln.
FÜRSTIN Ja, das ging auch. Sie können indessen draußen warten, Franz.
Franz und der Diener ab.

FÜRSTIN, FLIEDERBUSCH

FLIEDERBUSCH *hat das Paket auf den Schreibtisch gelegt* Wenn Durchlaucht vielleicht – *Bietet ihr das Fauteuil zum Sitzen an; er selbst steht vor dem Schreibtisch und öffnet das Paket.*
FÜRSTIN Ja, machen Sie's nur auf, Herr von Fink. Mit was für einem Grafen ist denn der Herr von Satan weggefahren? Mit dem Grafen Niederhof wahrscheinlich?
FLIEDERBUSCH Jawohl. Durchlaucht sind gewiß informiert? Es stehen unserem Blatt bedeutsame Veränderungen bevor.
FÜRSTIN Ja, ich weiß. Mein Herr Vetter will jetzt unter die Journalisten gehen. Na, warum nicht? Das ist sowieso das einzige, was er noch nicht probiert hat.
FLIEDERBUSCH *noch immer mit dem Paket beschäftigt* Soeben hatte ich die Ehre, dem Herrn Grafen persönlich vorgestellt zu werden. Die Stunde wird mir unvergeßlich bleiben. Ein faszinierender – *Er will zuerst Mensch sagen* Graf – und ein fabelhaft hinreißendes Temperament. Unsere Zeitung geht unter seiner Ägide einer großen Zukunft entgegen.
FÜRSTIN Glauben Sie?
FLIEDERBUSCH Ich bin fest davon überzeugt. Und da ja auch Seine Durchlaucht, der Fürst Wendolin – wie ja kein Geheimnis mehr ist – der Umgestaltung der »Eleganten Welt« nicht ganz fernsteht. –
FÜRSTIN Ja, Geld soll er dazu hergeben. *Sich unterbrechend* Also, da wären die Bilder, Herr von Fink, die ich dem Herrn von Satan versprochen habe. Wir sind nämlich schon alte Freunde, der Herr von Satan und ich. Ich hab Ihr Journal gerne, es ist

ein sehr amüsantes Blatt. Besonders die Geschichten aus der Kulissenwelt, die studier' ich immer mit viel Vergnügen. Zuweilen ein bisserl équivoque, aber – Schreiben Sie die vielleicht?

FLIEDERBUSCH Nein, Durchlaucht, ich bin für den politischen Teil engagiert.

FÜRSTIN So – Politik –? Na ja, muß auch sein. – *Nimmt wieder die Bilder* Das ist die vordere Ansicht vom Schloß. Man sieht's nicht von draußen. Es steht ganz tief im Park drin.

FLIEDERBUSCH Eine entzückende Fassade!

FÜRSTIN 1760 gebaut von einem Schüler von Fischer von Erlach, Matthias Bronner.

FLIEDERBUSCH *das Bild kennerhaft musternd* Kommt dem Meister sehr nahe.

FÜRSTIN Der wär mehr geworden als der Fischer von Erlach. Aber er ist schon mit dreißig Jahren gestorben.

FLIEDERBUSCH *bedauernd* Oh –

FÜRSTIN Sie brauchen mir nicht zu kondolieren. Heut' wär er jedenfalls schon tot. – *Auf ein anderes Bild* In dem Rondell wird unsere Vorstellung stattfinden.

FLIEDERBUSCH Im Freien?

FÜRSTIN Natürlich. *Weisend* Da werden die lebenden Bilder gestellt und da – das sind nämlich Taxushecken – da sitzt das Publikum. Vor bald hundert Jahren ist genau auf demselben Fleck auch Theater gespielt worden. Damals hat meine Urgroßmutter mitgewirkt, Elisabeth Charlotte. Auch schon tot, wie der Bronner. Die ist aber neunzig alt worden.

FLIEDERBUSCH Es ist ein wahrhaft hochherziger Entschluß von Euer Durchlaucht, den Park dem Volk zu eröffnen.

FÜRSTIN Gegen zwanzig Gulden Entree – Ob da das Volk viel davon haben wird – Übrigens, wenn's nach mir ging, hätt' ich den Park längst fürs Publikum freigegeben, ganz frei. Ich lebe ja doch die meiste Zeit auf Strebowitz, wenn ich nicht auf Reisen bin, – und für den Fürsten ist das Wiener Klima Gift.

FLIEDERBUSCH Seine Durchlaucht ist leidend?

FÜRSTIN Aufgegeben. Seit zehn Jahren. Aber es geht ihm ganz gut. – *Mit einem neuen Bild* Hier habe ich das Vergnügen, Ihnen Elisabeth Charlotte, geborene Freifrau von Eberswald, vorzustellen. Die, die mitgewirkt hat vor hundert Jahren. Auf dem Wiener Kongreß hat sie überhaupt eine große Rolle gespielt. Der König von Dänemark hat ihr den Hof gemacht. Man darf schon davon reden, weil's ja längst in den Büchern steht. Sie war nicht die einzige. Er auch nicht. Die Könige und die Urgroßmütter sind schon so. *Lacht leise.*

FLIEDERBUSCH *lacht auch.*

FÜRSTIN Auf dem Bild sieht sie gar nicht aus wie eine Urgroßmutter, nicht wahr? Der Fuggersburg hat sie gemalt.

FLIEDERBUSCH *verständnisvoll* Ah, Fuggersburg –

FÜRSTIN Man findet allgemein, daß ich meiner Urgroßmutter frappant ähnlich sehe. Finden Sie auch, Herr von Fink?

FLIEDERBUSCH Fabelhaft! Geradezu ein Naturspiel!

FÜRSTIN Und bei unserm Fest trag ich genau dasselbe Kostüm. Sogar in den gleichen Farben. Die können Sie hier natürlich nicht sehen, da müßten Sie das Original kennen. Verstehen Sie was von Malerei?

FLIEDERBUSCH Ein wenig.

FÜRSTIN Unsere kleine Galerie ist zwar im allgemeinen nicht zugänglich, aber wenn es Sie interessiert, können Sie sich die Sammlung einmal anschaun.

FLIEDERBUSCH Durchlaucht –

FÜRSTIN Und vielleicht ein paar Zeilen darüber schreiben. Mein Freund Satan will ja ohnedies aus Anlaß unseres Festes einen Aufsatz drucken über Schloß und Park Wendolin. Er soll halt Sie schicken, Herr von Fink.

FLIEDERBUSCH Durchlaucht, ich wäre glücklich –

FÜRSTIN Je mehr Reklame, um so besser. Wir wollen viel einnehmen für unsern wohltätigen Zweck. Heut ist übrigens auch schon was erschienen. Sehr brav geschrieben. Von einem gewissen Kajetan.

FLIEDERBUSCH Kajetan –

FÜRSTIN Ein sehr talentierter junger Dichter. Der schreibt uns auch den verbindenden Text zu den lebenden Bildern. *Wieder auf ein Bild weisend* Das ist ein Porträt von mir. *Telephonzeichen* Die letzte Aufnahme.

FLIEDERBUSCH Vortrefflich! *Wieder Telephonzeichen.*

FÜRSTIN Bitte, lassen Sie sich nicht stören.

FLIEDERBUSCH Wenn Durchlaucht gestatten – *Nimmt das Hörrohr.*

FÜRSTIN *steht auf, geht im Zimmer hin und her und betrachtet mit dem Lorgnon die an den Wänden hängenden Bilder.*

FLIEDERBUSCH Hier Redaktion der »Eleganten Welt«. Fink, ja-

wohl. – Gewiß. – Oh, Herr Wöbl. – Wie, er war nicht erschienen? *Zur Fürstin* Bitte um Entschuldigung, Durchlaucht.
FÜRSTIN *Geste: er möge sich nicht stören lassen. Vor den Bildern, immer mit dem Lorgnon, bei einigen nickt sie, als wenn sie sich an das Original erinnerte.*
FLIEDERBUSCH *am Telephon* Wie? – Einverstanden? – In seinem Namen? – Abgemacht? – Ah! – Obendorfer? – Und wer soll denn der andere Sekundant sein? – Füllmann? – Nein, woher soll ich den Namen kennen?
FÜRSTIN *wird aufmerksam.*
FLIEDERBUSCH Sofort einverstanden? – Auch gegen die Pistolen hat man keinen Einwand erhoben? – Um so besser. – Warum nicht? – Zwölf Uhr mittags? – Natürlich. – *Zur Fürstin* Bitte um Entschuldigung, Durchlaucht. *Am Telephon* Ich verstehe nicht – Prater – Ach so, Praterauen – Das ist mir ganz egal – Ja – Natürlich warte ich hier – Danke. – Adieu. – *Klingelt ab, mit gespielter Leichtigkeit* Bitte nochmals tausendmal um Entschuldigung, Durchlaucht. – Um also auf die Illustrationen zurückzukommen – es wird sich nämlich darum handeln –
FÜRSTIN War da nicht von Pistolen die Rede?
FLIEDERBUSCH *lächelnd, beiläufig* Unter anderm.
FÜRSTIN *auch lächelnd* Ein Duell?
FLIEDERBUSCH *als verstünde er nicht* Wieso, Durchlaucht –? Ach, wegen der Pistolen. Durchaus nicht, es handelt sich um eine sportliche Konkurrenz. *Leicht* Ich denke, Durchlaucht, daß auf der ersten Seite das Porträt von Euer Durchlaucht erscheinen sollte, da doch die ganze Nummer gewissermaßen –
FÜRSTIN *unterbrechend, interessiert* Also, ein Duell hat man –?! Was haben wir denn ang'stellt? Einem eifersüchtigen Gatten das angetraute Weib abspenstig gemacht oder gar ein unschuldiges Mäderl vom Pfad der Tugend weggelockt?
FLIEDERBUSCH Durchlaucht –
FÜRSTIN Entschuldigen Sie, Herr Fink, ich will nicht indiskret sein, aber unter diesen Umständen möchte ich Sie nicht länger aufhalten, Sie werden jetzt was Wichtigeres zu tun haben.
FLIEDERBUSCH Keineswegs, Durchlaucht. Nichts kann mir wichtiger sein als –
FÜRSTIN *abwehrend* Also grüßen Sie mir den Herrn von Satan, er soll sich von den Bildern aussuchen, was ihm paßt. Steht alles zu seiner Verfügung.

FLIEDERBUSCH Ich hätte eine Idee, Durchlaucht. Wenn man das Porträt von Euer Durchlaucht und das von – Elisabeth Charlotte nebeneinander bringen würde, das eine rechts, das andere –
FÜRSTIN Das möcht' sich vielleicht ganz gut machen.
FLIEDERBUSCH Und den Text dazu will ich für alle Fälle noch im Lauf des heutigen Tages schreiben.
FÜRSTIN Es eilt ja nicht so mit dem Text. Es dauert ja noch vierzehn Tage bis –
FLIEDERBUSCH *Gebärde: Man kann nicht wissen.*
FÜRSTIN *verstehend* Ach so! – *Betrachtet ihn mit Interesse und Wohlgefallen* Nein, ich will Sie wirklich nicht – Vor so einer Sache – ja, ich weiß schon – vor so einer sportlichen Konkurrenz hat man ja doch allerlei –
FLIEDERBUSCH Ich habe nichts als meinen Beruf, Durchlaucht, und ich bin glücklich, daß es gerade – diese Arbeit ist –
FÜRSTIN *lächelnd* Nur Ihren Beruf –? Keine Freunde, – Freundinnen?
FLIEDERBUSCH *schüttelt den Kopf.*
FÜRSTIN Aber – Verwandte? Sie haben doch wahrscheinlich noch Ihre Eltern? Nicht vielleicht, daß ich mir vorstellen könnte – Ganz im Gegenteil. Ich bin überzeugt, es wird alles glänzend gehn – bei der sportlichen Konkurrenz.
FLIEDERBUSCH *vornehm heiter* Kleine Unfälle sind bei solchen Veranstaltungen nie ganz ausgeschlossen, Durchlaucht. Aber, was meine Eltern anbelangt – so leben sie nicht hier. Sie leben auf dem Land, auf einer kleinen Besitzung, – einer Art Bauerngut. – Sieben Stunden mit dem Personenzug. Also, es wär auch beim besten Willen keine Zeit mehr –
FÜRSTIN Wann soll sie denn stattfinden, Ihre Konkurrenz?
FLIEDERBUSCH Morgen um die Mittagsstunde.
FÜRSTIN Ah, richtig, ich hab ja gehört. Also, da wünsch' ich Ihnen – aber das soll man ja nicht bei solchen Gelegenheiten. So sag ich halt nur – Auf Wiedersehen, Herr von Fink!
FLIEDERBUSCH *zuckt leicht die Achseln* Auf Wiedersehen, Durchlaucht.
FÜRSTIN *reicht ihm die Hand.*
FLIEDERBUSCH *küßt die Hand, dann mit einem raschen Entschluß, etwas hastig* Wenn ich – wenn ich vielleicht um die besondere Gnade bitten dürfte, den Text meines Artikels nach Fertigstellung Euer Durchlaucht zur Prüfung vorzulegen. – Für

den Fall, daß sich kleine Änderungen als wünschenswert ergeben sollten – Ich muß ja doch gewissermaßen aus der Phantasie –

FÜRSTIN Ach ja, Sie kennen den Park gar nicht. So kommen Sie vielleicht heut' – nein, heut abend geht's leider nicht. Kommen Sie morgen früh. Ich bin sehr matinal. Und wenn ich schon ausgeritten sein sollte – ich werd' Auftrag geben, daß man Ihnen alles zeigt, den Park – und auch die Galerie.

FLIEDERBUSCH Durchlaucht –

FÜRSTIN Also, auf Wiedersehen, Herr von Fink! *Sie geht.*

FLIEDERBUSCH *allein, atmet tief auf, als wollte er das Parfüm einsaugen, das die Fürstin zurückgelassen* Was für eine wunderbare Frau. – Und dieser Blick, als sie ging. – Sollte das Schicksal auch von dieser Seite –? Es wäre traurig, jetzt sterben zu müssen. *Schlägt sich an die Stirn, lacht, schüttelt den Kopf, dann in anderm Ton* Sie sind übrigens nicht übel, die Herren von der »Gegenwart«! Nehmen in meinem Namen ein Duell an! Ein Duell auf Leben und Tod! Ja, das möcht ihnen passen, daß ich – vielmehr, daß e r – *zum Telephon, zögert, zur Türe rechts, sperrt ab. Telephon, klingelt* Bitte 774 – Ja, hier Flie – *Leise* Fliederbusch! Könnte ich etwa – Ah, Sie sind es selbst, Herr Frühbeck. *Rasch* Ich wollte Sie bitten, mich bei Herrn Leuchter zu entschuldigen – Wie? – Ich wollte Ihnen eben mitteilen, daß ich dringend abgehalten wurde. *Wie erstaunt* Ah – ah – Sie haben sie doch zur Türe hinausgeworfen? – Wie? – Was? – Ha! – Füllmann und Obendorfer? – Oh, Herr Obendorfer, guten Tag – – Weil ich erklärt habe, daß ich alle Konsequenzen trage? – Die gerichtlichen meinte ich. – Alle sind dieser Ansicht? – Und der Chefredakteur? – Ah! – Sie haben ihn überzeugt? – So! – Finden Sie? – Ich finde nicht. – Auch in diesem Falle nicht. – Ich bin ein prinzipieller Gegner des Duells. – Ich halte es für eine überlebte, eine barbarische Sitte. – Warum nicht? – Er soll mich klagen. – Wer sagt das? – Was behauptet Herr Kajetan? – Was soll Herr Fink sein? – Rado? – Ich verstehe nicht. – Ach so, Desperado! – So? – Ah, Kajetan kennt ihn? – Das ist ja sehr interessant. – Ha! – Zu allem fähig? – Bedauere. – Mein Standpunkt ist unerschütterlich. – Vielleicht gegen Abend. – Nein. Man gestattet sich eben ein Privatleben zu haben. – Mein letztes Wort. – In dieser Sache mein letztes. – Ich habe Sie ja nicht gebeten. – Dann schieß ich ihn nieder wie einen tollen Hund. – Bedauere. – Das ist m e i n e

Sache. Ausschließlich meine. Schluß. – *Klingelt ab* Na wartet! – Ihr sollt euch gehörig blamieren. Ich denke nicht daran. – *Sich wieder besinnend* Vielmehr Fliederbusch denkt nicht daran, sich zu schlagen. Fliederbusch kneift! Fliederbusch verschwindet! *Anderer Ton* Es bleibt ihm ja nichts übrig als zu verschwinden. Aber wie? Flucht –? Eine ziemlich klägliche Rolle – alles in allem. Aber was kümmert mich das! Was geht mich Fliederbusch an? Nichts! Absolut nichts mehr! Es stellt sich ja immer deutlicher heraus, daß ich Fink bin. Das Schicksal selbst – Und nun wollen wir in aller Ruhe unseren Artikel über die Fürstin, vielmehr über Schloß und Park Wendolin – – *Er richtet sich zum Schreiben, nimmt das Bild der Fürstin, versinkt in dessen Anblick. Es klopft.* Herein! *Es wird vergeblich an die Schnalle gedrückt.* Ach so – *Geht zur Türe, öffnet.*
STYX *tritt ein.*

FLIEDERBUSCH, STYX

STYX Gar eingeschlossen, Herr Fink?
FLIEDERBUSCH *ohne Verlegenheit* Ich war beschäftigt. Ein wichtiger Artikel.
STYX Ach ja.
FLIEDERBUSCH Nicht der, den Sie meinen. – Ihre Durchlaucht, die Fürstin Wendolin war eben hier.
STYX Der Diener sagte mir.
FLIEDERBUSCH Auf ihren ausdrücklichen Wunsch verfasse ich einen Aufsatz mit Beziehung auf das bevorstehende Wohltätigkeitsfest. Für morgen früh bin ich ins Schloß beschieden.
STYX Sie schreiben den Aufsatz, Herr Fink! Das trifft sich gut. Ich selbst wäre leider nicht mehr in der Lage – die kleine Arbeit, die Herr Satan von mir erbat, zu übernehmen, da ich – aus dem Redaktionsverbande der »Eleganten Welt« zu scheiden –
FLIEDERBUSCH Ah –
STYX Und in ein anderes Blatt einzutreten gedenke.
FLIEDERBUSCH Und darf man wissen –?
STYX In die – »Gegenwart« – an die Stelle eines gewissen – Fliederbusch.
FLIEDERBUSCH *rückt unwillkürlich, lacht verlegen.*
STYX *lacht auch, lautlos.*
FLIEDERBUSCH Das ist ja eine höchst interessante Neuigkeit.

STYX Meine Recherchen haben Erfolg gehabt, wie gewöhnlich.
FLIEDERBUSCH Sie kommen aus der Redaktion der »Gegenwart«?
STYX Beruhigen Sie sich, Herr Fliederbusch. Ich habe mich bisher dort nicht blicken lassen. Aber im Verlauf der nächsten halben Stunde werde ich mich hinbegeben, um den Herren meine Dienste anzubieten.
FLIEDERBUSCH *aufatmend* Und was veranlaßt Sie zu der Annahme Herr Styx – oder wie immer Sie heißen mögen – daß die »Gegenwart« auf Ihre gewiß höchst schätzbaren Dienste reflektieren wird?
STYX Es wird den Herren zweifellos willkommen sein, für eine Vakanz, auf die man nicht gefaßt sein konnte, sofort einen Ersatzmann zu finden. Wer morgen oder übermorgen den Parlamentsbericht schreiben wird, das dürfte den Herren der »Gegenwart« ziemlich gleichgültig sein. Und da Sie selbst, Herr Fink – wie Sie von nun an ausschließlich heißen – an Ihren Chef ein Billett schreiben werden, in dem Sie mich aufs wärmste als Ihren vorläufigen Remplaçanten empfehlen, so dürfte die Sache weiter keine Schwierigkeit haben.
FLIEDERBUSCH Und was bringt Sie auf die Vermutung, Herr Styx, daß ich überhaupt gesonnen bin, meine allerdings recht bescheidene Stellung bei der »Gegenwart« aufzugeben?
STYX Sie scherzen wohl, Herr Fink? Abgesehen davon, daß es mich ja nur ein Wort kosten würde, Sie nicht nur dort, sondern auch hier unmöglich zu machen, so dürfte es Ihnen wohl das primitivste Anstandsgefühl verbieten, das Redaktionslokal der »Gegenwart« je wieder zu betreten. Wissen auch Ihre bisherigen Kollegen nicht, daß Fliederbusch und Fink eine Person vorstellen, – Ihnen, Herr Fink, muß es ja zweifellos bekannt sein, wer den Artikel verfaßt hat, in dem Sie ein würdelos alberner Snob genannt werden –
FLIEDERBUSCH *einfallend* Es ist mir nicht bekannt. Ich bin Parlamentsberichterstatter bei der »Gegenwart« – Reporter, wenn Sie wollen – ich kümmere mich weiter nicht darum, wer –
STYX Gleichviel. – Ein Geheimnis wird es oder würde es für Sie doch nicht bleiben. Und da ich mir nicht recht vorstellen kann, daß Sie es in der Folge über sich brächten, diesem Kollegen die Hand zu drücken, – ihm vielleicht gar Ihre Reverenz zu erweisen, nachdem er Sie in solcher Weise, wenn auch ahnungslos, lächerlich und verächtlich gemacht hat, so glaube ich mir Ihren Dank zu verdienen, wenn ich es Ihnen

ermögliche, sich durch sofortige Stellung eines Remplaçanten in einer unauffälligen und verhältnismäßig korrekten Weise aus einer unhaltbaren Situation zu befreien. Also – schreiben Sie, Herr Fliederbusch. *Richtet ihm her.*

FLIEDERBUSCH Was – soll ich schreiben?

STYX Was ich Ihnen diktieren werde. Verehrter Herr Chefredakteur – Sie zögern?

FLIEDERBUSCH Es ist – es ist doch ein Entschluß, Herr Styx. – Mit solcher Entschiedenheit gewissermaßen aus einer Existenz in die andere. – Es ist doch keine so einfache Sache. – *Steht auf.*

STYX Ganz einfach – wenn man muß, Herr Fliederbusch!

FLIEDERBUSCH Geben Sie mir Bedenkzeit, Herr Styx.

STYX Was gibt es für Sie zu bedenken? Haben Sie Lust, aus zwei Türen zugleich hinauszufliegen, Herr Fink und Fliederbusch?! Schreiben Sie! – Oder –

FLIEDERBUSCH Wissen Sie, wie man das nennt, Herr Styx?

STYX Selbstverständlich. Also: Verehrter Herr Chef –

FLIEDERBUSCH So gestatten Sie mir wenigstens, Herr Styx, vorerst eine – eine unverbindliche Frage an Sie zu richten, durch deren freundliche Beantwortung Sie in die vielleicht nicht unerwünschte Lage kämen, mir eine kleine Gegengefälligkeit zu erweisen.

STYX –?

FLIEDERBUSCH Ich möchte Sie – als Fachmann konsultieren, wie man es anfängt, sich unter einem freiwillig gewählten Namen eine neue, bürgerliche, eine – wie soll ich sagen – eine juridisch nicht angreifbare Existenz zu schaffen?

STYX Ich verstehe Sie. – So etwas ist natürlich keineswegs unmöglich. Ich werde gern bereit sein, Ihnen bei einem solchen Versuch an die Hand zu gehen. –

FLIEDERBUSCH Wirklich, Herr Styx?

STYX Wir wollen zu gelegener Stunde darüber reden. Aber vorerst, das Billett, wenn ich bitten darf.

FLIEDERBUSCH *nach einem letzten Zögern* Ich werde ja hören. *Er schreibt.*

STYX *diktiert* Verehrter Herr Chefredakteur. Unvorhergesehene dringende Familienumstände nötigen mich, um – um einen mehrtägigen Urlaub anzusuchen, und ich erlaube mir zugleich, den mir persönlich wohlbekannten Überbringer dieses, Herrn Styx, als meinen Ersatzmann in Vorschlag zu bringen.

Herr Styx wünscht überdies bei dieser Gelegenheit der hochverehrten Redaktion eine private Mitteilung –
FLIEDERBUSCH *schaut auf.*
STYX – zu unterbreiten, die für Sie – wie er mich versichert – von hohem Interesse sein dürfte. In ausgezeichneter Hochachtung – und so weiter – Fliederbusch. So, lassen Sie sehen. Fliederbusch – Womit dieser Name aus der deutschen Journalistenwelt verschwindet. –
FLIEDERBUSCH *das Billett noch haltend* Eine private Mitteilung von hohem Interesse –?
STYX Ich hätte auch sagen können – mehrere private Mitteilungen von höchstem Interesse.
FLIEDERBUSCH Und darf man vielleicht fragen –
STYX Man darf. Sie werden wohl selbst nicht glauben, daß ich es als das Ziel meiner Wünsche betrachte, in der »Gegenwart« gegen Zeilenhonorar Reportage zu treiben. Das ist ein erster Schritt, nichts weiter, bei dem Sie mir behilflich sind. Es handelt sich mir nur darum, mich möglichst rasch, wie es der günstige Zufall mir an die Hand gab, in der »Gegenwart« einzuführen. Denn meine eigentliche Absicht ist es, und es wäre unfair, wollte ich es Ihnen verhehlen, mich der »Gegenwart« als Mitstreiter zur Verfügung zu stellen.
FLIEDERBUSCH Wie soll ich das verstehen?
STYX Als Mitkämpfer auf einem Gebiete, das sie eben so vielversprechend betreten hat. In dem Artikel von heute morgen ist ein Ton angeschlagen, der in meinem Herzen freudigen Widerhall findet. –
FLIEDERBUSCH –?
STYX Auf die Gefahr hin, Sie zu verletzen, Herr Fink, sehe ich mich genötigt, die Intention dieses Artikels, in dem Sie persönlich so unangenehme Dinge zu hören bekommen – die Intention sage ich – weniger die Ausführung – aufs höchste zu loben. In diesen Artikeln steckt nicht nur ein etwas naiver, aber durchaus ehrlicher Haß gegen die hochgeborene und hochmütige Sippschaft, unter deren, durch einen Scheinparlamentarismus kaum gemilderter Vorherrschaft unser Land seit Jahrhunderten schmachtet, – sondern auch die gebührende Verachtung gegenüber dem Pack, das sich diese Vorherrschaft nicht nur gefallen läßt, sondern beflissen ist, sie durch Anbetung und Kriecherei zu ermutigen und zu fördern. Und der Verfasser spürt ganz richtig, daß die Demokratie längst

mit dem Feudalismus fertig geworden wäre, wenn diesem nicht immer wieder sein ebenso unentbehrlicher wie verachteter Bundesgenosse erstünde – der Snob in seinen verschiedensten Spielarten – dieser klägliche Mischling aus Lakaien, Feiglingen und Renegaten.

FLIEDERBUSCH Hm...

STYX Das ist es, was der Verfasser jenes Artikels ahnt. Aber – er vermag es eben nur zu ahnen. Denn es ist deutlich zu merken, daß er offenbar nie Gelegenheit hatte, die Leute, gegen die sein Haß und seine Verachtung sich richtet, aus der Nähe kennenzulernen. Ein Beweis dafür unter anderen, daß ihm der Graf Niederhof als Repräsentant unserer Feudalen gilt, der doch nicht viel mehr ist als ihr dummer August, und daß ihm ein harmloser, kleiner Mitarbeiter der »Eleganten Welt« – Sie, Herr Fink! – im Eifer der Polemik zum Typus des Snob heranwächst. Ich – ohne mich an journalistischem Talent mit dem Verfasser messen zu wollen – ich habe jedenfalls eins vor ihm voraus: Ich kenne die Leute, mit denen es ihn gelüstet anzubinden. Ich habe unter ihnen gelebt, ich habe zu ihnen gehört, ich bin – gewissermaßen – als einer von ihnen geboren –

FLIEDERBUSCH *nickt, als wollte er etwas bemerken.*

STYX *rasch abwinkend* Was ist ein Name? Wir wissen beide, wie wenig das bedeutet, Herr Fink und Fliederbusch, – nicht wahr? Was ich einmal war und heute noch wäre – äußerlich – wahrscheinlich auch innerlich, wenn mir nicht einmal was Menschliches passiert wäre, das kommt nicht mehr in Betracht. Heute bin ich Styx und damit basta. Aber freilich – ein Styx mit Erinnerungen, – mit Kenntnissen, – mit Einblicken, wie sie den Herren von der »Gegenwart« notwendigerweise nicht gegönnt sind, und die sie, wenn es ihnen mit ihrer neuen radikalen Richtung ernst ist, mit Gold aufwiegen müssen. Als ich heute den Artikel las, da war es mir klar: Ich bin der Mann, den die »Gegenwart« braucht, und ich – ich brauche die »Gegenwart«. Und somit, mein lieber Herr Fink, sehen Sie mich auf dem Weg, mich mit Ihrem Billett in diesem vortrefflichen Blatt einzuführen, um ihm mein – Material zur Verfügung zu stellen.

FLIEDERBUSCH Ihr Material –?

STYX Meine Schränke daheim bersten davon. Das Kostbarste, was ich im Laufe der Jahre zu sammeln so glücklich war, habe ich bisher leider nicht verwenden können. Die »Elegante Welt« konnte davon begreiflicherweise nicht Gebrauch machen, die »Gegenwart« wird es zu würdigen wissen. Ich werde dort Geschichten erzählen, daß den Leuten die Haare zu Berge stehen werden –

FLIEDERBUSCH Sie dürften sich im Irrtum befinden, Herr Styx, wenn Sie annehmen, daß die »Gegenwart« eine Art von Klatsch, den die »Elegante Welt« in früherer Zeit gepflegt hat –

STYX Es werden andere Geschichten sein, als ich sie in der »Eleganten Welt« erzählt habe. Kein Klatsch, Herr Fink – sondern Kulturgeschichte, Weltgeschichte – Und wenn die Herren von der »Gegenwart« den richtigen Gebrauch davon zu machen verstehen, so haben wir in einem halben Jahr die Revolution, die den ganzen Zirkus von der Erde wegfegen wird, die Grafen Niederhof geradeso wie die Herren Fink.

FLIEDERBUSCH Und zu diesem Zweck, Herr Styx, wünschen Sie von mir dieses Billett? Das finde ich zum mindesten originell.

STYX Wenn ich Zeit zu verlieren hätte, könnte ich darauf verzichten. Aber ich habe mit mir schon schlimme Erfahrungen gemacht und weiß, daß es bedenklich wäre, mein Feuer auskühlen zu lassen. Und ich brenne darauf, meine Feder, die so lange entwürdigt und mißbraucht war, endlich in den Dienst einer guten und gerechten Sache zu stellen. Wenn Ihre Erwiderung in der »Eleganten Welt« erscheint, Herr Fink, wünsche ich bereits auf dem Posten zu sein. Wir wollen als ehrliche Feinde miteinander kämpfen und – ich verspreche Ihnen, von meinem Material über Sie keinerlei Gebrauch zu machen.

FLIEDERBUSCH *lächelt* Selbst, wenn es Ihnen gelingen sollte, es mit der Zeit zu vervollständigen?

STYX Ich werde Wichtigeres zu tun haben.

Wöbl und Egon treten ein.

STYX, FLIEDERBUSCH, WÖBL, EGON

EGON *ist unangenehm berührt, Styx zu finden, und spricht vorerst gar nicht.*
WÖBL *hat einen Pistolenkasten in der Hand* Habe die Ehre. Alles in Ordnung. Oh, Herr von Styx –
STYX *erwidert flüchtig den Gruß.*

WÖBL *näher zu Fliederbusch, wiederholt mit Betonung* Alles in Ordnung.
STYX *zu Wöbl* Was haben Sie denn da, Wöbl?
WÖBL Wird wohl nicht schwer zu erraten sein.
STYX Ein Pistolenkasten? Wozu?
WÖBL *zu Fliederbusch* Ja – weiß denn der Herr von Styx nicht –?
STYX Sie schlagen sich, Herr Fink?
FLIEDERBUSCH *nickt.*
STYX Mit dem Verfasser des Artikels in der »Gegenwart«?
WÖBL Selbstredend.
STYX *zu Fliederbusch* Und – das konnten Sie mir verschweigen?! – *Zu Wöbl* Er hat sich genannt, *zu Fliederbusch* gibt Ihnen Satisfaktion? – Wer ist es denn?
WÖBL Fliederbusch heißt die Kanaille.
STYX – Fliederbusch –??
WÖBL *auf den Pistolenkasten deutend* Funkelnagelneu! – Ein schönes Paar! Haben's gleich versiegeln lassen.
STYX Herr Fliederbusch schlägt sich mit Ihnen, Herr Fink?
FLIEDERBUSCH Warum sollte er nicht, Herr Styx?
STYX Sie schlagen sich mit Herrn . . . Fliederbusch?
FLIEDERBUSCH Liegt etwas gegen ihn vor?
WÖBL Kennen Sie ihn, Herr Styx?
STYX Natürlich kenn' ich ihn. Und haben Sie denn nicht soeben seine persönliche Bekanntschaft gemacht?
WÖBL Nein. Bisher noch nicht. Aber seine Bevollmächtigten haben uns in seinem Namen erklärt, daß er zu jeder Art von Satisfaktion bereit sei.
STYX Zu jeder Art – Ja. Das sieht ihm ähnlich. Ein freches kleines Biest, meine Herren. Aber ein Talent! Hat eine große Karriere vor sich. – Also, auf Pistolen?
WÖBL Ja.
STYX Und wer sind die Sekundanten?
WÖBL Zwei Redaktionskollegen von ihm, – Obendorfer und Füllmann. Wir haben zwar noch eine Zusammenkunft heut abend; – aber es ist eigentlich schon alles so gut wie abgemacht. Dreimaliger Kugelwechsel, dreißig Schritt, – fünf Schritt Vorrücken –
STYX Teufel noch einmal! Das ist ja großartig. *Auf den Pistolenkasten trommelnd* Beinahe bekäme man selber auch wieder Lust – – Und wo soll denn der Spaß vonstatten gehen?
WÖBL In den Prateraun. Und zwar, was glauben Sie, wo, Herr

Fink? Genau an demselben Platz, wo der Graf Niederhof vor sieben Jahren den Baron Napador totgeschossen hat.
STYX Und auch die Stunde ist schon bestimmt?
WÖBL Wir haben zwölf Uhr vorgeschlagen. Nämlich, weil ja morgen auch Rennen ist. Da sind wir gleich in der Nähe, ist auch für den Doktor Kunz am bequemsten –
STYX Wozu bemühen Sie den Mann eigentlich? Bei den Bedingungen wird er wohl nichts zu tun bekommen.
WÖBL Na – na –!
FLIEDERBUSCH Wer ist Doktor Kunz?
WÖBL Ein ausgezeichneter Chirurg! Und da er zugleich Rennarzt ist, haben wir das so arrangiert. – Zwischen der Schießerei und dem Rennen bleibt uns dann noch Zeit zu einem kleinen Frühstück im Lusthaus.
STYX Lusthaus –? Sie drücken sich etwas optimistisch aus, lieber Wöbl. Na, – mein verehrter Herr von Fink, – Sie sind ja in guten Händen und ich hoffe, ich wünsche –
WÖBL Pst, Herr von Styx!
STYX Also – auf Wiedersehen, meine Herren, wenn nicht früher, morgen beim Frühstück im Lusthaus. Ich bin so frei, mich selbst dazu einzuladen. Sie brauchen sich nicht einmal in Unkosten zu stürzen, meine Herren, ich pränumeriere mich auf das Kuvert – das übrigbleibt.
FLIEDERBUSCH *weist auf das Billett, das noch auf dem Schreibtisch liegt* Sie vergessen, Herr Styx –
STYX Ja, richtig. Ich danke, Herr Fink, Sie gefallen mir ganz famos. – Auf morgen denn!
Er geht.
Egon, Wöbl, Fliederbusch
EGON *der die vorherige Szene hindurch absichtlich nichts gesprochen hat, aber bei einigen Bemerkungen Styx' seinen Unmut kaum verbergen konnte* Die Taktlosigkeit dieses Menschen übersteigt doch alle Grenzen. – Er wird an unserm Frühstück selbstverständlich nicht teilnehmen. Sie haben sich hoffentlich nicht weiter irritieren lassen, Herr Fink.
FLIEDERBUSCH Was denken Sie, lieber Egon? – Also, es ist wirklich alles in Ordnung? Es haben sich nicht die geringsten Schwierigkeiten ergeben?
WÖBL Nein. Scheint ein sehr schneidiger Herr zu sein, dieser Fliederbusch.
EGON Und Styx dürfte mehr wissen, als er uns verraten hat.

WÖBL Aber wie steht's denn eigentlich mit Ihrer Schießkunst, Herr Fink?
FLIEDERBUSCH Ich finde, daß Sie sich darnach etwas spät erkundigen, meine Herren.
EGON Und wenn Sie noch nie eine Pistole in der Hand gehabt hätten, Herr Fink, – es blieb ja doch nichts übrig –
FLIEDERBUSCH Seien Sie ganz ruhig, Egon.
WÖBL Wissen Sie was, Herr von Fink, zu Haus in unserm Garterl, da hab ich einen Schießstand; – es wär doch gut für alle Fälle, wenn Sie sich heute nachmittag ein bissel einschießen. –
SATAN *tritt ein, im Überzieher, sehr aufgeräumt.*

EGON, WÖBL, FLIEDERBUSCH, SATAN

SATAN Guten Tag. Ah, Wöbl, – hat man auch wieder einmal das Vergnügen? – Nun, Egon – meine Herren, ich kann Ihnen die erfreuliche Mitteilung machen, die Sache ist so gut wie perfekt. Morgen wird unterschrieben. Der Graf war charmant. Radlmann hat sich zwar benommen wie ein Bauer, aber das hat weiter nichts geschadet. Vom ersten Juli an erscheinen wir als Tagesblatt – unter dem Titel – *am Schreibtisch* Was ist denn das? Ah!
FLIEDERBUSCH Ihre Durchlaucht die Fürstin Wendolin war persönlich hier und hat die Bilder zur Auswahl zurückgelassen.
SATAN Sie haben mit ihr gesprochen, Herr Fink?
FLIEDERBUSCH Sie hat sehr bedauert, Herrn Chefredakteur nicht anzutreffen, und läßt bestens grüßen.
SATAN *sieht die Bilder an* Haben Sie die finanzielle Frage berührt, Herr Fink? Wir haben nämlich eine bestimmte Taxe in solchen Fällen.
FLIEDERBUSCH Ich wagte nicht, der Fürstin ein Honorar anzubieten.
SATAN *lächelt* Nicht so, Herr Fink. Wir sind es nämlich, die – So etwas verursacht ja Kosten.
EGON Das wird wohl nun auch ein Ende nehmen, Papa.
SATAN Freilich. Darauf werden wir jetzt nicht mehr angewiesen sein. – Und wie steht es mit Ihrer Entgegnung, Herr Fink? Der Graf ist wirklich gespannt. Haben Sie vielleicht schon etwas davon – *er sieht den Pistolenkasten* Was bedeutet denn das?
EGON Lieber Papa, mit der Entgegnung dürfte es wohl nichts werden. Herr Fink hat es begreiflicherweise vorgezogen, rit-

terliche Genugtuung zu fordern und wird sich schlagen.
SATAN Schlagen? Seid ihr toll? Mit Herrn Leuchter etwa?
EGON Nein, mit Herrn Fliederbusch.
SATAN Fliederbusch? Nie gehört. Wer ist das?
EGON *etwas ungeduldig* Der Verfasser jenes insipiden Artikels.
SATAN Er hat die Herausforderung angenommen?
WÖBL Selbstredend.
SATAN Und ich erkläre Ihnen, meine Herren, dieses Duell wird nicht stattfinden.
EGON Papa, ich begreife wirklich nicht –
SATAN Sie werden sich nicht schlagen, Herr Fink.
FLIEDERBUSCH Herr Satan –
SATAN Wir können die neue Ära unseres Blattes nicht mit einem Duell inaugurieren. *Zu Egon* Hat dir Herr Fink nicht erzählt? Weißt du nichts von den Tendenzen des neuen Blattes? Zu unseren Programmpunkten gehört unter andern auch die Bekämpfung des Duellunfugs.
EGON Des Duellunfugs?
SATAN Jawohl. Auch darüber habe ich mit dem Grafen Niederhof schon gesprochen. Wir werden das Duell aufs schärfste bekämpfen, – und zwar vom religiösen Standpunkt. Sogar den Zweikampf im Offiziersstande – als ein Verbrechen gegen –
EGON Aber vorläufig sind wir noch nicht so weit, Papa. Und so wollen wir bis auf weiteres an der schönen Sitte der ritterlichen Satisfaktion festhalten. Du wirst uns nicht daran verhindern, Papa.
SATAN Ich werde es hindern. Ich verbiete Ihnen, Herr Fink, als Ihr Chefredakteur, sich zu schlagen.
FLIEDERBUSCH *zuckt die Achseln.*
SATAN Nebstbei habe ich nicht die geringste Lust, mir meinen – eine meiner besten Kräfte totschießen zu lassen. Das wäre –
EGON Es ist nicht wahrscheinlich, lieber Papa, daß Herr Fliederbusch im Gebrauch der Waffen geübter sein sollte als Herr Fink.
SATAN Beim Pistolenduell hängt alles vom Zufall ab. Der beste Schütze kann von einem Stümper über den Haufen geschoswerden.
FLIEDERBUSCH Das ist wohl richtig, aber heute mehr denn je, Herr Chefredakteur, dürfen wir wohl sagen: Wir stehen in Gottes Hand.
SATAN *versteht zuerst nicht* Wie meinen Sie –? Ach so. In Gottes

Hand – Ja, – aber mit einiger Sicherheit doch erst – vom ersten Juli an!
EGON Papa, über solche Dinge scherzt man nicht. Meine Herren, wir haben noch allerlei zu besprechen, wozu hier nicht der rechte Ort ist. Adieu, Papa.
WÖBL Habe die Ehre, Herr Chefredakteur. –
FLIEDERBUSCH Herr Chefredakteur. *Die drei ab.*
SATAN Verrücktes – Ich werde – Jedenfalls trage ich keine Verantwortung. – *Er ist wieder beim Schreibtisch, sieht die Bilder zerstreut an* Schöne Frau – noch immer. – Ich werde dem Grafen schreiben. – Hm – *Klingelt* Vielleicht könnte Styx –
DIENER *tritt ein.*
SATAN Herr Styx möchte sich zu mir heraufbemühen.
DIENER Herr Styx ist bereits fortgegangen.
SATAN Schon? Hat er gesagt, wann er wiederkommt?
DIENER Heute gar nicht mehr.
SATAN Ist gut. – Alles muß man allein machen! *Er beginnt ärgerlich Briefe zu öffnen.*

Vorhang

DRITTER AKT

Fürstlich Wendolinscher Park. Seitlich links das kleine Schlößchen (Barock), einen Stock hoch, kleiner praktikabler Balkon im ersten Stock. Vom Parterre aus führen drei Glastüren über eine Terrasse in den Park.
Mitte, mehr links, unter einem Nußbaum, ein Tisch mit Sitzgelegenheiten. Rechts ein großes Parktor, das geschlossen bleibt, gleich daneben ein kleines praktikables. Der Tisch ist gedeckt, die Fürstin beim Frühstück. DIENER *hat eben serviert.*

FÜRSTIN, *in einem eleganten Morgenkleid, trinkt Kaffee, stellt die Tasse hin, nimmt ein kleines Notizbüchlein zur Hand, das neben ihr lag, und liest mehr für sich.*

FÜRSTIN Um elf Uhr Schneiderin, um halb zwölf Dekorateur – *Zum Diener* Wie spät ist es denn schon?
FRANZ Viertel neun, Durchlaucht.
FÜRSTIN *wie oben* Um zwölf der Herr Kajetan – *Zum Diener* Um eins das Frühstück!

DIENER Wurde schon angeordnet, Durchlaucht, wie immer an Renntagen.
FÜRSTIN *nachdenklich* Aber mir ist immer, als hätt ich noch was vergessen.
FRANZ Wenn ich mir erlauben darf, untertänigst zu erinnern, Durchlaucht, um acht Uhr wollten der Herr Graf Niederhof Ihre Durchlaucht zum Morgenritt abholen.
FÜRSTIN Nein, nein, das war's nicht.
DIENER Der Herr Graf werden jedenfalls gleich da sein. *Blick auf ihr Morgenkleid.*
FÜRSTIN *mehr vor sich hin* Es ist bald halb neun. Da steht ja draußen wer am Gitter. *Lorgnon* Richtig! – Der junge Mann von der »Eleganten Welt«.
FLIEDERBUSCH *jenseits des Gitters, grüßt.*
FÜRSTIN *zum Diener* Machen S' nur auf, Franz. *Für sich* Man soll sich doch alles notieren.
FRANZ *öffnet die kleine Türe, die noch versperrt war.*
FLIEDERBUSCH *tritt in den Park, grüßt nochmals.*
FÜRSTIN Bitte nur näher zu treten, Herr Fink.
FLIEDERBUSCH *kommt bis an den Tisch, verbeugt sich* Durchlaucht –
FÜRSTIN *ihm die Hand zum Kuß reichend* Also wirklich –?
FLIEDERBUSCH *küßt ihr die Hand* Von Euer Durchlaucht gütiger Erlaubnis Gebrauch machend, bin ich so frei, mein Manuskript vorzulegen.
FÜRSTIN *nimmt die Blätter entgegen* So. Danke schön. Das ist ja sehr brav. *Flüchtiger Blick auf die Blätter* Und daß Sie sich gar persönlich herbemühen ...
FLIEDERBUSCH Durchlaucht haben mir gestattet –
FÜRSTIN Freilich.
FLIEDERBUSCH Auch gebe ich mich keiner Täuschung darüber hin, daß der Artikel noch ziemlich unvollkommen ist. – Mancherlei, was nur der Augenschein – *Er blickt in die Runde* Schon jetzt sehe ich – ein kurzes Verweilen im Park, ein Rundgang durch das Schloß, soweit es der Besichtigung zugänglich ist, wird mir zweifellos die erwünschte Möglichkeit geben, noch hier und dort Lichter aufzusetzen. –
FÜRSTIN Ja, – werden Sie denn Zeit dazu haben?
FLIEDERBUSCH *vornehme Geste.*
FÜRSTIN Sie haben doch – noch etwas vor für heute, – soweit ich mich erinnere. Oder sollte –
FLIEDERBUSCH Es hat sich seit gestern nichts geändert, Durch-

laucht. Aber bis zwölf Uhr mittags habe ich nichts anderes mehr *flüchtig lächelnd* auf Erden zu tun. –
FÜRSTIN *lacht* Als Lichter aufzusetzen – Aber wollen Sie nicht Platz nehmen, Herr von Fink? Bitte!
FLIEDERBUSCH *setzt sich. Kleine Pause.*
KAMMERMÄDCHEN *erscheint auf dem Balkon im ersten Stock.*
FRANZ *erscheint unten.*
KAMMERMÄDCHEN *fragt durch einen Blick.*
FRANZ *Geste: Ich weiß nicht.*
FÜRSTIN *Blick auf das Manuskript* Sechs enggeschriebene Seiten. Daß Sie dazu die Ruhe – die Sammlung, mein' ich, gefunden haben. –
FLIEDERBUSCH Daß ich mich gerade d i e s e r Arbeit widmen durfte, hab ich als eine besondere Schicksalsgunst empfunden.
FÜRSTIN Wirklich, Herr von Fink, ich kann nur sagen, daß ich gerührt bin.
EIN DIENSTMANN *am Tor.*
FRANZ *nimmt ihm ein Billett ab, bringt es der Fürstin.*
FÜRSTIN Sie entschuldigen, Herr von Fink. *Öffnet das Billett* Kajetan –? Na ja. – Also schön, sagen S' dem Dienstmann, ich erwarte Herrn Kajetan um zehn statt um zwölf.
FLIEDERBUSCH *wiederholt unwillkürlich* Kajetan –?
FÜRSTIN Der junge Dichter, der mir den Text für die lebenden Bilder schreibt. Ich hab' Ihnen ja erzählt – Sie haben keine Idee, was einem eine solche Veranstaltung alles zu tun gibt. Aber es macht mir Spaß.
FLIEDERBUSCH Und der edle Zweck –
FÜRSTIN Freilich
KAMMERMÄDCHEN *kommt über die Terrasse in den Garten* Durchlaucht –
FÜRSTIN Was gibt's denn?
KAMMERMÄDCHEN Die Friseurin.
FÜRSTIN So? – ich komme gleich.
KAMMERMÄDCHEN *ab.*
FLIEDERBUSCH *erhebt sich* Ich möchte Durchlaucht nicht lästig fallen.
FÜRSTIN Ich bin heute so sehr in Anspruch genommen. – Wissen Sie was, Herr von Fink, ich les' Ihren Artikel, während ich mich frisieren lasse, und Sie machen indes vielleicht eine kleine Promenade durch den Park.
FLIEDERBUSCH Wenn Durchlaucht gestatten. Ich will versuchen,

diese köstliche Morgenstimmung einzufangen.
FÜRSTIN Schön. – Dann soll Sie der Franz in die Galerie führen, damit Sie den Fuggersburg im Original sehen.
FLIEDERBUSCH Auch hierüber werden Durchlaucht ein paar Worte in diesen Blättern finden.
FÜRSTIN Über meine Urgroßmutter? So? Da bin ich aber wirklich neugierig. – Also, ich hoffe Sie dann noch zu sehen, – *Lächelnd* junger Held! *Geht über die Terrasse ab.*
FLIEDERBUSCH *allein* Junger Held! – Eigentlich komm ich mir vor wie ein Betrüger. – Warum? An mir liegt es nicht. Ich wäre ja bereit. Oh, ich – *Mienenspiel, Gebärden, als hielte er eine Pistole in der Hand und legte auf einen Gegner an* Ohne mit der Wimper zu zucken. Eins, zwei – *es fällt ihm plötzlich ein mit Vorrücken –* drei! *Zuckt zusammen, hält die Hand vor die Augen, als wäre sein Gegner gefallen* Gestern fand unter schweren, unter ungewöhnlich schweren Bedingungen ein Pistolenduell statt zwischen einem unserer begabtesten jungen Journalisten, dem Mitarbeiter eines streng konservativen Blattes und – *wegwerfende Geste* Reden wir nicht von dem andern. Er ist abgetan. Die Sache scheint ja in Ordnung, vorläufig. – Die Herren von der »Gegenwart« haben nichts mehr von sich hören lassen, – und nun soll Styx weiter helfen. – *Uhr* Hm – Immerhin wäre es peinlich, in diesem Stand der Angelegenheit mit Kajetan hier zusammenzutreffen. Das beste wird sein – *will gehn.*
FRANZ *kommt* Ihre Durchlaucht lassen bitten, wenn es jetzt vielleicht angenehm wäre, die kleine Galerie zu besichtigen.
FLIEDERBUSCH Die Galerie? – *Uhr* Leider – leider – Meine Zeit – Wenn ich vielleicht ein anderes Mal –
GRAF *im Reitanzug, tritt in den Park.*
FLIEDERBUSCH *den Schritt hörend, wendet sich um.*
GRAF *nicht übermäßig erstaunt* Ah, Herr Fink!
FLIEDERBUSCH Herr Graf –
GRAF Was machen denn Sie hier zu so früher Stunde?
FRANZ *entfernt sich.*

FLIEDERBUSCH, GRAF

FLIEDERBUSCH Ich habe die Auszeichnung, anläßlich des bevorstehenden Wohltätigkeitsfestes im Park Wendolin einen Artikel verfassen zu dürfen. Ihre Durchlaucht hat eben die Gnade, ihn einer Durchsicht zu unterziehen.

GRAF So, Sie schreiben auch noch dergleichen?

FLIEDERBUSCH Ausnahmsweise.

GRAF Aber sagen Sie – *mit einem plötzlichen Einfall, er sieht auf die Uhr* Ist denn – die bewußte Affäre schon erledigt?

FLIEDERBUSCH Herr Graf – *Stockt.*

GRAF *mißverstehend* Na, dann gratulier ich. Und dem andern ist hoffentlich auch nichts passiert?

FLIEDERBUSCH Es ist noch gar nichts erledigt, Herr Graf. –

GRAF *etwas enttäuscht* So –

FLIEDERBUSCH Aber darf ich mir die Frage erlauben, auf welchem Wege Herr Graf zur Kenntnis gelangt sind –

GRAF Ihr Herr Chef hat es für nötig befunden, mich brieflich zu versichern, daß er Ihnen abgeraten hat, sich zu schlagen. Die Sache wird also wohl gütlich beigelegt werden?

FLIEDERBUSCH Nein, Herr Graf. –

GRAF Also – wann soll es denn vor sich gehen, das Renkontre?

FLIEDERBUSCH Heute, Herr Graf. –

GRAF Heute? Und da sind Sie jetzt –?

FLIEDERBUSCH Berufspflichten, Herr Graf. Es findet erst um die Mittagsstunde statt; nicht sehr weit von hier. – Und nicht ganz zufällig wurde als Ort des Zusammentreffens die gleiche Lokalität gewählt, wo Herr Graf vor etlichen Jahren den Baron Napador –

GRAF *nicht angenehm berührt, unterbrechend* Oh, das ist ja eine charmante Aufmerksamkeit. So wünschen Sie doch wohl, daß ich es auffasse –?

FÜRSTIN *erscheint auf dem Balkon* Ah, du bist das! Guten Morgen, Gisbert.

GRAF Guten Morgen, Priska. Ich habe mich ein bißchen verspätet. Du entschuldigst.

FÜRSTIN Ich bin ja selbst noch nicht fertig. – Die Herren kennen sich?

GRAF Natürlich. Wir sind alte Bekannte, der Herr Fink und ich.

FÜRSTIN *hat das Manuskript in der Hand* Sehr schön ist das, Herr Fink, was Sie da geschrieben haben. Und wie Sie das Bild beschreiben – es ist eigentlich schon mehr eine Liebeserklärung – an meine Urgroßmutter. –

GRAF Ah, – das berühmte Porträt, das dir so ähnlich sieht.

FLIEDERBUSCH Ein Naturspiel.

GRAF Sie haben den Fuggersburg schon besichtigt?

FLIEDERBUSCH Ich kenne vorläufig nur die Reproduktion.

FÜRSTIN Die Herren entschuldigen mich noch für ein paar Minuten.
Verschwindet ins Zimmer.
GRAF *lächelnd* Also, wenn Sie heut mit heiler Haut davonkommen, Herr Fink – was wir hoffen wollen – so prophezeie ich Ihnen, Sie werden Karriere machen.
FLIEDERBUSCH Herr Graf sind sehr gütig.
GRAF *bietet ihm eine Zigarette an.*
FLIEDERBUSCH *nimmt eine.*
GRAF *gibt ihm Feuer* Im übrigen, da uns der Zufall hier zusammenführt, möchte ich Ihnen doch gleich eine Mitteilung machen, die nicht ganz ohne Interesse für Sie sein dürfte. Sie wissen, Herr Fink, daß ich gestern noch eine Konferenz mit Herrn Radlmann hatte. Nun, um kurz zu sein, ich finde ihn geradeso unmöglich wie Ihren verehrten Chef, den Herrn Satan. Daher habe ich, nach Rücksprache mit meinen Freunden, beschlossen, die Unterhandlungen mit der »Eleganten Welt« kurzweg abzubrechen und auf eigene Faust ein Blatt zu gründen. Und ich möchte Sie bei dieser Gelegenheit gleich fragen, ob ich auch unter diesen Umständen auf Ihre Mitarbeiterschaft rechen kann?
FLIEDERBUSCH Herr Graf, ich habe keinerlei bindende Verpflichtungen gegenüber Herrn Satan oder Herrn Radlmann und bin glücklich, Ihnen meine Dienste in uneingeschränktem Maß zur Verfügung stellen zu dürfen.
GRAF Das freut mich, Herr Fink. Aber Sie werden jetzt pressiert sein, nehme ich an. Wollen Sie mir vielleicht das Vergnügen machen, heute mit mir zu frühstücken? Da können wir alles weitere – Um drei Viertel zwei, ja? – Bis dahin ist ja alles – *immer sehr leicht* Oder legen Sie vielleicht Wert darauf, nach getaner – ich meine **nachher** – mit Ihren Sekundanten –
FLIEDERBUSCH Nicht den geringsten, Herr Graf.
GRAF Sie werden sich dem vielleicht nicht entziehen können. Das Versöhnungsmahl ist ja wahrscheinlich schon bestellt.
FLIEDERBUSCH Versöhnungsmahl?! Herr Graf! Wie können Sie denken –
GRAF Na –
FLIEDERBUSCH Von einer Versöhnung zwischen mir und Herrn Fliederbusch kann wohl nicht die Rede sein.
GRAF *ablehnend* Nun – Sie schlagen sich auf Pistolen?
FLIEDERBUSCH Jawohl.

GRAF Na, da wird hoffentlich dafür gesorgt sein. – Darf man die Bedingungen wissen?

FLIEDERBUSCH Dreimaliger Kugelwechsel. –

GRAF Oh! –

FLIEDERBUSCH Dreißig Schritt mit Vorrücken.

GRAF Und dreimaliger Kugelwechsel? Na, hören Sie, – was haben denn Sie für Sekundanten, Herr Fink?

FLIEDERBUSCH *einfach, mit Haltung* Ich selbst war es, der auf diesen Bedingungen bestehen mußte.

GRAF Aber Sie erlauben schon, Herr Fink, das find ich doch etwas übertrieben.

FLIEDERBUSCH Herr Graf – *will etwas einwenden* Oder sollten Herr Graf den Artikel meines Gegners noch nicht gelesen haben?

GRAF Selbstverständlich hab ich ihn gelesen. Gestern noch, gleich nach unserer Unterredung. Er hat mich begreiflicherweise interessiert. Aber gerade weil ich ihn gelesen habe – Um was handelt es sich am Ende? Eine politische Meinungsdifferenz –

FLIEDERBUSCH Die sich auf seiten meines Gegners immerhin bis zu persönlichen Invektiven gegen mich – und auch ein wenig gegen Sie, Herr Graf, steigerte.

GRAF Nun, – gestern schienen Sie ja selbst gewillt, diesem Herrn – wie heißt er eigentlich –?

FLIEDERBUSCH Fliederbusch.

GRAF Diesem Herrn Fliederbusch in gleicher Weise zu erwidern, – also –

FLIEDERBUSCH Bei näherer Überlegung wurde mir klar, daß eine solche Erwiderung doch nur – einen Aufschub zu bedeuten hätte.

GRAF –?

FLIEDERBUSCH Weil die Welt für uns beide – für mich und Herrn Fliederbusch – nicht Raum hat.

GRAF Ist das Ihr Ernst, Herr Fink?

FLIEDERBUSCH Gewiß, Herr Graf.

GRAF *kopfschüttelnd* Zu einem solchen Grad von – Erbitterung seh ich doch eigentlich keinen Anlaß. Herr Fliederbusch vertritt am Ende doch nur seinen Standpunkt, wie Sie den Ihrigen, Herr Fink. Im Ausdruck mag er ja stellenweise etwas zu weit gegangen sein; aber sein Standpunkt hat schließlich geradeso seine Berechtigung – wie der Ihrige.

FLIEDERBUSCH *befremdet* Und – der Ihrige – Herr Graf –!

GRAF Nun ja – Nicht weniger Berechtigung und nicht mehr. – Absolute Wahrheiten gibt es bekanntlich – in der Politik nicht. Oder glauben Sie etwa –

FLIEDERBUSCH Wenn ich es früher vielleicht nicht getan hätte, – seit einer gewissen Rede, die ich das Glück hatte, im Parlament hören zu dürfen, und für die Sie mich eben bereit sehen, Herr Graf, wenn ich so sagen darf, – Blutzeugenschaft abzulegen –

GRAF *ablehnend* Mein verehrter Herr Fink – bei allem schuldigen Respekt, den ich Ihrer Entschiedenheit und Kühnheit zolle – ich möchte doch jede Verantwortung ablehnen, daß Sie etwa meinetwegen – Für Sie, Herr Fink, kommt selbstverständlich nur die politische Idee in Betracht, als deren Repräsentanten Sie am Ende zwei Dutzend andre meiner Parteigenossen geradeso betrachten können wie mich. Aber wer sagt Ihnen überhaupt, daß die Person des Grafen Niederhof mit dem Symbol etwas zu tun hat, das er zufällig für Sie bedeutet – oder mit dem Popanz, den es Ihnen beliebt, aus ihm zu machen?

FLIEDERBUSCH Sie selbst, Herr Graf, haben sich durch Ihre Rede zum Symbol erhöht. Wie viele andre hab' ich schon sprechen gehört, im Parlament und in Versammlungen? – auch in Ihrem Sinne! Sie, Herr Graf, als erster, haben es verstanden, mich für Ihre Sache zu gewinnen. Bei Ihnen erst hab' ich es erlebt, daß Wesen und Worte eines Mannes restlos ineinander aufgingen. Die Worte, die Sie mit so enthusiasmierender oder, wie andre vielleicht finden werden, mit empörender Gewalt in die Menge schleuderten, haben mich zum begeisterten Anhänger Ihrer Sache gemacht; Ihr eigener – Fanatismus war es, der mich gepackt und mitgerissen hat. Also –

GRAF *unterbrechend* Und wenn ich – nicht in dem Grade Fanatiker wäre, wie Sie meinen, – glauben Sie vielleicht, daß dann die Wirkung meiner Rede auf Sie – und andre eine beträchtlich schwächere gewesen wäre?

FLIEDERBUSCH Das wage ich allerdings zu behaupten.

GRAF Ja, warum –? Logischerweise sollte man doch annehmen, daß gerade ein Fanatiker, – ich meine also zum Beispiel ein Redner, der sich völlig hergibt, – der seine beste Kraft verschwendet in der Begeisterung für seine eigenen Ideale, – im Gram über die Irrtümer seiner Gegner, – in der Verzweiflung über den Verrat von Freunden, – daß gerade ein seelisch so stark engagierter Politiker von vornherein im Nachteil sein müßte gegenüber einem andern, der – kein Fanatiker, – der vielmehr imstande wäre, seine inneren Kräfte vollkommen fürs – Metier verfügbar zu behalten, für das Technische seines Berufes, – ohne eben den größern Teil dieser Seelenkräfte an sentimentale Nebenzwecke verschwenden zu müssen.

FLIEDERBUSCH *befremdet* Was – verstehen Herr Graf unter – sentimentalen Nebenzwecken?

GRAF *einfach* Das, was man mit einem gebräuchlicheren Wort auch – Überzeugungen zu nennen pflegt.

FLIEDERBUSCH Zu nennen pflegt –?!

GRAF Was aber in der überwiegenden Mehrzahl der Fälle auf diese ehrenvolle Bezeichnung nicht einmal Anspruch erheben dürfte.

FLIEDERBUSCH – –?

GRAF *beiläufig* Überzeugung –! Mein Gott – man ist irgendwo geboren, man strebt irgendwohin, man hat Sympathien und Antipathien, Eitelkeiten, Ehrgeiz, – Beziehungen, die der Zufall schuf; – aus all diesen Elementen und noch einigen, die mir im Moment nicht alle einfallen, entwickelt sich eine mehr oder minder reinliche Mischung, die Sie meinetwegen Parteigeist – oder pathetischer und selbstgefälliger Gesinnung nennen mögen; – aber Überzeugung –?! Wo gibt es überhaupt im Einzelfall einen strikten Beweis dafür, daß eine wirkliche Überzeugung vorhanden ist – und nicht eines ihrer zahlreichen täuschend ähnlichen Surrogate.

FLIEDERBUSCH *fein* Es g i b t einen Beweis, Herr Graf. Bereit sein – für diese Überzeugung – zu sterben.

GRAF *lächelnd* Ach so. – Aber das ist doch manchmal – Sie verzeihen schon, Herr Fink – m a n c h m a l sag ich – auch nur eine Art, den andern – oder sich selber weiszumachen, daß man eine Überzeugung gehabt hat.

FLIEDERBUSCH Es scheint ja fast, Herr Graf, daß Sie die Existenz von Überzeugungen vollkommen auf der Welt leugnen wollen?

GRAF Keineswegs. Aber dort, wo ich eine entdecke oder zu entdecken glaube, – da fängt für mich das Problem erst recht an! Sie werden doch nicht leugnen, Herr Fink, daß es auf j e d e r Seite Kluge und Dumme, anständige Leute und Schurken gibt; – je gesinnungstüchtiger und überzeugungsfester einer als Parteimann ist, um so mehr wird er geneigt sein, auf der Gegenseite nur Haderlumpen – und Dummköpfe zu sehen – *hält inne.*

FLIEDERBUSCH Und daraus – würde folgen –?

GRAF Daß man vielleicht im allgemeinen besser täte, statt von Überzeugungen, von – fixen Ideen zu sprechen.

FLIEDERBUSCH Und Sie selbst, Herr Graf –! Ihre eigene Stellungnahme – Welchen Anlaß hätten Sie gehabt – im Parlament –

GRAF Sie täten mir einen besondern Gefallen, Herr Fink, wenn Sie meine Rede endlich aus dem Spiele lassen wollten. Es wäre mir höchst peinlich – Ich glaube, Ihnen bereits angedeutet zu haben, daß ich jede Verantwortung ablehnen muß, als wenn etwa ich –

FLIEDERBUSCH Herr Graf, ich bin weit entfernt davon, Ihnen – irgendeine Verantwortung zuzuschieben. – Aber wollen Sie mir denn im Ernste zumuten, daß ich Ihre meisterhafte Rede nicht etwa – als politisches Bekenntnis – sondern – wie soll ich nur sagen – daß ich sie – als eine Art von Fechterkunststück auffasse?

GRAF *zuerst etwas betroffen, dann leicht* Müßte das in jedem Fall etwas Geringeres sein?

FLIEDERBUSCH Das vielleicht nicht; aber es wäre doch in jedem Falle etwas – durchaus andres, Herr Graf – und –

GRAF Und wenn Ihnen meine Ansichten – schon gestern bekannt gewesen wären, so hätten Sie wahrscheinlich darauf verzichtet – wie sagten Sie nur? – Blutzeugenschaft für mich oder – meine Rede abzulegen?

FLIEDERBUSCH *würdevoll* Ich weiß nun wenigstens, daß ich sie für mich allein und für meine Überzeugung abzulegen habe.

GRAF Immerhin, – ich könnte es Ihnen unter diesen Umständen nicht verübeln, wenn Sie es jetzt bedauerten, daß Sie sich so weit eingelassen haben, und immer mehr sehe ich ein, daß ich geradezu v e r p f l i c h t e t war, Sie noch rechtzeitig über das Mißverständnis aufzuklären, in dem Sie sich betreffs meiner – »symbolischen Bedeutung« befanden. Ich mache Ihnen einen Vorschlag, Herr Fink – treten Sie zurück!

FLIEDERBUSCH – –?

GRAF Treten Sie von Ihrem Duell zurück!

FLIEDERBUSCH Herr Graf! –

GRAF I c h werde mich an Ihrer Stelle mit Herrn Fliederbusch schlagen.

FLIEDERBUSCH *entrüstet* Herr Graf – wie können Sie –

GRAF Glauben Sie nicht etwa, Herr Fink, daß mir der Einfall jetzt eben zum ersten Male kommt: – nicht gerade der Einfall, für Sie einzutreten, – aber doch der auch für meine eigene Person. – Schon gestern abend nach der Lektüre seines Artikels hatte ich flüchtig daran gedacht, Herrn Fliederbusch meinerseits zur Rechenschaft zu ziehen. –

FLIEDERBUSCH Und sind offenbar wieder davon abgekommen, Herr Graf –?

GRAF Ja.

FLIEDERBUSCH Herr Fliederbusch schien Ihnen wohl ein – allzu meskiner Gegner? –

GRAF Keineswegs. Warum sollte er? – Aber gleich beim Eintritt in meine politische Karriere hatte ich mir vorgenommen, journalistische Angriffe niemals als Anlässe für Ehrenaffären gelten zu lassen. Wo käme ich hin, wenn ich empfindlich wäre? Und – wo kämen die andern hin? Da ich – verzeihen Sie, daß ich davon spreche – in Fechter- und ähnlichen Kunststücken nicht ganz ungewandt bin, würde ein solches Vorgehen das Gleichgewicht allzusehr zuungunsten meiner journalistisch politischen Gegner verschieben; es wäre nicht fair play, könnte man finden, einen solchen Vorteil auszunützen. Aber dies e i n e Mal – Man soll nicht sagen, daß ich – andre Leute für mich ins Feuer schicke, – daß ich meine Anhänger statt meiner –

FLIEDERBUSCH Davon ist keine Rede, Herr Graf. Wenn Sie – n a c h Beendigung meiner Affäre noch den Wunsch hegen sollten, dann – Aber wenn es mir erlaubt ist, meine ehrliche Meinung zu äußern, so muß ich sagen, – daß es – gewiß nicht unfair – aber geradezu u n m o r a l i s c h wäre, wenn Sie, Herr Graf, sich mit Herrn Fliederbusch schlagen wollten.

GRAF *fast belustigt* Gar unmoralisch?

FLIEDERBUSCH Und zwar darum, – weil Sie – Sie sagten es früher selbst, seinen Standpunkt geradeso berechtigt finden, wie den Ihrigen, – also keinerlei Feindschaft gegen ihn empfinden können.

GRAF Darauf kommt es doch in solchen Fällen nicht an, Herr Fink. Man könnte fast sagen – im Gegenteil. Ich habe schließlich – Sie erwähnten früher die leidige Angelegenheit – auch gegen den Baron Napador keinerlei feindselige Gefühle gehegt; – ja, er war – beinah – ein Freund von mir, – und doch war ich genötigt, mich mit ihm zu schlagen –

FLIEDERBUSCH Und sogar – ihn – *Er hält inne.*

GRAF Ja – d a s – mein werter Herr Fink – Wenn man einander einmal so gegenübersteht, – da will man eben derjenige sein, der – besser schießt. Das hat nichts mit Feindschaft zu tun. Man hat ja auch persönlich nichts gegen die Scheibe, auf die man zielt, – man will treffen.

FLIEDERBUSCH Mitten – ins Schwarze. –

GRAF *zuckt die Achseln.*

FLIEDERBUSCH Nur treffen – ohne Haß –!

GRAF *verstehend* Ach so –! Sie, Herr Fink, finden es offenbar anständiger oder großartiger – oder weiß Gott was, wenn man einen Menschen aus Haß umbringt, als *er sucht nach einem Wort* als –

FLIEDERBUSCH *ruhig* Als aus Sport.

GRAF *zuerst frappiert* Sie – meinen –? *In anderem Ton* Gut. Ich akzeptiere das Wort. Ich bin eben –. Sportsman. Ja, das bin ich mein Lebtag gewesen. Immer – und überall. Man hat ja wahrscheinlich nur die Wahl in den meisten Dingen des Lebens – Sportsman – oder – *er sucht.*

FLIEDERBUSCH Oder – Monomane.

GRAF *fast erfreut* Ja. Es scheint wirklich so. Vielmehr – die Wahl hat man nicht einmal – man ist s o oder s o organisiert. Ganz richtig, Herr Fink. – Mein Beruf scheint es nun einmal zu sein, mir – Höchstleistungen abzufordern, – auf allen Gebieten, – je nach den Jahren. Früher waren es allerlei andere, – jetzt kommt eben die Politik dran. Wird hoffentlich auch ganz amüsant werden.

FLIEDERBUSCH Es sieht ganz danach aus.

GRAF *gutmütig* Nicht wahr?

FLIEDERBUSCH Sie sind unter einem – glücklichen Stern geboren, Herr Graf. Nicht jeder hat das Talent, das Leben – so heiter und leicht zu nehmen.

GRAF Heiter –? will ich Ihnen zugeben, Herr Fink. Aber leicht –? Vielleicht nehm ich's nicht so wichtig, so pedantisch wie – andere Leute. Aber hat es darum weniger – Inhalt und insbesondere – weniger Gefahren als für diese andern Leute? Ich glaub' nicht. Und wer weiß, ob meine politische – Sportkarriere nicht damit endet, daß mich ein paar Fanatiker oder Pedanten an einen Laternenpfahl aufhängen?

FLIEDERBUSCH Wir wollen zwar nicht hoffen –

GRAF Sehr liebenswürdig.
FLIEDERBUSCH Aber eines ist sicher: – in Ihrem letzten Augenblick würden Sie sich doch einbilden, Herr Graf, – daß Sie für Ihre Überzeugung untergehen!
GRAF Das ist ein Irrtum, Herr Fink. Wie immer es mit mir endet, – ich würde mit dem tröstlichen Bewußtsein aus dem Dasein scheiden, – daß ich immer nur ein Sportsman – und keine Sekunde lang, auch in der letzten nicht – ein Monomane gewesen bin.
FLIEDERBUSCH Sagen Sie nur ruhig: ein Narr.
GRAF Oh –
FLIEDERBUSCH Es kann ja gar nicht anders sein, als daß Ihnen Leute, die nicht aus Laune oder sportlichem Wagemut, sondern – aus Überzeugung in Gefahr und Tod zu gehen bereit sind, in jedem Fall – als ausgemachte Narren erscheinen.
GRAF *zögernd* Ein wenig. Ja. Aber was Sie vielleicht wundernehmen wird, – sie sind mir dabei ganz sympathisch, diese Narren, – ob sie nun Fink heißen oder Fliederbusch. Und daher erlaube ich mir nochmals die zuversichtliche Hoffnung auszusprechen, daß beide aus dem Kampf unversehrt hervorgehen werden.
FLIEDERBUSCH Ich, Herr Graf, kann es mir weniger vorstellen als je.
GRAF –?
FLIEDERBUSCH Mir ist es gerade im Laufe dieser Unterhaltung immer klarer geworden, Herr Graf, daß einer von beiden aus der Welt muß, – Fink oder Fliederbusch. –
GRAF Sie sind obstinat, Herr Fink. Was soll denn dann aus unserm Frühstück werden? Ich meine, wenn der andre – mehr Glück hat als Sie!
FLIEDERBUSCH *nach einer kleinen Pause* Lassen Sie jedenfalls ein zweites Gedeck auflegen, Herr Graf.
GRAF Es freut mich, Sie so tapfer und zuversichtlich zu sehen.
FLIEDERBUSCH Herr Graf mißverstehen mich vielleicht; solche Zuversicht hieße ja das Schicksal herausfordern. Ich nehme vielmehr an, Herr Graf, angesichts der bewunderungswürdigen Objektivität, die Sie auch in der Beurteilung meines – Ihres Gegners an den Tag legen, daß es Ihnen ziemlich gleichgültig sein dürfte, mit wem Sie heute frühstücken werden – und daß Ihnen Herr Fliederbusch als Gast nicht minder willkommen wäre als ich.

GRAF Hab' ich Sie am Ende verletzt, Herr Fink? Das täte mir –
FLIEDERBUSCH Nicht im geringsten. Aber ich hätte wirklich nicht übel Lust, die Verfügung zu treffen, daß, falls das Schicksal heute gegen mich entscheidet, Herr Fliederbusch bei Ihnen erscheine, um Ihnen, Herr Graf, meine letzten Grüße zu überbringen.
GRAF Das wäre allerdings originell!
FLIEDERBUSCH Ich scherze nicht, Herr Graf. Wirklich nicht. Ob der eine – Narr oder der andere –, das bleibt sich doch am Ende gleich, nicht wahr, Herr Graf?
Jenseits des Gitters ist Egon Satan zu sehen; er blickt herein, zögert, gibt jemandem, der rechts hinten steht, aber jetzt nicht sichtbar ist, ein Zeichen des Verständnisses.
FLIEDERBUSCH *sieht ihn, sein Blick wird starr.*
GRAF Was ist Ihnen, Herr Fink? *Er geht dem Blick des Fliederbusch nach und bemerkt Egon, ohne ihn gleich zu erkennen.*
EGON *grüßt.*
GRAF Man grüßt Sie. Ein Bekannter? Ah, der junge Herr Satan. – Er will Sie offenbar sprechen?
FLIEDERBUSCH Es scheint in der Tat – *Mit einem raschen Entschluß zum Gitter hin.*
GRAF *langsam in derselben Richtung.*
FLIEDERBUSCH Sie suchen mich, lieber Egon?
EGON Allerdings, Herr Fink. *Er grüßt den Grafen nochmals.*
GRAF *dankt.*
EGON *bleibt draußen stehen* Ich bitte um Entschuldigung, aber eine höchst dringende Angelegenheit –
FLIEDERBUSCH *im Park* Die mich betrifft?
EGON Jawohl. Und da wir wußten – *Zum Grafen, der noch etwa drei Schritte entfernt ist,* daß Herr Fink für heute zu Ihrer Durchlaucht beschieden war –
GRAF Ich will nicht stören.
FLIEDERBUSCH Oh – Der Herr Graf ist unterrichtet. Nun?
EGON Kurz und gut, – die Polizei hat von dem bevorstehenden Duell Wind bekommen.
FLIEDERBUSCH Wie?
EGON Wir haben es aus bester Quelle. Es ist uns daher opportun erschienen, das Renkontre für eineinhalb Stunden früher anzuberaumen. Die Herren von der Gegenseite sind einverstanden.
FLIEDERBUSCH *kann sein Erstaunen schwer verbergen* Herr Fliederbusch ist einverstanden –?

EGON Wenn Sie es gleichfalls sind, Herr Fink, so erfolgt die Begegnung statt um zwölf schon um zehn Uhr dreißig am bekannten Orte.

FLIEDERBUSCH *Uhr* Zehn Uhr dreißig –

EGON Sonst wären wir genötigt, das Ganze auf morgen oder einen noch späteren Termin zu verschieben, was unter den obwaltenden Umständen besser vermieden werden sollte.

FLIEDERBUSCH Ganz richtig.

GRAF Und wir verlegen unser Frühstück gleichfalls auf eine Stunde früher, was schon wegen des Rennens ganz angenehm wäre. Also, ich erwarte Sie um eins, lieber Herr Fink.

FLIEDERBUSCH Herr Graf – i c h – oder der a n d e r e wird pünktlich zur Stelle sein.

WÖBL *erscheint drüben und grüßt.*

EGON *zu Wöbl hinüber* Alles in Ordnung. *Zu Fink* Der Wagen wartet an der Ecke. Wir fahren direkt hin.

FLIEDERBUSCH Und vielleicht darf ich Sie bitten, Herr Graf, Ihrer Durchlaucht meine Entschuldigung zu Füßen zu legen.

GRAF Das werde ich tun. Also – auf Wiedersehen! *Reicht ihm die Hand.*

Egon und Wöbl mit Fliederbusch ab.

GRAF *ihnen nachsehend, nach einer Weile* Sonderbar. *Zigarette.*

DIENER *kommt und deckt den Tisch ab* Gehorsamster Diener, Herr Graf.

GRAF *geht hin und her* Wie geht's denn immer, Franz?

DIENER Danke für die gnädige Nachfrage, Herr Graf, wie's eben gehen kann. Fünfundsiebzig Jahre im August.

GRAF Sieht Ihnen niemand an, Franz!

DIENER Ist es erlaubt, Herrn Grafen die untertänigsten Glückwünsche darzubringen?

GRAF Wozu denn?

DIENER Zu dero politischem Debüt.

GRAF Für Politik interessieren Sie sich auch, Franz?

DIENER Was bleibt in meinen Jahren übrig, Herr Graf? Beim Herrn Grafen hat es mich freilich ein bißchen gewundert. Aber es ist vielleicht nur vorübergehend.

Kajetan erscheint an der Gartentüre mit der Aktentasche.

KAJETAN, GRAF, *anfangs auch* DIENER

KAJETAN Guten Morgen!

DIENER *bemerkt ihn erst jetzt, geht zur Türe.*
GRAF *kümmert sich nicht um ihn, raucht.*
KAJETAN Ihre Durchlaucht erwartet mich. *Gibt dem Diener seine Karte.*
DIENER *mit der Karte ab.*
KAJETAN *an der Türe, aber schon im Park* Erlaube mir einen guten Morgen zu wünschen, Herr Graf.
GRAF *erwidert kühl.*
KAJETAN *näher, stellt sich vor* Kajetan. Ich hatte bereits einmal die Ehre.
GRAF Freilich, freilich, Herr Kajetan. Vorgestern hatte ich das Vergnügen, Sie auf der Bühne zu sehen. – Gratuliere zu Ihrem Erfolg.
DIENER *kommt zurück* Ihre Durchlaucht wird in wenigen Minuten erscheinen. *Ab.*
KAJETAN Sehr charmant von Ihrer Durchlaucht. War nämlich erst für zwölf herbeschieden. Aber unvorhergesehene Umstände, wie das schon so geht bei uns Journalisten – Um zwölf muß ich schon wieder woanders sein.
GRAF Sie sind vielfach beschäftigt, Herr Kajetan?
KAJETAN Enorm. Überall. Interessanter Beruf. Höhen und Tiefen. Palast des Reichen, Hütte des Armen. – Tod und Leben. – Wahrheit und Dichtung.
GRAF *lachend* Das letztere ganz besonders.
KAJETAN Ganz besonders. Um zehn Uhr im Fürstlich Wendolinschen Park, Frühlingslüfte, Vogelgesang, Erwachen der Natur, Poesie und Frieden, – zwei Stunden später Waldesdüster, Blut und Grauen, Kampf und Sieg, Tod und Verderben.
GRAF Na, es wird hoffentlich nicht so gefährlich sein.
KAJETAN So gefährlich sein – Vielleicht doch. Unter Diskretion: Pistolenduell!
GRAF Pistolenduell? Zeuge?
KAJETAN Zeuge – ich? Nein, nicht mein Fall. Berichterstatter.
GRAF Berichterstatter bei einem Duell – das gibt's auch?
KAJETAN Gibt alles. Eigentlich noch mehr.
GRAF Es handelt sich wohl um das Journalistenduell, das heute stattfindet? Zwischen Herrn Fink und –
KAJETAN Und Fliederbusch. Herr Graf sind informiert. Konnte mir denken.
GRAF Ein Zufall.

KAJETAN Sensationelle Sache. Kolossale Erbitterung beiderseits. Hie Welf – hie Waiblingen. Zehn Schritt, fünfmaliger Kugelwechsel. Wenn resultatlos, wird mit Degen weitergekämpft. Kein Kinderspiel. Tragischer Ausgang nicht unwahrscheinlich, wird sogar erwartet, bin jedenfalls gerüstet.

GRAF Sie?

KAJETAN Journalistisch Haha! Beide Nekrologe fix und fertig. *Auf seine Aktentasche weisend, nach rechts und links* Hier Fink – hier Fliederbusch! Mir kann nichts geschehen.

GRAF Das darf man wohl behaupten. Sie kennen beide?

KAJETAN Kenne beide. Natürlich. Fliederbusch sogar persönlich.

GRAF Und Herrn Fink?

KAJETAN Informationen. Gewesener Offizier.

GRAF Ah –

KAJETAN Spielschulden. Desperado. Fechter und Schütze ersten Ranges. Schreibt auch unter dem Namen Styx.

GRAF Styx? Sollten Sie sich nicht irren, Herr Kajetan?

KAJETAN Irre mich nie. Information.

GRAF So. Hm. Und der andre, – Fliederbusch, wissen Sie über den vielleicht auch Näheres?

KAJETAN Hoffnungsvoller junger Mann. Vater Großspekulant, zugrunde gegangen. Dachkämmerchen. Hungertuch. Sieben Geschwister. Orgelpfeifen. Fliederbusch hat für alle gesorgt. Prachtkerl. Große Zukunft, wenn er nicht totgeschossen wird. Täte mir leid. Eben an mir vorübergefahren mit zwei Herren. Sieht aus wie's Leben. Kann sich ändern. Ha! *Sehr rasch das Folgende.*

GRAF Wer ist an Ihnen vorübergefahren? Herr Fink?

KAJETAN Fink? Kenn' ich nicht. Fliederbusch.

GRAF Ist an Ihnen vorübergefahren mit zwei Herren?

KAJETAN Unsre Wagen kreuzten sich an der Ecke.

GRAF Und die zwei Herren kannten Sie auch?

KAJETAN Zwei Herren? Nein. Total unbekannt.

GRAF Es müßten doch seine Sekundanten gewesen sein. –

KAJETAN Warum? Freunde. Erst halb zehn. Duell fängt noch lang nicht an.

GRAF Die beiden Herren trugen Zylinder?

KAJETAN Zylinder.

GRAF Der eine Herr sehr dünn, der andre groß und stark, schwarzer Schnurrbart –?

KAJETAN Herr Graf haben sie auch gesehen? Fescher Fiaker mit zwei Rappen?

GRAF Ja, er fuhr hier vorüber. Das war also Herr Fliederbusch.

KAJETAN War Fliederbusch. Vielleicht letzte Spazierfahrt.

GRAF Wir wollen nicht hoffen.

KAJETAN Nicht hoffen. Kann auch gut ausgehen. Alles schon dagewesen. Immerhin, wenn schon – *unterbricht sich.*

GRAF Ich bitte –?

KAJETAN Wenn einer fallen soll, bin ich eher für Fliederbusch.

GRAF Mit dem Sie befreundet sind?

KAJETAN Befreundet ist zuviel gesagt. Guter Bekannter.

GRAF Und wünschen ihm den Tod?

KAJETAN Wünsche ihn nicht. Aber Nekrolog ist besser als der andre. Mit Herzblut geschrieben. Der über Fink matt.

GRAF Und darum möchten Sie lieber, daß Fliederbusch –

KAJETAN Jawohl. Daß Fliederbusch fällt.

GRAF Das ist ja geradezu teuflisch, Herr Kajetan.

KAJETAN Seele des Dichters, unheimliches Lokal. Haha! Nachtlokal ohne Musik. Manchmal auch mit. *Nimmt sein Notizbuch und notiert* Kann man brauchen.

FÜRSTIN *kommt aus dem Hause, im Reitkleid* Guten Morgen!

GRAF *küßt ihr die Hand.*

KAJETAN Ich muß tausendmal um Verzeihung bitten, Durchlaucht, daß ich etwas früher –

FÜRSTIN Macht nichts. *Sieht um sich* Aber wo ist denn –

GRAF *zieht die Fürstin nach vorn* Herr Fink läßt sich vielmals entschuldigen, er konnte leider nicht länger warten.

FÜRSTIN So –? Na ja.

GRAF Du weißt ja wahrscheinlich?

FÜRSTIN Was soll ich denn wissen?

GRAF Von dem Duell?

FÜRSTIN Der reine Zufall.

GRAF Ein sehr interessanter junger Mensch. Vielversprechend. Es wäre schade – Weißt du, daß es auf Leben und Tod geht?

FÜRSTIN Im Ernst?

GRAF Ja.

FÜRSTIN Also doch wegen eines Frauenzimmers?

GRAF Nein, es ist ein politisches Duell. Und ich bin gewissermaßen die Ursache.

FÜRSTIN Du –?

GRAF Meine Rede im Parlament.

FÜRSTIN Du meinst doch nicht, daß ich sie gelesen habe? Ich les' nur die von den Sozialdemokraten.
GRAF Oh, hätt' ich das gewußt – –
FÜRSTIN So fängt also deine politische Karriere an. – Mit Mord und Totschlag!
GRAF Na –
FÜRSTIN Du kannst dich aber anschaun, wenn da ein Malheur geschieht. Ein so netter, junger Mensch. –
GRAF Ja, das ist er. –
FÜRSTIN Aber – ich kann den Herrn Kajetan nicht länger da stehenlassen. – Also, lieber Herr Kajetan, da bin ich.
KAJETAN Durchlaucht, der verbindende Text ist fertig. Ich bitte um die Erlaubnis, ihn vorlesen zu dürfen.
FÜRSTIN Ist er sehr lang, Herr Kajetan?
GRAF Laß dich nicht stören, Priska, aus unserm Spazierritt wird ja doch nichts mehr.
KAJETAN Nicht sehr lang. Mittel. Kann nach Bedarf gekürzt oder verlängert werden.
FÜRSTIN Gereimt?
KAJETAN So ziemlich. Kann aber auch so gesprochen werden, daß es keiner merkt.
FÜRSTIN Na, fangen S' halt an, Herr Kajetan. Darf der Graf zuhören?
KAJETAN Besondere Ehre. *Er hat das Manuskript seiner Aktentasche entnommen.*
Die Fürstin hat sich niedergesetzt, Graf steht ein wenig hinter ihr, immer zerstreut.
KAJETAN *setzt sich und liest* Erstes Bild. Paradies. Nach dem Bild von Lukas Cranach. Personen: Adam, Eva, die Schlange, der Apfel.
FÜRSTIN Das ist doch keine Person.
KAJETAN Bei mir schon. Schöne Rolle. Haha!
FÜRSTIN Aber wenn Sie beim Paradies anfangen, wird's ein bissl lang dauern.
KAJETAN O nein, Durchlaucht. Große Sprünge. Vom Paradies direkt auf Perikles. Von Perikles auf Nero. Von Nero auf die Völkerwanderung und so weiter. – Also – *er unterbricht sich* Ja, richtig, vor dem Paradies kommt ja noch was. Der Prolog. Er tritt auf als Harlekin, einen Stab in der Hand.
FÜRSTIN Ja, warum denn?
KAJETAN Er braucht ihn, um dann auf die Bilder zu zeigen.

FÜRSTIN Ah so, – ein Staberl. –

KAJETAN Also Harlekin verneigt sich nach allen Seiten und spricht:
Da Gott, der Herr, die Welt erschuf
Und fern und nah auf seinen Ruf –

GRAF Bitte um Entschuldigung, wenn ich unterbreche. Sag einmal, Priska, hättest du Lust, dir einmal ein Duell anzuschauen?

FÜRSTIN Wie meinst du?

GRAF Du warst doch gewiß noch bei keinem. Also, willst du?

FÜRSTIN Was sind das für Witze?

GRAF Es würde dich vielleicht interessieren. –

FÜRSTIN Das Duell zwischen –

GRAF Zwischen Fink und Fliederbusch. Ja. – Herr Kajetan hat vielleicht die Freundlichkeit, uns in seinem Wagen mitzunehmen. –

KAJETAN *verdutzt* Mitnehmen? Wieso? Haha!

FÜRSTIN Lesen S' weiter, Herr Kajetan.

GRAF Es ist kein Scherz. Wir fahren zum Duell Fink-Fliederbusch. Aber wenn wir zurechtkommen wollen, so ist's höchste Zeit.

KAJETAN Pardon, – Duell findet erst um zwölf statt.

GRAF Ein Irrtum. Schon um halb elf. Verlassen Sie sich auf mich, Herr Kajetan. Wenn wir nicht gleich fahren, so versäumen wir's. Ich habe auch meine Informationen.

FÜRSTIN Jetzt sag aber im Ernst, ob du toll geworden bist.

GRAF Nicht im allergeringsten. Und ich verspreche dir, daß du dich glänzend amüsieren wirst.

FÜRSTIN Ja, sage, wofür hältst du mich denn eigentlich?

KAJETAN Fünfmaliger Kugelwechsel.

FÜRSTIN Was?

KAJETAN Kolossale Erbitterung. – Hie Welf –

GRAF Also geschwind, Priska.

FÜRSTIN *auf ihr Reitkleid deutend* Ja, kann man denn so zu einem Duell gehen?

GRAF Warum nicht? – Wird vielleicht Mode werden.

FÜRSTIN *hinaufrufend* Lina, meinen Mantel, g'schwind!

GRAF Und Ihren Text, Herr Kajetan, den lesen Sie uns beim Frühstück vor, – zum Dessert. Von Adam und Eva bis – das wird doch eine Kleinigkeit für Sie sein – bis zum Duell Fink-Fliederbusch. Das ist der vorläufige Schluß der Weltgeschichte.

KAMMERMÄDCHEN *hat den Mantel gebracht.*
FÜRSTIN *nimmt ihn um* So, ich bin fertig.
GRAF Also vorwärts!

Der Diener steht am Tor. Diener und Kammermädchen sehen sich verwundert an, während der Graf, die Fürstin und Kajetan den Park verlassen. Man sieht noch, wie Kajetan winkt, und hört den Wagen heranrollen.

Rasche Verwandlung bei Verdunkelung der Bühne ohne Fallen des Vorhangs. Waldumgebene Wiese. Kleine Wege von verschiedenen Seiten, der breiteste von rechts; schöner Frühlingstag.

FLIEDERBUSCH, EGON, WÖBL, KUNZ

Kunz fünfunddreißig, elegant, Zylinder, kurzer gelber Überzieher, Opernglas umgehängt, sitzt auf einem Baumstumpf links, Wöbl steht vor ihm, Fliederbusch auf und ab am Waldrand im Hintergrund, manchmal nach rechts blickend. – Egon mehr rechts, steht still.

KUNZ *dozierend, mit Humor* Aber denken Sie sich, meine Herren, selbst bei solchen Bedingungen ist die Wahrscheinlichkeit eines tödlichen Ausgangs nicht höher als eins zu dreizehn.
WÖBL Ah!
KUNZ Die Wahrscheinlichkeit einer schweren Verwundung eins zu sieben, einer leichten eins zu drei und eines absolut günstigen Ausgangs –
WÖBL Pari.
KUNZ Eineinhalb zu eins.
EGON *sieht auf die Uhr* Zehn Uhr vierzig. Die Herren lassen warten.
FLIEDERBUSCH Ein herrlicher Frühlingstag! Finden Sie nicht, meine Herren!? *Er zündet sich eine Zigarette an.*
EGON *sieht ihn nicht ohne Bewunderung an.*
KUNZ *steht auf, zu Fliederbusch, fühlt ihm den Puls* Sie gestatten, Herr Fink!
FLIEDERBUSCH Bitte!
KUNZ Zweiundachtzig. Kaum beschleunigt. Die höchste Anzahl von Pulsschlägen, die ich knapp vor einem Duell konstatieren konnte, war hundertzweiunddreißig; die niedrigste vierundfünfzig. Ihren kann man geradezu als normal bezeichnen. *Er notiert etwas.*

FLIEDERBUSCH Sie arbeiten wohl an einer – Duellstatistik?
KUNZ Erraten. Es wird ein epochales Werk. Heut ist das hundertundsiebzehnte, dem ich beiwohne.
FLIEDERBUSCH Und immer mit Operngucker?
KUNZ Nur, wenn am selben Nachmittag ein Rennen stattfindet. – Übrigens, meine Herren, ist Fiebertraum lahm geworden.
WÖBL Wie? – Das ist doch –
EGON Meine Herren, zehn Uhr fünfzig! Ich weiß nicht, ob es überhaupt statthaft ist –
FLIEDERBUSCH *hat sich aufs Gras hingestreckt und pfeift vor sich hin.*
EGON *sieht ihn befremdet an.*
WÖBL *auf Fliederbusch weisend* Was sagt die Statistik, Herr Doktor?
KUNZ Vorher hab' ich noch keinen so daliegen sehn.
WÖBL Und – nachher?
KUNZ Davon spricht man lieber nicht.
EGON *lauschend* Meine Herren – –
WÖBL Schritte – –
KUNZ Zweifellos.
FLIEDERBUSCH *erhebt sich* Hm –
WÖBL Dort kommen sie!
FLIEDERBUSCH *geht langsam nach rückwärts.*
EGON Ich sehe nur zwei –

Sie stehen alle ganz links. Von der andern Seite rechts auf dem Waldpfad erscheinen FÜLLMANN *und* OBENDORFER.

FÜLLMANN Wir gehen fehl, sag' ich Ihnen.
OBENDORFER Undenkbar. – Dort sind sie ja. *Will weitergehen.*
FÜLLMANN Aber wo ist Fliederbusch? Noch immer nichts von ihm zu sehen?
FLIEDERBUSCH *hat sich in den Wald zurückgezogen, ist wohl für das Publikum, aber nicht für die Mitspielenden sichtbar.*
WÖBL Sie bleiben stehn. –
EGON Sie müssen uns doch gesehen haben.
FÜLLMANN *zu Obendorfer* Es war keinesfalls sehr vorsichtig, diesem Herrn Styx zu trauen, nach dem sonderbaren Benehmen von Fliederbusch am Telephon.
OBENDORFER Was sollte Herr Styx für einen Grund gehabt haben –? Und er hatte doch das Billett von Fliederbusch.
FÜLLMANN In dem n i c h t s von seiner angeblichen Mission stand.
EGON Höchst sonderbar – –

FÜLLMANN Ich schlage vor, wir verschwinden wieder. Es wäre ja eine Blamage. –
OBENDORFER Unmöglich, man hat uns sicher schon gesehen.
FLIEDERBUSCH *ist nun wieder weiter nach vorn gekommen, aus dem Wäldchen herausgetreten, steht ziemlich entfernt von sämtlichen übrigen, gerade in der Mitte von beiden Parteien.*
OBENDORFER *sieht ihn* Da ist er ja!
FLIEDERBUSCH *grüßt steif, bleibt stehen.*
FÜLLMANN Richtig. Aber warum kommt er denn nicht näher?
OBENDORFER Also vorwärts! *Rasch der Mitte zu.*
Egon und Wöbl nähern sich gleichfalls der Mitte.
FÜLLMANN Reden Sie, Obendorfer.
Die Sekundanten stehen einander gegenüber; sie begrüßen einander feierlich.
OBENDORFER Meine Herren, vor allem bitten wir, die kleine Verspätung zu entschuldigen. Unser Wagen ist beim Lusthaus unrichtig eingebogen. – Aber nun, denke ich, können wir ohne weitere Verzögerung ans Werk schreiten.
EGON Ich erlaube mir nur, aufmerksam zu machen, meine Herren, daß wir noch immer nicht vollzählig sind.
OBENDORFER Inwiefern –?
KUNZ *der indes auch nähergetreten ist, sich vorstellend* Doktor Kunz.
OBENDORFER Natürlich – Von weitem dachten wir – Also, Herr Fink ist nicht erschienen? –
EGON Herr Fink ist selbstverständlich anwesend; – aber Herr Fliederbusch hat sich bisher nicht –
OBENDORFER Pardon – dort steht er.
EGON Wo? Dort –? Darf ich bitten, Herr Fink!
FÜLLMANN *ihn herbeiwinkend* Fliederbusch! –
FLIEDERBUSCH *ist nach vorn gekommen, steht nun zwischen beiden Parteien, grüßt stumm nach beiden Seiten.*
Kleine Pause des Erstaunens.
EGON UND WÖBL Herr Fink! – –
FÜLLMANN UND OBENDORFER Herr Fliederbusch! –
FLIEDERBUSCH *sich verneigend* Fink – und Fliederbusch – mit Ihrer Erlaubnis, meine Herren!
EGON Ich – verstehe – nicht recht.
OBENDORFER Das wär doch –
FÜLLMANN Sie haben – *Sich überschreiend* beide Artikel –? Da und dort – gegen sich selbst –?
WÖBL *der allmählich versteht* Also, das ist ja eine infame Kneiferei!

OBENDORFER Sie haben sich erlaubt, uns zum Narren zu halten?
EGON *mit Haltung* Herr – wer sind Sie?
OBENDORFER, FÜLLMANN UND WÖBL Wer sind Sie?
FLIEDERBUSCH *einfach* Vorgestern war ich Fliederbusch, – gestern war ich Fink, – heute bin ich beides – oder vielleicht keiner von beiden.
EGON Diese Erklärung genügt uns in keiner Weise.
FLIEDERBUSCH Eine andre kann ich Ihnen leider nicht geben.
OBENDORFER Eine Unverschämtheit!
FÜLLMANN Heute schreiben Sie so – und gestern so, – und Sie wollen Journalist sein? Eine Pestbeule sind Sie! Ein Auswurf!
EGON Meine Herren, wir alle, denke ich, haben mit diesem Herrn nichts weiter zu schaffen. Uns bleibt nichts übrig, als uns von dieser entweihten Stelle schleunigst zu entfernen und – – *der Gedanke kommt ihm erlösend* ein Protokoll aufzunehmen!
OBENDORFER Ein Protokoll –?
KUNZ *ernsthaft* Unbedingt. Es ist und bleibt eine Ehrenaffäre, meine Herren. Wir haben eine regelrechte Forderung, wir haben eine regelrechte Duellannahme, – die Sekundanten sind auf dem Platz erschienen – der Arzt – und – beide Duellanten. Daß diese in einer Person vereinigt sind, ist ja allerdings ein seltener – in meiner Praxis sogar noch nie dagewesener – Fall, aber das ändert nichts am Wesen der Sache.
WÖBL *zu Egon* Da kommt dein Papa!
OBENDORFER *zu Füllmann* Leuchter!
EGON UND FÜLLMANN Styx!
STYX *kommt mit Satan und Leuchter von rechts* Wir sind am Orte, meine Herren, hier ist der Kampfplatz. *Begrüßt die andern* Ich habe die Ehre. Guten Morgen, Herr Fink, – guten Morgen, Herr Fliederbusch, ich habe mir erlaubt, Ihre Chefs zu Ihrem Duell mit sich selbst einzuladen.
LEUCHTER UND SATAN Wie?
FLIEDERBUSCH Das haben Sie ja gut gemacht, Herr Styx.
STYX Nicht wahr?
FLIEDERBUSCH *zu Leuchter und Satan* Guten Tag, meine Herren. *Kurze Verbeugung vor Leuchter, auf sich weisend* Fink! *Zu Satan ebenso* Fliederbusch!
LEUCHTER Ausgezeichnet! *Er lacht* Aber ich hab' mir gleich so was gedacht.
FÜLLMANN *zu Obendorfer* Er hat sich gedacht –!?

SATAN *zu Fliederbusch* Das ist aber interessant. Na, ich gratuliere, daß es so gut ausgefallen ist.

EGON Papa! *Da Satan nicht auf ihn achtet* Papa! Du wirst doch nicht mit diesem Herrn –

SATAN Wieso? Warum? Wir haben Verpflichtungen, Egon! Der Graf Niederhof –

EGON Wird ihm einen Fußtritt versetzen – selbstverständlich!

LEUCHTER Ich mache Ihnen mein Kompliment, Herr Fliederbusch.

FÜLLMANN *zu Obendorfer* Sein Kompliment –?

LEUCHTER Ein famoser Spaß, wahrhaftig. *Zu Füllmann* Nicht wahr?

FÜLLMANN *wendet sich entrüstet ab.*

LEUCHTER *zu Fliederbusch* Wissen Sie, was Sie getan haben? Sie haben ad absurdum geführt. Ich weiß zwar noch nicht genau, was, aber Sie haben.

SATAN *ist beunruhigt, weil Leuchter Fliederbusch für sich in Beschlag zu nehmen scheint; zu Egon* Laß mich, mein Sohn. *Zu Fliederbusch* Mein lieber Herr Fink – darf ich bitten, Herr Fink – Ich sehe die Sache als einen Jugendstreich an, einen genialen Jugendstreich. Und ich mache Ihnen hiermit den Antrag, vom nächsten Ersten an fix in den Verband unsres Blattes zu treten mit einem Gehalt von siebenhundert Kronen.

STYX Ah!

LEUCHTER *zu Obendorfer* Aber was wollen Sie denn? Wir werden die Lacher auf unsrer Seite haben. *Zu Fliederbusch* Ich begrüße Sie im Sinn unsrer gestrigen Abmachungen als Mitredakteur der »Gegenwart« mit achthundert Kronen Monatsgage.

SATAN Neunhundert, Herr Fink!

LEUCHTER Tausend, Herr Fliederbusch!

SATAN Tausendfünfzig.

GRAF NIEDERHOF, FÜRSTIN *und* KAJETAN *kommen.*

EGON Der Graf Niederhof!

STYX Ah, die Fürstin, das ist nicht übel.

KUNZ Von allen Duellen, denen ich jemals beigewohnt habe, jedenfalls das bestbesuchte.

FÜRSTIN *zum Grafen* Aber nicht so nah. Wenn eine Kugel danebengeht –

GRAF Keine Angst! *Er grüßt nach allen Seiten.*

OBENDORFER Sie kommen zu spät, Kajetan.
KAJETAN Zu spät, Kajetan, wieso? Schon vorbei? Servus, Fliederbusch! Nichts passiert? Gratuliere! Aber wo ist der andre?
OBENDORFER Tot.
KAJETAN Tot? Pech! Kann ihn nie kennenlernen, diesen Fink. Desperado, – mußte so enden. Leiche schon fortgeschafft?
OBENDORFER Begraben.
KAJETAN Ha, glaub' ich nicht.
FÜRSTIN *zu Fliederbusch* Sie haben ihn wirklich –
FLIEDERBUSCH Durchlaucht, mein Name ist Fliederbusch!
FÜRSTIN Ja, wo ist denn dann der Herr Fink?
GRAF *zur Fürstin* Du siehst hier beide in einer Person vereint.
FÜRSTIN Ich versteh nicht recht – sind Sie vielleicht gar ein Doppelgänger?
KAJETAN Ah, – Fink und Fliederbusch in einer Person, – großartig! Wasser auf meine Mühle! In einem kühlen Grunde – Identität der Gegensätze –
SATAN Tausendfünfzig!
LEUCHTER Elfhundert!
KUNZ Elfhundert zum ersten, zum zweiten –
SATAN Elfhundertfünfzig!
KAJETAN Was heißt denn das?
FÜRSTIN Was wird denn hier versteigert?
GRAF Unser junger Freund offenbar. Möchtest du vielleicht mitlizitieren?
LEUCHTER Zwölfhundert.
KUNZ Zum ersten, zweiten. –
FLIEDERBUSCH Genug.
LEUCHTER Um so besser! Abgemacht mit zwölfhundert. Kommen Sie, Fliederbusch.
FLIEDERBUSCH So war es nicht gemeint.
SATAN Zwölfhundertfünfzig!
FLIEDERBUSCH Halten Sie ein, meine Herren. Sie befinden sich beide im Irrtum. Ich bin nicht in der Lage, Ihre sehr ehrenvollen Anträge anzunehmen. Mir ist meine Gesinnung nicht feil.
FÜLLMANN Ah, das ist gut.
FLIEDERBUSCH Ich muß mir das Recht vorbehalten, jeden Tag zu denken und zu schreiben, was ich will! Auf e i n e Überzeugung kann ich mich nicht festlegen.
FÜLLMANN Sie wagen es, von Überzeugung zu reden? – Und wechseln sie von heute auf morgen!

KUNZ Ein anständiger Mensch braucht dazu mindestens acht Tage!

LEUCHTER Wer will Sie festlegen, Herr Fliederbusch? Wir werden uns schon einigen.

SATAN Wir haben uns bereits geeinigt! *Mit einem ihm glücklich erscheinenden Einfall* Der Herr Graf ist mein Zeuge. Unsre Besprechung gestern – Nicht wahr, Herr Graf?

GRAF Verzeihen Sie, mein bester Herr Satan, – die Bedingungen des Herrn Radlmann sind nicht annehmbar. Mein Konsortium zieht sich zurück.

SATAN Zieht sich zurück?

STYX Das hätt' ich vorhersagen können.

GRAF Hingegen halt' ich Sie beim Wort, Herr Fink – und Fliederbusch.

FLIEDERBUSCH *sieht ihn an.*

GRAF Unsere Abmachungen von heute morgen bestehen zu Recht.

SATAN UND LEUCHTER Abmachungen? –

Sie treten zueinander, auch die Sekundanten finden sich.

GRAF *näher zu Fliederbusch* Wir beide werden uns verstehen, denke ich!

FLIEDERBUSCH Werden wir?

GRAF Die Rechnung ist klar. *Leiser* Sie haben zwei Überzeugungen, – ich keine –

FLIEDERBUSCH Stimmt das auch ganz gewiß, Herr Graf? Sie könnten sich am Ende täuschen – in uns beiden.

GRAF Auch diese Möglichkeit hab ich in meine Rechnung bereits eingestellt. *Reicht ihm die Hand.*

FLIEDERBUSCH *nimmt sie noch nicht; wieder laut* Und – wenn ich es nun zur Bedingung machte, daß Herr Styx mitengagiert wird – –

STYX Wie? Sie wollen mich protegieren, Herr Fliederbusch? Das nenn' ich – eine Verwegenheit! Ich gedenke auf eigene Faust ein Blatt herauszugeben. Ich bedarf Ihrer Protektion nicht, Herr Fliederbusch!

GRAF Bei mir gewiß nicht, Herr Styx. Und es wird mir nur angenehm sein, mein lieber Baron, unsere früheren Beziehungen auf neuer und so erfolgversprechender Basis wieder aufzunehmen.

STYX Ich könnte Ihren Vorschlag nur in Betracht ziehen, Herr Graf, wenn es Ihre Absicht wäre – ein anarchistisches Blatt ins Leben zu rufen. Sonst tue ich's allein. Material hab' ich genug, meine Herren, auch über Sie alle!

GRAF Wir wollen's uns überlegen. Jedenfalls wär es schade, wenn eine so hoffnungsvolle Kompagnie an kleinen Meinungsverschiedenheiten scheitern sollte.

FÜLLMANN *zu Obendorfer* Das wird ein sauberes Blatt werden.

KAJETAN Reaktionär – anarchistisch – konservativ-liberal! – Enorm! Telegraphiere ich nach Amerika! Zukunft der Presse – Identität der Gegensätze! Hab es immer gesagt!

EGON Wir sind hier überflüssig, meine Herren. Gehen wir und setzen wir das Protokoll auf. *Zu Satan* In der nächsten Nummer der »Eleganten Welt« soll es erscheinen.

LEUCHTER Das Duellprotokoll? Wir haben das gleiche Recht darauf, Füllmann, ich mache Sie verantwortlich.

GRAF Meine Herren, das Protokoll, das müßten Sie doch eigentlich uns reservieren für das neue Blatt, – statt eines Programms!

EGON Gehen wir!

Sie grüßen alle und wollen sich entfernen. Gräfin und Fliederbusch stehen beisammen.

GRAF Einen Augenblick, meine Herren! *Sie bleiben alle stehen* In der glücklicherweise nicht trügerischen Ahnung, daß das Duell zwischen Fink und Fliederbusch einen unblutigen Ausgang nehmen wird, hab' ich mir gestattet, im Lusthaus ein Frühstück zu bestellen, und ich bitte Sie alle um die Ehre, meine Herren, daran als meine werten Gäste teilzunehmen.

Verlegene Pause.

EGON Ich, Herr Graf –

SATAN *leise* Egon! – Es ist der Graf Niederhof, der uns einlädt. –

FÜLLMANN Was werden Sie tun, Obendorfer?

OBENDORFER Ich glaube, frühstücken kann man immer.

KUNZ Warum zögern Sie, meine Herren? Die Angelegenheit ist ja so ritterlich erledigt als möglich. – Vielleicht noch nie in meinen hundertsiebzehn Fällen –

FÜLLMANN Herr Graf, wenn ich auch heute die Ehre haben werde, Ihr Gast zu sein, – es wird mich natürlich nicht hindern, gegebenenfalls mit aller Rücksichtslosigkeit gegen Ihr Blatt –

GRAF Ich rechne darauf. Und nun, meine Herren – Friede – oder wenigstens Waffenstillstand bis nach dem Frühstück. Zum Nachtisch aber wird uns Herr Kajetan –

KAJETAN Mein Festspiel vorlesen –

GRAF Oh, verzeihen Sie! An Ihr Festspiel hab ich gar nicht mehr gedacht. Ich meinte – die Nekrologe!

KAJETAN Haha! –

FLIEDERBUSCH Nekrologe?

GRAF *zu Fliederbusch* Über Sie – und über Sie!

KAJETAN *nimmt die beiden Manuskripte aus der Aktentasche rechts und links* Hie Fink! Hie Fliederbusch!

FLIEDERBUSCH Her damit! *Nimmt sie, beginnt sie zu zerreißen.*

KAJETAN Und nicht einmal lesen? –

FLIEDERBUSCH Steht doch sicher kein wahres Wort drin!

KAJETAN Wahres Wort über Fink und Fliederbusch?! Verlangen zuviel!

FLIEDERBUSCH *zerreißt die Blätter in kleine Stücke* In alle Winde mit ihnen! – Und nun, Addio, Fink und Fliederbusch!

FÜLLMANN Und damit halten Sie die Angelegenheit für erledigt?

FLIEDERBUSCH Oh, Sie Pedant! Muß denn alles erledigt werden? – Kann irgend etwas erledigt werden? – Bin ich auf die Welt gekommen, um etwas zu erledigen? Dazu sind andere da!

GRAF Die sich's am Ende auch nur einbilden. Reichen Sie der Fürstin den Arm, Sie Held – und Gefallener des Tages!

Man hat sich allmählich in Bewegung gesetzt. Satan mit Leuchter, Wöbl mit Obendorfer, Egon mit Füllmann, Styx mit dem Grafen, Kajetan mit Kunz, Fliederbusch mit der Fürstin, der er den Arm reicht.

Vorhang fällt

DIE SCHWESTERN

ODER

CASANOVA IN SPA

Ein Lustspiel in Versen. Drei Akte in einem.

Personen

ANDREA BASSI, *ein wohlhabender junger Mann aus Ferrara (23 Jahre alt)*

ANINA, *ein junges Mädchen aus der gleichen Stadt, von Andrea entführt (17 Jahre alt)*

DER ANGEBLICHE BARON SANTIS *(40 Jahre alt)*

FLAMINIA, *die Baronin (24 Jahre alt)*

HERR VON GUDAR, *ein verabschiedeter holländischer Offizier (über 60 Jahre alt)*

CASANOVA *(32 Jahre alt)*

TERESA, *eine berühmte Tänzerin aus Neapel*

TITO, *der Kellner (15 Jahre alt)*

EIN LORD

EINE WITWE *aus Amsterdam*

EINE DAME *aus Lyon*

IHRE TOCHTER

ANDERE GÄSTE

Die Handlung spielt zu Spa, Mitte des 18. Jahrhunderts an einem Sommertag, in dem schönen, beinahe prächtigen Fremdenzimmer eines vornehmen Gasthofs.

Eine Tür rechts vorn auf den Gang, eine andre links in das benachbarte Zimmer. Ein großes Fenster im Hintergrund mit der Aussicht auf den Park. Ein Tisch mit Schreibgelegenheit rechts. – Ein großer Schrank links, ein Sekretär rechts. – Nah dem Schrank ein Reisekoffer. – Alkoven rechts durch einen Vorhang abgeschlossen.

I

ANINA *allein. Sie blickt in den Park, schauert leicht zusammen. Vom Fenster fort an das Tischchen, beginnt zu schreiben. Hält inne, überliest, schreibt wieder, rascher. Sie hört Schritte, verbirgt den Brief in ihrem Busen, tritt ans Fenster.*

GUDAR *verabschiedeter holländischer Offizier, wollte draußen am Fenster vorbeigehen, bleibt stehen, grüßt*
    Ein schöner Morgen, gnäd'ge Frau.

ANINA   Noch Morgen?
    Ich denke Mittag schon!

GUDAR   So will's die Sonne.
    Der aber fragt man hier zu Ort nicht nach.
    Herr Bassi auch, ich wette, schlummert noch.

ANINA
    Ich glaube nein. Vielmehr – er ging schon aus –
    da Gudar befremdet scheint
    Nun ja, wie Sie, Herr von Gudar, der doch
    Gewiß gleich ihm den Tag herangewacht.

GUDAR
    Uns Greisen frommt kein Schlaf. Zu töricht wär' es,
    Dem Wuchrer Tod, der bald des Daseins Schuld
    Im ganzen holt, allnächtlich Vorschuß zahlen.

ANINA *lächelt*
    Sie hatten wohl heut' nacht kein Glück im Spiel?

GUDAR
    Dergleichen stört mir längst die Laune nicht.
    Mich kümmert kein Verlust, kaum noch Gewinn.

ANINA
    Was also kümmert Sie?

GUDAR   Der Karten Fall.

ANINA
    Wenn's Ihnen gleich gilt, wie sie Ihnen fielen?

GUDAR
    So sagt' ich nicht. Aufs neue lockt's mich stets,

Den Schicksalsmächten mich zum Kampf zu stellen.
ANINA
Ein großes Wort für so geringes Ding.
GUDAR
Warum gering? Ob ich die Karten frage,
Ob wer mich ansprengt im Gewühl der Schlacht,
Ob, wie's wohl in vergangner Zeit sich traf,
Mich einer Maske Funkelaug' vom Tanz
In eines Gartens Rätseldämmer rief, –
Nicht Angst noch Jubel hat mich je durchschauert,
Nicht Haß noch Zärtlichkeit mein Blut gejagt –
Nur immer dies: Was willst du, Feind im Dunkel? –
Schicksal, was willst du mir? – So auch im Spiel.
Dies blieb mir nun allein. So ist's mir viel.
ANINA
Und also – wer blieb Sieger heute nacht?
GUDAR
Sie wissen's nicht?
ANINA Wie sollt' ich –
GUDAR Hat Ihr Gatte –?
ANINA *rasch*
Ich schlief schon, als er heimkam. Hört' ihn kaum –
Und morgens weckte mich sein Fortgehn nicht.
Doch freilich ist mir – und noch klingt's mir nach –
Als wär's wie Gold durch meinen Schlaf geronnen
Und Stück' um Stücke rollten dort hinein.
Zum Sekretär, öffnet ihn, Goldstücke liegen zutage.
GUDAR
So leiser Schlaf und ein so lauter Gatte.
ANINA *auf das Gold weisend*
Ihr Gold, Herr von Gudar?
GUDAR Noch gestern abend.
Heut' Herrn Andreas Gold.
ANINA Oh, wenn Sie etwa – –
Sie macht sich mit dem Geld zu schaffen
Ich zweifle nicht – Andrea wird –
in einiger Verlegenheit wieviel – –?
GUDAR *sie unterbrechend*
Ich habe nichts **verloren**, gnäd'ge Frau.
Herr Bassi nur **gewann**.
ANINA Wer denn verlor?

195

GUDAR
    Herr Casanova. Doch da seine Barschaft
    Sehr bald in nichts zerfloß, hat sich's gefügt
    Im Hin und Her des Spiels, daß all mein Gold
    Vor Herrn Andrea Bassi sich gehäuft.

ANINA
    Und Casanova –?

GUDAR   Schuldet alles mir,
    Was er verlor. Ein andermal – vielleicht
    Heut' abend schon – vielleicht erst übers Jahr –
    In Homburg oder wo es immer sei,
    Begleicht er, was ich gern ihm vorgestreckt.

ANINA *wie fragend*
    Er ist ein Ehrenmann.

GUDAR   Auf Sicht, wie ich.
    Von einem Tag zum andern w i r d man's wieder;
    Und regt zur Zwischenzeit ein Zweifel sich –
    Ein Degenstoß beschwichtigt ihn sofort.

ANINA
    Sie kennen ihn nicht erst seit gestern abend?

GUDAR *lacht*
    Herrn Casanova? In Venedig schon,
    Lang eh' er unter dem berühmten Bleidach
    Freigeisterei und leicht're Sünden büßte, –
    Er noch ein Fant, doch schön und frech wie heut,
    Ich von der Jugend letztem Glanz umsonnt, –
    Schon damals maßen unsere Kräfte wir,
    Und nicht am Spieltisch nur. Zehn Jahre sind's!
    Noch steigt sein Stern, da meiner längst erblich.

ANINA
    Sie lieben ihn nicht sehr?

GUDAR   Und doch nicht wen'ger,
    Als meiner Jugend Bild ich lieben müßte,
    Begegnet's plötzlich mir im Licht des Tags.
    Sie kannten ihn noch nicht?

ANINA   Nur seinen Namen.

GUDAR
    Sprach ihn Herr Bassi je vor Ihnen aus?
    Die Gatten lieben seinen Namen nicht.

ANINA
    Andrea Bassi ist mein Gatte nicht.

GUDAR
  Noch nicht. Mag sein. Doch kenn' ich Menschen so,
  Wie's mir nach sechzig Jahren Weltfahrt ansteht,
  So denk' ich, daß Herrn Bassis Bürgersinn
  Der lieben Vettern Gunst so schwer entbehrt,
  Als Ihre Frommheit, holde Frau Anina,
  Der Kirche heil'gen Spruch und Ehesegen.
  Und ist bei rauhem Wind in fremden Landen
  Des Abenteuers Lust und Rausch verweht,
  Das Kinder sich am sichern Herde träumten,
  So kehren Sie, wie gern, zurück, wo längst
  In milder Heimat wohlumschlossnem Kreis
  Mit offnen Armen die Verzeihung wartet.
ANINA
  Mich dünkt die Luft hier eben lind genug,
  Die Gegend lieblich, heiter die Gesellschaft,
  Und wir behagen beid' uns hier aufs beste.
GUDAR
  Doch ahnt' es Ihnen kaum vor wenig Wochen,
  Daß Sie an einem Tisch mit solchem Volk –
ANINA
  Mit solchem Volk?
GUDAR   Wie ich und meinesgleichen,
  Zu Abend essen, Tür an Türe wohnen,
  Zu Lustpartien sich gesellen würden!
ANINA
  Ich bin so kostbar nicht. Und niemand hat
  Mir gegenüber Höflichkeit und Anstand –
  Nicht Mann noch Frau – mit einem Wort verletzt.
  Baron von Santis, wenn auch laut beim Trunk,
  Bleibt stets galant. Flaminia losen Munds,
  Das merkt' ich wohl, ist dennoch herzensgut.
  etwas stockend
  Und Casanova – ist ein Edelmann –
GUDAR
  Wie Santis ein Baron, wie ich ein Fürst,
  Und wie Flaminia etwa Nonne wäre –
ANINA
  Und Casanova? –
GUDAR   Nun, was den betrifft,
  Wo man ihn findet, dort gehört er hin.

Und träf' ich übers Jahr als Exzellenz
In Spanien ihn; – in einer Diebsspelunke
Am Strand zu London – unter andern Strolchen; –
Als Handelsmann mit Spitzen in Paris; –
Als Dichter eines Schäferspiels in einem
Breton'schen Schloß; – als Polizeiagenten, –
Als Millionär, als Bettler, selbst als Bürger, –
Ich staunte nicht, so wenig als er selbst.
Und wenn er auch heut nacht verlor, – es kann
Doch sein, daß er mit falschen Karten spielte, –
So wie er oft mit wahren Worten lügt.
Dies ist Herr Casanova. Niemals war
Ein Gauner ehrlicher als er, und nie
Vertraut' ich einem Ehrenmann so wenig.
Und füg' ich noch hinzu, daß nie ein Weib,
Das er begehrt, ihm seine Huld versagt,
So wissen Sie soviel wie alle Welt.

ANINA
Wahrlich, ich hätte gern Sie jung gekannt.
GUDAR
Mich –?
ANINA Denn von keinem andern sprachen Sie.
GUDAR
Von Casanova nur. Der freilich so
Ins Leben sprang wie andre junge Leute
Und einstmals, denk' ich, enden wird wie sie –
ANINA *lächelnd*
So weise, meinen Sie –?
GUDAR Nein, so geschwätzig! –
Er grüßt und geht.
ANINA *eine Weile in Gedanken, nimmt ihren Brief wieder hervor, schreibt weiter, faltet den Brief zusammen, tut ihn in einen Umschlag, schreibt die Adresse, ergreift die kleine Glocke, die auf dem Tisch steht, klingelt nicht, überlegt, öffnet die Tür rechts, späht vorsichtig rechts und links auf den Gang, winkt; ein Kellner, jung, fast noch Knabe, 15 Jahre,*
TITO, *sehr hübsch, tritt ein.*
TITO Gnädige Frau? Befehlen?
ANINA
Sag mir – der Herr, der gestern mittag ankam –
stockt.

TITO Welcher Herr? Es kamen einige Herren an...
ANINA *rasch*
Herr Casanova wohnt nicht hier – bei euch?
TITO Herr Casanova ist im Goldnen Löwen abgestiegen. Wir hatten kein Zimmer mehr frei. Davon lebt der Goldne Löwe. Was soll ich Herrn Casanova bestellen, gnädige Frau?
ANINA *gibt ihm ein Goldstück*
Bestellen... nichts. Bring' diesen Brief zu ihm.
TITO Sofort.
Will gehen.
ANINA Noch einen Augenblick. 's ist eine Wette,
Verstehst du? Also kommt's drauf an vor allem,
Daß es geheim bleibt. Drum verbirg den Brief.
TITO Oh, die gnädige Frau können völlig unbesorgt sein. Und soll ich die Antwort hierher bringen?
ANINA
Nein, keine Antwort. Du entfernst dich gleich.
TITO Und wenn Herr Casanova nicht zu Hause sein sollte, darf ich den Brief in den Händen seines Dieners lassen?
ANINA
Du läßt den Brief in jedem Falle dort.
TITO Nur gebe ich der gnädigen Frau zu bedenken, daß der Diener vielleicht ein verkleidetes Mädchen ist.
ANINA   Du denkst?
TITO Ich denke gar nichts. Ich weiß nicht einmal, ob Herr Casanova mit einem Diener angekommen ist.
ANINA
Nun also?
TITO Aber es könnte auch irgendwer bei ihm versteckt sein. Im Schrank – im Bett –
ANINA   Und warum vermutest du das?
TITO Ich vermute gar nichts. Ich gebe der gnädigen Frau nur alle Möglichkeiten zu bedenken.
ANINA
Du bist sehr klug... so kann man dir vertraun.
Gibt ihm noch ein Goldstück.
TITO Gnädige Frau werden Ihre Wette gewinnen. Und wenn gnädige Frau sonst noch etwas wünschen?
ANINA
Nichts mehr.
TITO Ich meine nur...

ANINA *ungeduldig*
      Was willst du denn?
TITO Wir haben hier im Hause auch noch andere Zimmer. Mit unsichtbaren Türen. Wenn man an ihnen vorbeigeht, so merkt man nichts. Sie fallen unhörbar ins Schloß. Unsere schönsten Zimmer ... mit den breitesten Betten. Und Spiegel überall, sogar an der Decke.
ANINA
      Fragt' ich dich drum? – Wir sind hier ganz zufrieden,
      Ich und Herr Bassi auch.
TITO Ja, wenn es auf die Ehegatten ankäme –
ANINA
      Willst du nicht endlich gehen? Da –
      Gibt ihm wieder ein Goldstück.
TITO Wenn ich statt dieses letzten Goldstückes um einen Kuß bitten dürfte ...
ANINA   Du bist verrückt.
TITO Das wäre wohl möglich, gnädige Frau, – und wahrhaftig kein Wunder.
ANINA *küßt ihn rasch*
      Da.
TITO Ich fliege. *Ab.*
ANINA *allein*
      Was wird aus mir? Was ward aus mir?
      Es klopft links   Wer ist's?
FLAMINIA *im Nebenzimmer*
      Ich bin's, Flaminia.
ANINA   Ja, ich öffne gleich.
      Sie schließt die Türe links auf, die versperrt war.

ANINA, FLAMINIA

FLAMINIA
      Schon angekleidet –? Guten Morgen, Liebste –
      So früh? Ich bin noch nackt. Ja, seh'n Sie nur.
      Sie lüftet ihr Kleid
      War's unbescheiden, daß ich einfach klopfte?
      Da wir doch Nachbarn sind –
      blickt um sich   Dies Zimmer hab' ich
      Auch einmal schon bewohnt. Ja, ich erkenn' es.
      Drei Tage nur. Im Herbst. Wir mußten heizen.

Oh, Kälte hass' ich. Denken Sie, ich sah
Den ersten Schnee als sechzehnjähriges Mädchen.
Denn in Palermo schneit es nie. Bei Ihnen
In Mantua –
ANINA   Ferrara...
FLAMINIA   Kommt's wohl vor?
Ja, ihr im Norden seid beinah' schon Deutsche.
Beim Fenster
Ein wunderbarer Tag.
ANINA   Zu schön beinah'.
Ob kein Gewitter kommt –?
FLAMINIA   Da fing das Pharo
Gleich nach der Tafel an. Gut für Herrn Bassi,
Wenn er so glücklich spielt wie gestern abend.
ANINA
Sie nahmen teil?
FLAMINIA   Nein, Santis sagt' es mir.
ANINA
Auch er gewann?
FLAMINIA   Man zwingt das Schicksal nicht.
So gab er's auf, kaum, daß das Spiel begonnen.
Auch liebt er's nicht, wenn wer am Tische sitzt,
Der schuldig bleibt, und wenn der böse Zahler
Zu allem Unglück Casanova heißt.
ANINA
Ich glaubt' ihn reich?
FLAMINIA   Reich, der? An Worten, ja,
An Lügen. Glauben Sie vielleicht die Fabel,
Die er uns aufgetischt von seiner Flucht
Aus dem Gefängnis, drein der Hohe Rat
Venedigs ihn aus guten Gründen sperrte?
Dies Bohren, Sägen, Rutschen, Klettern, Schwimmen, –
Und keiner hört ihn, keiner sieht ihn, keiner
Erkennt ihn, und im Mondenscheine sitzt er
Auf einem Dach und nimmt noch einen mit –?!
Zu albern ist's.
ANINA   Doch er entkam.
FLAMINIA   Wer weiß.
Er war vielleicht nie eingesperrt. Und wenn,
So saß er seine Strafe ab wie andre.
Und wenn er floh, wer sagt, daß es gelang?

Er stürzte ab vom Dach, ertrank –
ANINA *lachend* Und lebt...?
FLAMINIA
Vielleicht auch nicht. Er muß es ja nicht sein.
Ein Schwindler.
ANINA Und der wahre Casanova?
FLAMINIA
Entweder Casanova oder wahr.
Doch beides – nein!
ANINA Sie aber müßten's wissen,
Da Sie ihn doch in früh'rer Zeit gekannt?
FLAMINIA
Gekannt? Geseh'n. Gesprochen. Oder nein –
Er sprach, nur er. Ich glaube, dieser Mensch
Hat keines andern Stimme je gehört.
Dreimal im Leben bin ich ihm begegnet,
Und jedesmal, kaum war der Gruß gewechselt,
Erzählt' er die Geschichte seiner Flucht,
Mit gleichem Wort, mit gleichem Tone fast.
So war's im vorigen Herbst, so vor zwei Jahren...
Und auch vor sieben, als ich ihn in Rom,
Ein Kind beinah', zum ersten Male sah.
ANINA
Das war doch, eh' er ins Gefängnis kam?
FLAMINIA
Nun seh'n Sie, daß das Ganze nur erfunden.
ANINA
Und doch, mir war's, Sie lauschten sehr gespannt.
FLAMINIA
Aus Neugier, Beste, ob er's nochmals wagt,
In meiner Gegenwart den alten Spaß
Uns aufzubinden, und ob sein Organ
Bei dem verruchten Wandel, den er führt,
Noch seiner Jugend Klang bewahrt, der einst,
So sagen sie, den Frau'n gefährlich war.
ANINA
Nur einst?
FLAMINIA Natürlich! Seine Zeit ist um.
Er kam allein hier an. Die letzte gab
In Brüssel ihm den Laufpaß vor drei Tagen.
Er selbst erzählt' es ja. Teresa heißt sie.

War Tänzerin. Ich sah sie selbst in Mailand.
Ein kleines rundes Ding. Und solch ein Näschen.
Für zehn Dukaten konnt' sie jeder haben, –
Und wer ihr just gefiel, für zwei. Das nennt
Sich Tänzerin. Die Sängerinnen sind
Geradeso. Triumphe Casanovas!
Nun ist sie ihm davongetanzt, vielmehr
Davongerollt – denn einer Kugel gleicht sie –
Und Casanova weint ihr nach.

ANINA Von Tränen
Gewahrt' ich gestern nichts in seinen Augen.
Er schien mir fröhlich, strahlend war sein Blick.

FLAMINIA
Sie sah'n ihn nicht zu seiner guten Zeit.
Heut ist er eine Trauerweide nur.

ANINA *wie bedauernd*
Und noch so jung!

FLAMINIA Teresa wird wohl wissen,
Warum sie ihn verließ. Und wir verschwenden
An einen Schatten zuviel Worte schon.
Sie sind allein? Herr Bassi ausgegangen?
So wett' ich, daß er alle Läden abläuft
Nach einer Perlenschnur, die seines Reichtums
Und Ihres schönen Nackens würdig wäre.

ANINA Er ist nicht reich.

FLAMINIA Heut ist er's. Und ich hoffe,
Sie sind so klug, der Stunde Glück zu nützen.
Auf ihre eigene Schnur deutend
Dies ist uns sicher, wenn der Karte Laune
Sich wieder gegen den Gebieter wendet.
Sie lächeln trüb? Wie, wär' er etwa geizig?

ANINA
Wahrlich, das ist er nicht. Doch weiß er wohl:
Mein Herz hängt nicht an Schmuck. Und wenn er fortging,
So ist's: nach seiner Art in Einsamkeit
Durchs Feld und über Wiesen zu spazieren.

FLAMINIA
Ach so, ein Philosoph, ein Dichter gar?
So sieht er aus. Die Stirn in ernsten Falten,
Verwirrt das krause Haar, doch wohlgepflegt,
Vornehm die Tracht, doch ihrer wenig achtend,

Das Aug' verschleiert, doch es kann auch glühn ...
Ein hübscher Mensch, sein Name auch ... *träumerisch*,
                                        Andrea ...
Wie lang schon reisen Sie mit ihm umher?
ANINA
   Drei Wochen, – *rasch* und wir werden uns vermählen.
FLAMINIA
   So bald? Nun ja. Wir haben's auch getan.
   Santis und ich. Ja, ich bin seine Frau.
   Sie plaudern nicht, mein Kind, denn es gibt Männer,
   Die schreckt das ab. Der erste, den ich liebte, –
   achselzuckend
   Man nennt's ja so! – ich war erst vierzehn Jahre,
   Was weiß man da, – und wurde mein Gemahl!
   Doch hab' ich's nicht bereut. Es lebt und reist sich
   Doch sichrer in so ständiger Begleitung.
   Man kennt einander, und das ist was wert.
   Sie werden seh'n, mein Kind, – wenn Ihr Geschick
   Sich meinem ähnlich wendet, wie ich ahne.
   Und warum nicht? – Der Wirt – was meinen Sie? –
   Für Schwestern hielt er uns.
ANINA *fast erschrocken*   Wahrhaftig ...
FLAMINIA   Ja.
   Natürlich Sie für meine jüngere. Nun,
   Ich ließ ihn gern dabei, so herzlich fühl' ich
   Mich Ihnen zugetan. Ist's nicht, als kennte
   Man sich seit Jahren? Daß an Ihrem Wagen
   Im Wäldchen just vor Spa ein Rad zerbrach,
   Und Sie den unsern teilen mußten, seh' ich
   Als Zufall nicht, als Fügung seh' ich's an.
ANINA
   Als Fügung gar –?
FLAMINIA   Auch Santis nahm es so.
   Erst heute sagt' er: Wenn zwei Paare sich
   Wie ich und du, und Bassi mit der Seinen
   Zu Arbeit und Vergnügen klug gesellten –
   Zum größten Vorteil schlüg's uns allen aus.
   Denn dieser Bassi – Santis' Worte sind's –
   Als meinen Meister muß ich ihn erkennen.
ANINA
   Als Meister –? Und worin? –

FLAMINIA Sie fragen, Beste?
ANINA *erschrocken*
Im Spiel –?
FLAMINIA *beiläufig*
Vielleicht in andern Dingen auch.
ANINA
Nie früher rührt' er eine Karte an.
FLAMINIA *ungläubig*
Ach, gutes Kind –
ANINA *immer erregter* Wie hätt' er in Ferrara,
Als eines angesehnen Kaufherrn Sohn,
Wie in Bologna auf der hohen Schule
Dergleichen – Künste jemals lernen sollen!
FLAMINIA
Ob dort, ob anderswo!
ANINA *lebhaft* Sie irren sich!
Der Eltern Widerstand – denn ich bin arm –
Trieb uns hinaus –
FLAMINIA *sie unterbrechend* Nun aber sind Sie draußen,
So fängt es eben an. Aus Flucht wird Reise,
Aus notgedrungener Reise heitere Fahrt,
Leicht wird der Sinn, und in der Fremde lernt sich,
Was uns der Heimat Enge vorenthielt,
Meist nur allmählich, – manchmal über Nacht.
Sie sind wie alt?
ANINA Schon achtzehn.
FLAMINIA Achtzehn! Ich
Bin vierundzwanzig. Und zehn Jahre her,
Daß ich mit Santis –! Ach, wie war ich jung!
Und wenn ich denke, daß mich Santis liebte
Und heut noch liebt, so könnt' es seltsam scheinen,
Was er mich werden ließ. Doch man gewöhnt's.
Und nichts ist lust'ger, glauben Sie, mein Kind,
Als Herz an Herz geschmiegt einander flüsternd
Die letzten Abenteuer zu vertrauen.
Wie lachen wir! Denn ach, die Welt ist dumm.
Zumal die Männer –

SANTIS *tritt auf. Über vierzig, groß und stark.* ANINA, FLAMINIA.

SANTIS Meinen Gruß den Damen.

Zu Anina, er küßt ihr ehrerbietig die Hand
Sie haben wohlgeschlafen, schönste Frau?
ANINA
Vortrefflich.
FLAMINIA   Und wo triebst du dich umher?
SANTIS
Man bietet mir ein Roß zu günst'gem Kauf.
Ich hab's auf freiem Felde ausprobiert.
Doch glaub' ich, will es einen leichtern Reiter –
So etwa von Herrn Bassis Wohlgestalt.
Gefällt's ihm, will ich's gern ihm überlassen.
ANINA
Sie sprachen schon mit ihm?
SANTIS   Bisher noch nicht.
Es fiel mir eben ein, da ich ihn sah.
ANINA *ihre Erregung bemeisternd*
Wo sah'n Sie ihn?
SANTIS   Im Park, von weitem nur.
Ich ritt vorbei. In dunkler Bäume Schatten
Ruht' er auf einer Bank – und träumte wohl!
Denn nicht einmal des Rosses Hufschlag machte,
Daß er den Blick empor vom Boden hob.
FLAMINIA
Ein Philosoph!
SANTIS   Die Maske steht ihm gut.
ANINA *befremdet*
Die Maske?
SANTIS   Edle Frau, wer trägt sie nicht?
Es ziemt sich kaum im Karnevalsgewirr
Vor Mitternacht das Antlitz frei zu zeigen.
ANINA *befangen lächelnd*
Und wann kommt Mitternacht?
SANTIS   Wann's uns beliebt.
ANINA
Es scheint, Sie sind der Philosoph, Baron?
SANTIS
Bin's wirklich! Ja, *in neuem Ton* und darum stets bedacht,
Daß niemals leer das Rad der Stunde laufe.
Der Tag ist schön, wir wollen ihn genießen.
Im Parke wird die Tafel hergerichtet –
Schon gab ich Auftrag, zwölf Gedecke –

FLAMINIA					Zwölf?
SANTIS
  Ich lud mir Gäste.
ANINA			Welche?
SANTIS					Herrn und Damen,
  Die mir so hoher Ehre würdig scheinen.
  So unter andern einen Lord aus England,
  Der, auf der europä'schen Tour begriffen,
  In prächtiger Karosse, voll bepackt,
  Heut morgens einträf, jung und unbeweibt.
  Dann eine Wittib – kommt aus Amsterdam –
  Von Trauer und holländ'schen Gulden schwer,
  Und sehr begierig beides loszuwerden.
FLAMINIA *zu Anina*
  Sie dürfen seiner Nase ruhig trauen,
  Auf Meilen riecht er Gold in Schrank und Beutel.
ANINA
  So sollen wir mit Unbekannten speisen?
SANTIS
  Mit Unbekannten zwar zu Tisch uns setzen,
  Jedoch, nach wohlbegoßnem Schmaus mit Freunden,
  Mit neugewonnenen ins Grüne fahren,
  Wo sich das Weitere finden mag. Gudar
  Ist mit von der Partie, auch Casanova,
  Wenn er bis dahin etwa aufgewacht,
  Denn als ich früh im Löwen nach ihm fragte,
  Verschlief er noch sein Mißgeschick von gestern.
FLAMINIA
  Du sprachst ihn nicht?
SANTIS			Versperrt war seine Tür.
  Ich hol' ihn später selbst. Er darf nicht fehlen.
FLAMINIA
  Natürlich nicht. Das wär' mir auch ein Fest,
  Wo er sein Bleidachmärchen nicht erzählte.
SANTIS
  Das böse Mäulchen! Nun, das erste nicht,
  Das er mit Küssen rasch versöhnen könnte.
  Gutmütig
  Doch scheint's, nach deinem just verlangt ihn nicht.
  Zu Anina
  Zum drittenmal im Lauf der Jahre streift er

An ihr vorbei – und diesmal, so wie sonst,
Bleibt der so Leichtentflammte ungerührt.
FLAMINIA
Gib acht, wenn ich ihn einmal rühren wollte.
Doch denk' ich nicht daran. Der Narr, der Geck!
SANTIS *zum Fenster hinausdeutend*
Hier kommt Herr Bassi.
ANINA *für sich*   Endlich.
SANTIS   Guten Morgen!
FLAMINIA
Er grüßte kaum.
SANTIS   Wahrhaftig, er blickt drein,
Als hätt' er um den gestrigen Gewinn
Sich schwer gemüht – und wär' um ihn betrogen.

ANDREA BASSI *tritt ein.* FLAMINIA, ANINA, SANTIS.

ANDREA
Oh, du empfängst –
FLAMINIA   Sie sah'n uns nicht?
ANDREA   Gewiß.
Nur hielt ich dies für des Barons Gemach,
zu Flaminia
Da ich nur Sie und nicht Anina sah –
beiläufig
Der ich den Morgenkuß noch schuldig bin.
Küßt sie flüchtig auf die Stirn
Den freundlichen Besuch heiß' ich willkommen.
Er küßt Flaminia die Hand und reicht dann seine Hand dem Baron.
SANTIS
Was bringen Sie von Ihrem Morgengang
Uns mit, Andrea? Ein Sonett? Terzinen? –
Wie, oder ein System des Weltenbaus?
ANDREA
Ob ich's verriete, wenn ich's auch entdeckt –!?
Und wie bekam der Morgenritt, Baron?
SANTIS
Ei, sah'n Sie mich?
ANDREA   Wie man zuweilen manches
Just mit dem Weißen seines Augs gewahrt.
Doch sann ich keinem Welträtsel nach,

Nicht einmal einem Vers. Des Gartens Duft,
Des Himmels Blau, das Weh'n der Frühlingswinde
War mir Gedicht genug; und das Geheimnis
Rings um mich her nahm ich in Ehrfurcht hin.

SANTIS
So trifft sich unser Plan mit Ihrer Laune.
Denn eine heitre Fahrt im Frühlingswind
Durch freie Au'n nach einem Wiesengrund,
Von dunklem Waldlaub wunderbar umschattet; –
Und dort ein kleines Fest mit Tanz und Spiel,
So ward bestimmt, soll diesen Tag beschließen.

ANDREA
Ein Fest –?! Dies ist noch über meine Laune.
Doch wollen wir's mit allem Überschwang,
Wie's an so heiterm Ort wohl Brauch, begeh'n.
Zu Santis
Daß hierfür vorgesorgt, verrät Ihr Blinzeln.
Wenn sich die Nacht senkt, werden schleierlos
Von Busch zu Busch des Waldes Nymphen schweben
Und ihre Gunst an Sterbliche verschwenden –
Weh dem, der sie am Morgen wieder kennt –
Und – rat' ich recht? – anstatt des grünen Tuchs
Wird uns ein leuchtend weißer Frauenleib –
Das Los entscheidet welcher – Spieltisch sein,
Darauf das Glück in gold'nen Wellen rollt –
Und wer verliert – der sei der Hauptgewinner.

SANTIS *Beifall nickend zu Flaminia*
Mein **Meister**, sagt' ich's nicht?

ANDREA   Baron, Sie schmeicheln. –
In neuem Ton
Doch daß man ja die Degen nicht vergesse!
Und wohlgeschliffne! Denn man weiß zuweilen,
Wie solch ein Fest **beginnt**, nie – wie es endet!

FLAMINIA *zu Santis*
Was blickt er denn so wild mit einem Mal?

ANDREA *leicht*
Und dies gilt leider nicht von Festen nur.

SANTIS *nach einer Pause*
Blieb' es um Ihre Laune so bestellt,
Sie wären ein verdrießlicher Genosse.
Doch wird, eh' uns die Tafel neu vereint,

Die man im Schatten draußen uns bereitet,
Man sieht, wie im Hintergrund auf der Wiese unter den Bäumen von Kellnern die Tafel gedeckt wird.
Die holde Frau, die Ihnen Gott bescherte,
Der Dichterstirne düstre Falten glätten.
Flaminia, komm!
Leise zu ihr im Abgehen
                    Hier folgt ein böser Zank!
Santis und Flaminia links ab.

ANDREA, ANINA

ANDREA *ruhig, bestimmt*
  Du schriebst ihm. Was?
ANINA   Willst du mich hören –?
ANDREA   Wollt'
  Ich's nicht, so fragt' ich nicht. Was schriebst du ihm?
ANINA
  Sprich mit so böser Stimme nicht, Andrea.
  Du weißt, daß ich nicht lügen will, noch kann.
ANDREA
  Du sandtest einen Brief an Casanova??
ANINA *befremdet*
  Du hast es – nicht gewußt, Andrea –?!
ANDREA   Doch!
  Ich hab's gewußt. Der Bursche, Tito heißt er,
  So jung er ist, von allen Lastern bleich,
  Ich sah, wie er ins Tor des Gasthofs schlich,
  Drin Casanova wohnt. Und gleich durchzuckt's mich
  (Dies Herz hat keine Ahnung je getrogen –!)
  Ein Brief von dir –! Und auch den Vorwand kenn' ich:
  Die Spitzen sind's! Ob jener Freund aus Brüssel,
  Von dem er sprach – (mit halbem Ohre hört' ich's)
  Sie wirklich zu so billigem Preise liefre?
  Beim Händler hier zahlt man sie dreimal teurer.
  Gleich merkt' ich, wie nach ihnen dich verlangte;
  Herr Casanova, schönen Frau'n gefällig
  Wie immer, trug sich dir als Mittler an –?
  Hält wie fragend inne.
ANINA
  Das tat er.

ANDREA   Ja, ich hört's.
ANINA *trüb lächelnd*   Mit halbem Ohr.
ANDREA
Nun mahnst du wegen solchen Tandes ihn,
Als eilt's dir gar so sehr, in einem Brief,
Der dem Verwöhnten nur als Zeichen gilt,
Daß es dich lockt, ihm schriftlich nah zu sein,
Eh' du persönlich wieder ihm begegnest.
Ein Brief an Casanova! Töricht Kind!
Und gar durch Tito! Zum Gesindespott
Erniedrigst du dich so – und mich dazu.
ANINA *wie oben*
Was schlimmer noch.
ANDREA *lauernd*   Was gab er dir zur Antwort?
ANINA
Du weißt wohl, daß mir Tito keine brachte.
Auf eine ungeduldige Gebärde Andreas
Und wird auch nicht. Denn deine Ahnung trog.
Der Brüss'ler Spitzen dacht' ich längst nicht mehr,
Und keine Frage stand in meinem Brief.
ANDREA *langsam*
Was denn, Anina?
ANINA   Eine Bitte nur.
ANDREA
Und welche?
ANINA   Daß er noch in dieser Stunde
Die Stadt verlasse.
ANDREA   Casanova –?!
ANINA   Er.
Pause.
ANDREA
So groß war die Gefahr? – So unabwendbar?
Daß du, wenn du ihm einmal noch begegnet – –
zuckend
Sein Anblick – ein gleichgültiges Gespräch –
Denn mir entging kein Wort – und ihm verfallen –?
Und ich bin nichts, Anina?
ANINA   Hör mich!
ANDREA   – Nichts! –
Warum dann einen Boten ihm gesandt?
Warum nicht selbst – und flogst in seine Arme?

Warum noch hier, wie meines Danks gewärtig,
Als wärst du nicht unrettbar, ewig mir
Verloren schon, selbst wenn du Casanova
Nie wiedersähst! Als wäre Sehnsucht nicht
Um Tausendfaches schlimmer als Erfüllung,
Weil sie fortwühlend in der Seele Gründen
Den reinen Lauf ihr bis zur Quelle trübt –!
Doch reist er ja nicht ab, denn deinen Brief
Hat er als Geck nach seiner Art gelesen
Und bleibt in Spa. Und er hat recht. Du hast
Die Wahl. Andrea oder Casanova.
Nein, keine Wahl. Denn der, der geht, bin ich.
Wendet sich zu gehen.
ANINA
 Er ging vor dir.
ANDREA   Und ließ dich's wissen? –
ANINA   Nein.
ANDREA
Flaminia hat die Kunde dir gebracht?
ANINA
Daß er sofort sich aus der Stadt entferne –
Ich hab' es mir als Dank von ihm gefordert,
Den er nicht weigern kann.
ANDREA   Als Dank –? Wofür – –?
ANINA
 Daß ich ihm angehört in dieser Nacht.
ANDREA *starr, dann auf sie zu, bleibt vor ihr stehen, sie unbeweglich. Pause. Er lacht auf*
Ein übler Scherz, und steht dir übel an.
Flaminia lehrt' ihn dich. Ihr klagtest du
– Ich weiß –, daß ich mit Eifersucht dich plage,
So riet sie dir ein Spiel der Rache an,
Darin nach läppischer Komödienart
So strahlend sich am Schluß des Mädchens Treue
Als albern ihres Liebsten Mißtrau'n weist.
Doch ist dein Wesen solchen Spielen fremd
– Wie mein Geschmack. Flaminien überlaß es
Und ihresgleichen, mit Gefühlen Spott
Zu treiben, die ein Herz nicht fassen kann,
Dem Liebe ein Geschäft, ein Spaß vielleicht,
Im höchsten Falle flücht'ge Lust bedeutet.

Bei Gott, die Galle stieg mir, als ich sie
Und ihren saubern Santis, den Baron,
Freundnachbarlich in unserm Zimmer fand.
Wie durftest du! – Und nicht genug daran,
Daß über unsere Schwelle du sie ließest –
Vertraut mit solchem Paare, ja verschworen! –
Denn nur von ihnen ward es ausgeheckt. –
Wahrhaftig, nie hätt' ich's mir träumen lassen,
Daß du, kaum erst vom Elternhaus entfernt,
Mit solchen Leuten dich so wohl verstehst.

ANINA
 Doch nicht so sehr als du, Andrea, der
 Im Reisewagen schon sich mit Flaminia
 Vortrefflich unterhielt – wie an der Tafel,
 Bei der du Glas auf Glas mit Santis leertest,
 Um erst heut früh vom Spiele heimzufinden.

ANDREA *aufatmend*
 Das also –?! Einmal und nicht wieder! Doch
 Da's unserer Reise Zufall so gefügt,
 So nützt' ich gerne die Gelegenheit,
 In solches Treiben tiefer einzublicken,
 Als der gewohnten Tage Lauf gewährt.
 Auch ging es leidlich aus. Sieh her. So viel
 öffnet den Sekretär
 Gewann ich. Gold genug, um noch ein Jahr
 Und länger vornehm durch die Welt zu reisen.
 Doch wollen wir, ich schwör's dir zu, uns künftig,
 Ob uns nun Deichsel oder Speiche bricht,
 Vor so bedenklicher Gesellschaft hüten.
 So ich wie du. Und jeglicher Versuchung
 Mit einer kühnen Wendung zu entgehen; –
 Die Stätte drohender Wirrnis und Gefahr,
 Sie sei von dieser Stunde an gemieden –
 Und mit der Eilpost fahren wir davon.
 Mach dich bereit.

ANINA
 　　　　　　Ich bin's. Doch zweifl' ich fast,
 Ob unsere Wege miteinander gehn.

ANDREA
 Was soll's, Anina? Wenn ich deinen Scherz,
 Den allzu bösen, dir so leicht verzieh,
 Was kommt dich an, mir weiter noch zu zürnen,

Daß eine Nacht – die erste und die letzte –
Ich dein vergaß mit Trunk- und Spielgenossen.
Nicht mit Flaminia, die – du sahst es wohl –
Vor dir aus der Gesellschaft sich entfernte.

ANINA

Willst du so gern mich mißverstehn, Andrea,
Und magst an Groll, an Rache lieber glauben,
Wovon mein Herz nichts weiß, als hinzunehmen,
Womit so oft dein unfroh schwerer Sinn
Umdunkelt unser junges Glück, und was
– Oh, faß es endlich, was ich selbst nicht fasse –
Was Wirklichkeit geworden heute nacht.

ANDREA

Sprich's aus.

ANINA   Noch einmal –?

ANDREA   Casanova?

ANINA   Ja.

ANDREA *zuerst starr, dann zieht er den Degen; auf sie zu.*

ANINA

Stoß zu! Wär' ich auf solches Ende nicht
Gefaßt gewesen, hätt' ich denn gesprochen?

ANDREA

Er hat am Leben dich bedroht! Den Mund
Mit einem Knebel dir gestopft! – Er mengte
Bei Tisch ein Elixier dir in den Wein!
Du hast es nicht gemerkt. Dergleichen Künste
Sind ihm vertraut. – Kein Zaubrer – doch ein Schurke.
Wer weiß es nicht –? Zu flieh'n riet ihm dein Brief –
Er kann nicht weit sein. – Oh, mein Degen, glaubst du,
Der in Bologna sich mit edleren kreuzte –?!
Ihn schänd' ich nicht. *Er steckt den Degen ein*
                    Auf die Galeeren soll er
Als ein Verbrecher – der er ist –!

ANINA   Vielleicht.
Doch kommt es mir nicht zu, ihn anzuklagen.
Große Pause.

ANDREA *ruhig*

Mitschuldig also – und du bist noch da?

ANINA

Ob wir uns trennen müssen, steht bei dir.
Verschweigen will ich nichts. Doch willst du hören?

ANDREA *nickt stumm, sinkt auf einen Stuhl.*
ANINA
    Ich war allein. Es rückte Stund' um Stunde,
    Vergeblich harrt' ich, ohne Schlummer, dein.
    Hinaus ins Dunkel lauschte bang mein Herz,
    Bis angerührt vom Schweigen ringsumher
    Es mählich selber stumm und müde ward.
    So dämmr' ich hin; – als aus des Gartens Stille
    Verfänglich Rauschen an mein Ohr sich drängt; –
    An Busch und Zweigen streift ein Mantel hin –
    Und unter Flügelschritten knirscht der Kies.
    Da schreck' ich auf. Wer kann es sein als du –?
    Zum Fenster hin. Ein Leuchten fällt ins Dunkel
    leise
    Von meinem Leib. – Und fahl im Lichte steht
    Ein Mann in meinem Blick, der du nicht bist.
    Ich – und mir ist, als löscht' ich so mich aus –
    Enteile rückwärts in der Wände Schatten,
    Er aber –
ANDREA   Casanova?
ANINA   Casanova.
ANDREA
    Den du in deines Leibes fahlem Glanz
    Erkannt?
ANINA   Er war's. Und eh' die Lippen mir
    Zu einem Schrei sich auftun, hat er über
    Die Brüstung ins Gemach sich frech geschwungen,
    Ist mir so nah, daß über meine Lider
    Sein Atem weht, daß seiner Pulse Beben
    Den meinen sich gesellt; – in seinem Hauch –
    Der kühl und heiß zugleich – kein Kuß, viel eher
    Ein Flüstern ohne Wort, ein Fleh'n, ein Bann –
    Doch endlich, ach, von meinem Mund ersehnt,
    Zum Kusse wird – löst all mein Sein sich auf,
    Und auf den Traumeswellen dieser Stunde,
    Vergangner nicht, zukünft'ger nicht bewußt,
    Treibt es, wie von sich selbst befreit, dahin.
    Pause.
    Als ich erwachte in des Morgens Grau'n,
    War ich allein und lag mit offnen Augen
    Und wußte wohl: was diese Nacht geschah; –

Nicht andern nur, mir selbst, Andrea, wär' es
Vor wenig Stunden noch wie schwerste Schuld –
Und nicht nur wider dich als Schuld erschienen.
Und doch – war meine Seele leicht und froh.
Dies aber ließ mich staunen mehr als schauern. –
So ganz in dir beschlossen gestern abend,
Daß der Gedanke nur, ein andrer Mann
Berührte meine Hand unlautern Sinns
Mit Ekel mich erfüllt, – und morgens drauf
Aus eines Fremden wildester Umarmung
So reulos wie aus Kinderschlaf erwacht?!
Unfaßbar gestern noch – und heut erlebt?!
Und fühle mich die gleiche, die ich war,
So unverwandelt und so unverwirrt
Und deiner Zärtlichkeit so wert, Andrea,
Als müßte, was ich grausam dir an Schmerzen,
Was du an Zorn mir vielfach wiedergibst,
Vor dem geheimnislosen Wort verweh'n,
Das dir bekennt, was man verschweigen konnte.

ANDREA *Geste des Hohns.*

ANINA
Wie leicht ist Lüge, da sie doch willkommen.
Vergib, daß ich zu bieten sie verschmäht.

ANDREA
Nun hört' ich dich. Und wieder frag' ich nur,
Warum verweilst du noch?

ANINA   Weil nichts geschah.

ANDREA
Hohn zum Beschluß?

ANINA   Nur dir gehör' ich an.

ANDREA
Doch warst du sein.

ANINA   Die Stunde kehrt nicht wieder.

ANDREA
Das ist der Stunden Art. Jedoch von jeder,
Gleichwie von jeder Herberg', drin du wohntest,
Und ging in Flammen hinter dir sie auf,
Trägst den Geruch du ewig in den Haaren.
Und jene Stunde war.

ANINA *sich ihm nähernd*

                     Doch diese ist.

ANDREA
   Und andere werden kommen. Und in keiner
   – Und wären tausende mir zugemessen –
   Vergäß' ich je, daß ich in einer dich –
   Und war sie auch halb Rausch, halb Überfall,
   Und schwände sie durch Zauber deinen Sinnen –
   Daß ich in dieser einen dich verlor.
   Was hilft's, daß du ihn eilig fortgeschickt?
   Nimmt er nicht die Erinn'rung dieser Stunde,
   Den Duft von deinem Leib, von deinen Küssen
   Den Nachgeschmack, der Seufzer Wonnehauch
   Auf seine Reise mit – und führte sie
   Ihn übers Meer und in die fernsten Lande –?
   Bist du seit heute nacht von all den Weibern,
   Die er zur Lust sich nahm, nicht eine mehr –?
   Und wenn der holde Zug besiegter Schönen
   Vor seinen Augen nackt vorüberschwebt,
   Ist unter ihnen nicht Andreas Braut?
   Und wenn zur Kurzweil trunk'ner Tischgenossen
   Er schamlos schwätzt von seinen Abenteuern,
   Wird nicht der Runde lüsternes Gelächter
   Den kostbar frechen Scherz belohnen, wie
   Herr Casanova durch ein Fenster sprang,
   Aus dem, wie sonst verschämter Lampe Schein,
   Ein weißer Frau'nleib ihm den Weg gewiesen –
   Und wie er mit dem Bräutchen sich ergötzt,
   Indes der Bräutigam am Spieltisch saß?!
   In ausbrechender Wut, beim Sekretär, öffnet ihn
   Hier ist das Teufelsgold, du wirst es brauchen –
   Fürs erste jedenfalls, bis von Flaminia
   Das weit're du gelernt. Mir ist nicht bang.
   Denn wahrlich unverwandelt stehst du da,
   Wie du dich rühmst. Nur kenn' ich dich zu spät,
   Die so geschaffen, daß sie erst die Mutter
   Betrog –
ANINA   Für dich.
ANDREA   Da ich zur Stelle war.
   Ein anderer kam, und nun bin ich betrogen.
   Da, nimm, dies alles! Send ihm Boten nach,
   Und laß ihn wissen, daß du reich geworden.
   Er fliegt zurück. Wie? Oder plantest du

Heute nacht schon einen neuen Seladon
Mit deiner Nacktheit fahlem Schein zu locken?
Mir ist es gleich. Zerrissen ist das Band
Für ewig zwischen uns, und seine Fetzen
Zertret' ich unter meinem Fuß. Fahr hin!
Nur kurze Frist und dieser Ort der Schmach
Liegt wie ein trüber Nebel hinter mir, –
Und hinter mir Verblendung ohne Maß. *Er eilt zur Tür.*

ANINA

Verlaß mich, wie's dein Recht, und wie's vielmehr
Nach solcher Zwiesprach' deine Pflicht geworden, –
Und meine, dich von meinem Weg zu weisen.
Denn daß aus dieser finstern Stunde nie
Gemeinsam uns ein Weg ins Helle führt,
Das, glaub' mir, fühl' ich tiefer noch als du.
Doch darfst du darum die gewes'nen nicht,
Die ew'gen Stunden unseres Glückes schmäh'n.
Sie sind auch mein, ich wahre meinen Teil,
Und wär' es auch vor dir, so wie dein Bild.
Du aber geh, und nimm dein Gold mit dir.

ANDREA

Ich rühr's nicht an, dein ist es und nicht anders,
Als hätt' er deine Gunst damit bezahlt.
Er will gehen, es klopft.

ANDREA

Wer ist's?

TITO *öffnet, steht in der Tür.*

ANDREA   Du Bursche – *schließt den Sekretär rasch.*

TITO

                Herr Andrea Bassi?

ANDREA

Du weißt, ich heiße so. An mich ein Auftrag?

TITO

Herr Casanova wünscht den Herrn zu sprechen.

ANDREA

Mich – Casanova?

TITO   Ja. Er wartet draußen.

ANDREA

Mich? Du verstandest gut – Herrn Bassi – Bursche?

TITO

Herrn Bassi, doch – allein.

ANDREA
        Er möge kommen.
TITO *ab.*
ANDREA *sperrt die Tür hinter ihm ab.*
    Was soll's?
ANINA
            Ich weiß es nicht. Jedoch, was immer –
    Bedenke wohl, daß zwischen mir und dir
    Das Band zerrissen ist. Weh, wenn du's wagtest,
    Dich zu gebärden, als bestünd' es noch.
    Es klopft.
    Entschuld'gen wird Flaminia, wenn ich ihren
    Besuch, indes sie nicht daheim, erwidere.
    Es kommt ein Augenblick, vielleicht, in dem
    Ihr meine Gegenwart nicht missen könntet.
    Getrost, ich lausche nicht, doch bleib' ich nah.
    Und was sein Kommen auch bedeute, merke:
    Kein Bräutigam, nicht meiner Ehre Anwalt –
    Du bist ein fremder Mann für mich – wie er.
    Vergäßest du's, ich täte, was dich reut.
    *Ab ins Zimmer links. Es klopft nochmals. Andrea steht eine Weile
    unbeweglich, dann öffnet er rasch.*

II

ANDREA, CASANOVA

CASANOVA *tritt ein, verneigt sich.*
ANDREA *dankt kühl.*
CASANOVA
    Vorerst, Herr Bassi, Dank für den Empfang.
ANDREA
    Kein Anlaß. Ihr Begehr, Herr Casanova?
CASANOVA
    Ich hätte kaum gewagt – *unterbricht sich*
                    Doch Sie gestatten –
    Das Fenster –
ANDREA *das Wort auffangend*
            Wie beliebt?

CASANOVA   Darf ich Sie bitten –?
Er hält sich an der Tür, deutet durch eine Gebärde an, Andrea möge das Fenster schließen.
ANDREA
  Man glaubt Sie fort?
CASANOVA   Sie werden gleich versteh'n.
  Nur bitte, schließen Sie das Fenster erst.
ANDREA *schließt das Fenster.*
CASANOVA *verneigt sich dankend, tritt nach vorn*
  Nun, mein Ersuchen, das – ich leugn' es nicht –
  Nach vierundzwanzigstündiger Bekanntschaft
  Verwegen schiene – ständ' ich Ihnen nicht
  Nach eigenem Gefühl als Freund 'genüber –
  Und wie gebot'ne Hand den Gegendruck,
  So fordert Freundschaft Freundschaft zum Entgelt.
  Er streckt ihm die Hand hin.
ANDREA *ergreift sie zögernd und läßt sie gleich wieder los.*
CASANOVA
  Auch daß ich Sie Kollegen heißen darf –
ANDREA
  Sie sind Student?
CASANOVA   Ich war's. Ich bin's. Und glaube –
  In höherm Sinne werd' ich's immer sein.
ANDREA
  Student der Rechte –?
CASANOVA   Und Philosophie.
  Zwar nach den Regeln nicht, jedoch mit Eifer.
ANDREA
  Sie weilten an der Schule von Bologna?
CASANOVA
  Von Padua. Doch war's mir nicht gegönnt,
  Vom Born der Weisheit recht nach Lust zu trinken.
  Denn halb aus Laune, halb zum Unterhalt
  Spielt' ich des Abends im Orchester mit.
ANDREA
  Die Geige?
CASANOVA
           Ja. Und Sie sind Flötenbläser?
ANDREA *etwas befremdet*
  Wie kommen Sie darauf?
CASANOVA   Der Lippen leicht

Geschwungne Form verrät's dem Kenner gleich.
Sie lieben die Musik?
ANDREA *ablehnend*   Wer liebt sie nicht?
CASANOVA
  Sehr wahr.
  Beginnt zu deklamieren
          Oh, Himmelstochter, die von Sternen
  Zu Sternen schwebt –
ANDREA   Wie meinen Sie?
CASANOVA *lächelnd*   's ist nur
  Der Anfang einer Ode.
ANDREA   Von – ?
CASANOVA   Von mir.
ANDREA
  Sie machen Verse?
CASANOVA   Nicht der Rede wert.
  Da plaudr' ich nun, dieweil mir unterm Fuß
  Der Boden brennt. Zur Sache denn, Herr Bassi.
  Rasch
  Ich reise ab. Ich muß. Aus trift'gen Gründen.
  Und zwar sofort. Und mir liegt viel daran,
  Herrn von Gudar, was ich ihm schuldig bin,
  Eh' ich den Ort verlasse, rückzustatten.
  Er ist nicht reich. Sie sind's und hatten gestern
  Viel Glück im Spiel. Und also bitt' ich Sie –
  Ein Edelmann den andern –, mir zu leih'n,
  Was ich an ihn, was er an Sie verlor –
  Und was ihm viel, was Ihnen nichts bedeutet.
ANDREA *höhnisch*
  Ihr Ernst, Herr Casanova?
CASANOVA   Meine Späße
  Sind witz'ger.
ANDREA *wie oben* Und Sie könnten glauben –
CASANOVA *sachlich*   Tausend
  Dukaten rund. Es bleibt ein Überschuß,
  So wenig Sie auf solchen Bettel anstehn,
  Von fünfzig, den ich Ihnen bar bezahlte.
  Den Wechsel, fällig binnen dreißig Tagen,
  Hab' ich schon ausgestellt. Hier
  auf die Unterschrift deutend   »Casanova«,
  Mein Namenszug. Ich schwöre, daß er echt.

ANDREA
    Doch ausgestellt auf wen?
CASANOVA   Auf mich natürlich.
    Wem trau' ich sonst? Obzwar – Lausin in Brüssel,
    Auch Herr Raspetti, der Bankier in Mailand –
    Von andern zu geschweigen – löst ihn ein.
    Doch wünscht' ich's nicht; – mir wär' es eine Ehre.
    Mit Zinseszins nach abgelaufner Frist
    Persönlich Ihnen meine Schuld zu zahlen.
ANDREA *den Wechsel betrachtend*
    In dreißig Tagen ...
CASANOVA   Ja, hier steht's geschrieben.
    Doch schließ' ich zeitigern Termin nicht aus.
ANDREA
    Und wie – verzeih'n Sie, ich bin nicht vertraut –
    Mit Geldgeschäften –
CASANOVA   Unter Ehrenmännern
    Genügte wohl das Wort.
ANDREA   Gewiß. Jedoch –
CASANOVA
    Sie wollen Sicherheit. Das muß ich loben.
    Ich gebe sie und zehnfach für einmal.
    Der Wechsel wäre ein s. Zum zweiten trag' ich
    Den Namen Casanova. Doch Sie fragen,
    Wo nimmt so rasch er die Dukaten her?
    Und noch geschwinder, als Sie sich's erträumen –
    Vielleicht schon morgen ist das Geld geschafft.
ANDREA
    Ihr Freund in Brüssel –?
CASANOVA
                  Herr Lausin – vielleicht.
    Wenn nicht schon vorher die Gelegenheit – *lächelnd*
    Ich reise mit Gudar –
ANDREA   Den Sie bezahlen.
CASANOVA
    Natürlich. Dies vor allem. Lad' ihn dann
    In meinen Wagen als Begleiter ein –
    Ein Spielchen – auf der Fahrt, im ersten Posthaus; –
    Und lächelt mir das Glück wie gestern ihm –
    Und die Wahrscheinlichkeit spricht sehr dafür –,
    So hab' vor Abend ich mein Geld zurück.

ANDREA
   Mein Geld.

CASANOVA *lächelnd* Vielmehr das Geld des Herrn Gudar.

ANDREA
   Der dann so arm ist wie zuvor.

CASANOVA   Wer spielt,
   Muß auf der Karten Tücke stets gefaßt sein.

ANDREA
   Doch Sie beklagten ihn.

CASANOVA   Wie sollt' ich's nicht? –
   Ein Greis beinah' und war einst jung wie ich,
   Sogar wie Sie. War Offizier, ein Held –
   Ihn liebten edle Frau'n. Sie hätten ihn
   Wie ich in seiner Blüte kennen sollen,
   Da ihn geheime Sendung nach Venedig –
   Auf meine Wege noch geheim're – führte,
   Und wir – er noch ein Mann, ich fast ein Knabe –
   Aus blut'ger Liebesfehde, wie's zuweilen
   Sich fügt – als Freundespaar emporgetaucht.
   So was vergißt sich nicht. Ich weiß nicht, wem
   Ich lieber tausend Goldstück' schuldig bliebe
   Als meinem Freund Gudar.

ANDREA   Ich weiß es; mir.

CASANOVA *herzlich*

   Dem jüngern Freund, dem glücklichern vor allem.
   Sie zögern? Trau'n Sie meinem Sterne nicht?

ANDREA
   Was hat Ihr Stern mit meinem Gold zu tun?

CASANOVA
   So spricht ein Handelsmann, nicht ein Poet.
   Doch jenem auch vermag ich zu entgegnen.
   Auf den Wechsel deutend, den er noch immer in der Hand hält.
   Was steht hier? Tausend. Machen wir daraus
   Zweitausend, zahlbar in zwei Jahren.

ANDREA   Und
   Woher –?

CASANOVA
   Woher? Die Wahl ist freilich schwierig –
   Da wäre denn vor allem Herr Lausin –

ANDREA
   Der mit den Spitzen?

CASANOVA   Der seit Jahr und Tag
Zum Eintritt mich in sein Geschäft beschwört,
Weil ich zuweilen aus Gefälligkeit
Anpreise seine Ware schönen Damen
Und ihm schon manche Kunde so gewann.
ANDREA
Doch dünkt mich ein Beruf von solcher Art –
CASANOVA *rasch*
Nicht würdig Ihres sehr ergeb'nen Dieners.
So dacht' auch ich, und drum verschmäht' ich ihn.
Zumal ich, wenn man spekulieren wollte,
Mit meiner kleinen chemischen Erfindung –
Sie hörten wohl davon?
ANDREA *unbestimmt*   Mir war's –
CASANOVA *bescheiden*   Man spricht
Davon zuviel. Wir sind erst beim Versuch.
Doch wenn die weitern das Versprechen halten,
Das uns der erste gab, hebt eine neue
Epoche an.
ANDREA   Wieso?
CASANOVA *wie begeistert*
     Die Farben leuchten
Wie üpp'ge Blumen in des Südens Pracht
Und bleichen nie. Der reichste Seidenstoff –
andrer Ton
Bleibt so selbst in der Wäsche unverwüstlich.
ANDREA *muß unwillkürlich lachen.*
CASANOVA
Führt Sie die Reise nächstens nach Paris,
Soll mein Vertrauensmann, Doktor Retigneul,
So sorglich sonst er das Geheimnis hütet,
Die schönsten Proben Ihrer Gattin weisen.
ANDREA *macht eine ungeduldige Gebärde.*
CASANOVA *die Gebärde mißverstehend*
Oh, zum Verkaufe steht noch keine aus.
ANDREA *spottend*
So daß Sie auch von dieser Seite nicht
So bald sich größre Summen hoffen dürften.
CASANOVA
In Bälde kaum. Doch Summen ungezählt,
So daß man auf Verlegerhonorare

Und all dergleichen kläglichen Gewinn
Für weitre Lebenszeit verzichten könnte.
Indessen freilich –
ANDREA   Sie verdienen Geld?
CASANOVA
Doch leider, wie Sie merken, nicht genug.
Ja, könnt' ich mich entschließen, von mir selbst
Dem werten Publiko was zu erzählen,
Es gäbe mancherlei. So bietet mir
Dreitausend Gulden Herr Jan Groth im Haag
Für eine Schild'rung meiner Kerkerhaft
Und wunderbaren Flucht und Rettung an.
ANDREA
Dreitausend! Und Sie schlugen aus! Warum?
CASANOVA
Nur ungern bin ich meiner Taten Herold.
ANDREA
Davon war gestern abend nichts zu merken.
CASANOVA
Ein Spötter gar? So raten Sie mir selbst,
Wie widersteht man schöner Frau'n Bestürmung?
Sie hörten's. Man entriß mir den Bericht –
Wie stets. Bequemer wahrlich wär's, man hätte
Ein Büchlein gleich bereit, statt jeder Antwort,
Zu angemess'nem Preise zu verkaufen.
Und wär' der Einfall früher mir gekommen,
So wüßt' ich doch – blieb ich Gudar auch schuldig –
Zumindest, wie ich meine Zeche zahle
Und Angeld meinem Kutscher.
ANDREA   Wie –? Auch das –?
So steht's mit Ihnen?
CASANOVA   Für den Augenblick.
Es wär' nicht schlimm, wenn man nicht reisen müßte.
ANDREA *nach kurzer Pause wie mit einem Entschluß*
Nun denn, Sie sollen die Dukaten haben.
Die tausend für Gudar und auch die fünfzig –
Auf die großmütig Sie verzichten wollten,
Den »Überschuß« – für Wirt und Reisewagen.
CASANOVA
So und nicht anders hab' ich mir's erwartet.
Von heut ab – nehmen Sie's statt jedes Danks –

   Lebt Ihnen auf der Welt kein treu'rer Freund
   Als Casanova.
ANDREA   Nicht so rasch, mein Herr.
   Sie werden dieses Gold nicht früher haben,
   Eh' mir auf eine Frage Antwort wird.
CASANOVA
   So fragen Sie.
ANDREA   Und Antwort ohne Umschweif.
   Wahr bis ins letzte unter heil'gem Eid.
CASANOVA
   Was hätt' ich einem Freunde zu verschweigen?
ANDREA *langsam, aber nicht zu ernst*
   Was zwingt Sie, Spa so eilig zu verlassen?
CASANOVA *nach einem unmerklichen Zögern*
   Daß ich des Lebens hier nicht sicher bin.
ANDREA
   Wie das? – Warum? Sie schwuren, Casanova!
CASANOVA
   Und trotzdem zweifeln Sie? Was könnte sonst
   Als dringende Gefahr –
ANDREA   Sind Sie der Mann,
   Der vor Gefahren flieht?
CASANOVA   Vor offnen, nein,
   Doch lauert tückisch im Verborg'nen sie,
   Als Mörderdolch an dunkler Straßenecke,
   Als Tropfen Gift im weingefüllten Kelch,
   Beim Fest als des betrunk'nen Würgers Hand –
   So wär' es tölpisch, sie herauszufordern.
   Sie finden nicht?
ANDREA   Gibt's hierzuland – vielmehr,
   Gibt's einen Ort, wo Männer Ihres Wandels,
   Wo Casanova vor betrog'nen Gatten,
   Verführten Mädchen und verrat'nen Frau'n
   Für alle Zeit gefeit sich wähnen dürfte?
CASANOVA
   Oh, was für Worte! Keines gilt für mich!
   V e r f ü h r t' ich jemals –? Nein, ich war zur Stelle,
   Wenn just mit holder Zauberei Natur
   Ihr Werk begonnen. Auch verriet ich keine,
   Denn ewig dankbar jeder blieb mein Herz.
   Und gar die Fabel vom betrog'nen Mann!

    Nur Bosheit schuf so sinnlos schnödes Wort.
    Ist der betrogen, der sein Schicksal kennt?
    Der zu beklagen, der es nie erfuhr?
ANDREA
    Sophisterei!
CASANOVA   Philosophie, mein Herr.
ANDREA
    Doch Ihre nur, nicht des betrog'nen Gatten; –
    in anderm Ton
    Wie – wenn ich Ihre Flucht verstehen soll –
    Sich eben neu an einem Beispiel weist.
CASANOVA
    So ahnen Sie?
ANDREA *in höchster Spannung, aber beherrscht*
              Vielleicht. Doch muß ich wissen,
    Eh' ich mein Gold für Ihren Wechsel tausche.
CASANOVA *nach einem kurzen Zögern*
    Da Ihre Jugend solche Vorsicht hegt,
    So will ich – wie mit Zinsen im voraus –
    Mit gutem Ratschlag meinen Schuldschein fristen.
ANDREA
    Der wäre?
CASANOVA   Daß Sie sich vor Santis hüten.
ANDREA
    Was kümmert Santis mich?
CASANOVA   Wir wollen hoffen,
    Es bleibt dabei.
ANDREA   In Rätseln sprechen Sie.
CASANOVA
    Flaminia warf ein Aug' auf Sie – ich weiß.
    Doch Santis hält's – drum aufgepaßt, mein Freund –
    Mit seinem Gattenrecht nach Laun' und Vorteil.
    Nachsichtig bald, als wär' er taub und blind,
    Bald lauernd eifersüchtig wie ein Türke,
    Verliebter Gatte gestern, Kuppler heut –
    Im Einverständnis bald mit seiner Schönen
    Und bald auf eigne Faust ein Wüterich –
    Und hielt, daß man den Liebsten ihr nicht störe,
    Er gestern Wache vor Flaminiens Tür,
    So mag ein anderer, der ihm nicht genehm,
    Sich feigsten Anschlags heut von ihm versehn –

mit Bedeutung
Wofern nicht zeit'ge Warnung ihn bewahrt.
Sehr rasch das Folgende.

ANDREA
Sie aber sind – gewarnt?

CASANOVA
Ich bin es.

ANDREA
Sind's –
Durch wen?

CASANOVA
Durch sie.

ANDREA
Flaminia selbst –?

CASANOVA
Wen sonst?

ANDREA
Sie – und Flaminia –

CASANOVA
Was verwundert Sie?

ANDREA
So ist's ein alter Haß, der Sie bedroht?

CASANOVA
Wohl möglich.

ANDREA
Nach – verjährtem Liebesglück –?

CASANOVA
Zum dritten Male kreuzt' ich ihren Weg.
Doch heute nacht erst war das Glück mir hold.

ANDREA
Heut nacht – Und wer hat's dem Baron entdeckt?

CASANOVA *zögernd*
Wie ich vermute, sah er, wohlverborgen
Im finstern Schatten der Allee – *unterbricht sich*

ANDREA
– Sah – was?

CASANOVA
Wie ich durchs Fenster in den Garten sprang.

ANDREA
Und warum hätt' er sich versteckt gehalten?

CASANOVA
Weil ein Verdacht an seiner Seele nagte
Seit unserm heitern Abendschmaus von gestern.

ANDREA
Bei dem nach rechts und links mit gleicher Huld
Sie Ihres Geistes frohe Gaben schenkten.

CASANOVA
Doch ungleich kam die Huld an mich zurück,

Wie Santis' Mißtrau'n ahnungsvoll gewahrte.
Und war's auch nur ein hingehauchtes Wort,
Das mir Flaminia zugeraunt – es scheint,
Daß der Baron sich's wohl zu deuten wußte.

ANDREA
Und dieses Wort –?
CASANOVA   Schon manchem ist's erklungen,
Und mancher hört's nach mir.
ANDREA   Jedoch das Wort –?
CASANOVA
»Komm heut um Mitternacht, die Tür steht offen.«
ANDREA
Und stand auch offen?
CASANOVA   Daran zweifl' ich kaum.
Doch braucht' es nicht der Tür. Sie harrte mein
Am off'nen Fenster – und so nahm ich lieber,
Der lockend sich mir bot, den kürzern Weg; –
Zurück den gleichen, und nur allzubald,
Sie wissen's, fand ich mich am Spieltisch wieder.

ANDREA
Und in den Wonnen dieser Nacht ertönte
Zugleich die Warnung, die zur Flucht Sie zwingt?

CASANOVA
Es hüten sich mit Fug, mein junger Freund,
Erfahrene Frau'n, der Liebe Melodie
Durch unerwünschten Mißklang jäh zu enden.
Auch war mir wohl bewußt, wie ihr, daß nur
Sehr dünne Wand den Raum, in dem wir weilten,
mit leichter Verneigung
Von einer keuschern Dame Zimmer schied,
Die, wie man keinen Augenblick vergaß,
In wacher Sehnsucht ihres Liebsten harrte.
So rann die Stunde süß, doch stumm dahin.

ANDREA
Wie also? – Was? – Ist's das Gewissen nur,
Ist's böse Ahnung, die zur Flucht Sie drängt?

CASANOVA
Nicht doch, ein Brief.
ANDREA   Ein Brief?
CASANOVA *wie zögernd*
                        Hier, lesen Sie.

ANDREA *liest*
»Bist Du, wie ich nicht zweifle, Casanova,
Ein Edelmann, so wirst Du einer Frau,
Die Du errätst, den einz'gen Dank nicht weigern,
An dem ihr Leben und das Deine hängt.
Ich darf Dich nicht mehr seh'n. Flieh aus der Stadt.«
Läßt das Billett sinken
Und weiter nichts –!
CASANOVA Ich denk', es ist genug.
ANDREA
Die »Warnung« find' ich nicht.
CASANOVA »Flieh aus der Stadt –
Ich darf Dich nicht mehr sehn!« Kein and'rer Anlaß
Als Angst um mich entringt ihr diesen Schrei.
ANDREA
Kein Wort davon –
CASANOVA Weil sich die Schlaue denkt:
Wenn ich mit Santis' Rachedrohn ihn schreckte,
So hielt' ich ihn, statt seine Flucht zu fördern,
Zum Trotz auf diesen Fleck hier festgebannt.
Drum fordr' ich sie als Dank – wer könnt' ihn weigern –
Nach einer Liebesnacht.
ANDREA Vermutung alles.
CASANOVA
Vermutung? Wenn ich Ihnen sage, Herr,
Daß heute früh schon Santis in Person
Im Gasthof mich gesucht –
ANDREA So, tat er das?
CASANOVA
Doch wußt' ich nichts davon. Die Wirte sind
Gewitzt in dieser Stadt. Man ließ mich schlafen,
Ihn schickte man davon.
ANDREA Er ließ sich schicken?
CASANOVA
Was sollt' er tun? Versperrt war meine Tür,
Und da ich ihm, wie er sich schmeicheln muß,
Doch irgendwo ins Netz gelaufen komme,
Und kostbar jede Stunde solchem Gauch,
Nützt er indes auch die für andern Zweck; –
Ob er nun Gimpel neu sich fängt zum Spiel,
Ob's was mit Pferden, Weibern, Edelsteinen,

Mit Seidentüchern zu verdienen gibt; –
Wenn er nicht etwa gegen gutes Geld
Den Dolch schon für den Unverschämten dingt,
Der Küsse nur mit Küssen bar bezahlte.

ANDREA *hat zugehört mit übertriebenen Zeichen der Zustimmung, nun geht er zum Sekretär und öffnet ihn*
Hier, nehmen Sie – und rasch, hier sind fünfhundert
Sechs, sieben, acht – nun wird mir manches klar.
Hier neun und zehn –

CASANOVA   Wie meinten Sie?

ANDREA *geschickt spielend*   Zu seltsam
War sein Gebaren. Eines Tollen fast –
Ich hielt's für Trunkenheit. –
Immer mit dem Gold beschäftigt, die Beutel zusammenschnürend und sie einen nach dem andern Casanova reichend.

CASANOVA   Sie sah'n ihn schon?

ANDREA
So nah wie Sie. An dieser Stelle stand er.
Lud mich zur Tafel, draußen deckt man sie,
Zu einer Lustfahrt – nicht so nah, mein Freund, –
er hält Casanova vom Fenster ab
Zu einem Fest, was weiß ich noch – und grinste –
Und Reden führt' er sonderbar verwirrt
Mit Augenrollen und verzerrten Mienen,
Und mit Gebärden, die ins Leere drohten.
Und nun besinn' ich mich, daß er heut nacht,
Sofort nach Ihnen sich vom Spieltisch wegstahl
Und wiederkam, noch ehe Sie erschienen.
Nun erst begreif' ich. Hier, die fünfzig noch,
Den Überschuß. Und noch ein Hundert drauf.
Nach Brüssel wollen Sie? Ein wenig nah!
Ich wählte Holland – aber wohl bedacht,
Daß hinter mir sich jede Spur verwische.

CASANOVA
Ach! – Seine Wut verraucht in ein paar Tagen.

ANDREA
So bald! Wer weiß! Er sieht nicht danach aus.
An Ihrer Statt wollt' ich mich besser hüten.
Wie wär's, Sie nähmen Überfuhr nach England?

CASANOVA
Amerika vielleicht!

ANDREA Und warum nicht?
CASANOVA
  Die Fahrt ist weit, und meine Mittel knapp.
ANDREA
  Ist einer frei wie Sie, kennt der noch Fernen?
  Und was das Geld betrifft, noch weitere Zwei-,
  Dreihundert stell' ich Ihnen zur Verfügung.
  Mir tät' es leid um Sie ... und um mein Geld.
CASANOVA
  Zu höher'n Zinsen denn.
ANDREA Wer spricht davon?
  Er gibt ihm weiteres Gold
  Sind Sie in Sicherheit, ist's auch mein Gold.
  Nur frag' ich, wie Sie ungeseh'n bei Tag
  Aus Stadt und Stadtgebiet entweichen wollen?
CASANOVA
  Da sei'n Sie unbesorgt. Hier gibt es Pförtchen,
  Die niemand kennt als ich, und krumme Gäßchen,
  Und Winkelpfade, dämmerdunkle Bogen –
  Und trät' ich wo ins Licht, wer will mich kennen?
  *Er wendet sich auf einen Augenblick, dreht den Mantel auf die andre
  Seite, verändert seine Haltung, dreht sich wieder um und steht über-
  dies mit einem kleinen falschen Bart da; spricht mit veränderter
  Stimme*
  Sie selber zweifeln, daß ich's bin.
  *Wendet sich, nimmt wieder seine frühere Erscheinung an; mit seiner
  alten Stimme*
  Ich bin's.
  Seine Geldbeutel ordnend
  So, dies ist für Gudar, dies für den Wirt,
  Dies für die Reise. Und nun, Dank, mein Freund.
  Sie sollen für Ihr Geld nicht zittern müssen.
  Denn acht' ich selbst mein Leben auch nicht viel,
  Für Sie mir's zu erhalten, ist mir Pflicht.
  Und kann's nicht früher sein, in Jahr und Tag
  Stell' ich, persönlich meine Schuld zu zahlen,
  Mich in Ferrara ein.
ANDREA *peinlich berührt* Doch weiß ich kaum,
  Ob Sie mich in Ferrara finden werden.
CASANOVA
  Ich werde. Denn Sie sind von denen nicht,

Die sich an abenteuerlicher Fahrt behagen,
An Schlaf in fremden Betten, Gasthofschmäusen
Und Nachbarschaft von Reise-Ungefähr.
Ihr Ziel heißt Frieden, Ordnung und Gesetz
Wie Heimkehr Ihrer Wand'rung letzter Sinn.
Und schon im Geist seh' ich an Ihrem Herd
Mit heit'rer Gunst den flücht'gen Gast empfangen,
Der – mit dem Gold natürlich, das er schuldet –
Wie letzten Abglanz gern vergess'ner Tage,
Ehrbiet'gen Gruß dem edlen Paare bringt.

ANDREA
Dem Paar? Wieso? Noch bin ich nicht vermählt.

CASANOVA
So sind Sie's bald. Und preisen dann Ihr Los,
Das schon dem Jüngling eine Gattin schenkte,
Schön wie Anina, klug und tugendhaft.
Ein frühgeschloss'nes ist das stärkste Band,
Weh dem, der ewig sucht; wohl dem, der fand.

ANDREA
Ein solcher Spruch aus Casanovas Mund?

CASANOVA
Bewahren Sie ihn sorglich im Gemüte,
Noch keinem gab ich höh're Weisheit kund.

ANDREA
Zu gütig.

CASANOVA Schwacher Dank für Ihre Güte.
Gern legt' ich, eh' zu scheiden mir bestimmt,
Mich Ihrer holden Freundin erst zu Füßen,
So bitt' ich denn, sie schwesterlich zu grüßen.
Ein Bruder ist's, ein Freund, der Abschied nimmt.
Ab.

ANDREA *allein, betrachtet den Brief, verbirgt ihn dann bei sich; zur Türe links, öffnet sie.*

ANINA *tritt ein.*

ANDREA, ANINA

ANDREA
Es währte lang, doch ging es nicht um dich.
Er lieh sich Gold von mir für seine Flucht,
Für die harmlosen Grund er schlau erfunden,

Und schickt – durch mich – dir einen Abschiedsgruß.
ANINA *unmerklich lächelnd*
So nehm' ich diesen denn als letzten mit.
Nun laß für eine Weile mich allein,
Daß ungestört ich mich zur Reise rüste.
ANDREA *fragend*
Wohin?
ANINA   Auch wenn ich's wüßte, steht ein Recht
Zu fragen dir nicht zu. Laß mich allein.
ANDREA
Anina!
ANINA *nach rechts*
        Nun, so geh' ich, wie ich bin.
ANDREA
Und was mir Casanova sonst erzählte,
Bekümmert nicht im mind'sten dich –?
ANINA   Ich denke,
auf den offnen Sekretär deutend
Du sprachst die Wahrheit – wie der Anblick weist.
Und wär' es etwa doch um mich gegangen –
Was kümmert's mich? Neu fängt mein Leben an.
Und keiner ist darin – nicht er, nicht du.
Etwas heftiger, aber noch immer ruhig
Laß mich allein, schon zweimal bat ich dich –
Bis ich, was mein ist, mir zusammenfinde.
Beim Schrank, hat ihn geöffnet, beginnt Wäsche- und Kleidungsstücke herauszunehmen.
ANDREA *betrachtet sie, wie sie beginnt, ihre Sachen in den Koffer zu packen; nach einem Zögern, mit dem Brief, den er ihr hinwirft*
Nimmst du, was dein, mit dir, – so nimm auch dies.
ANINA *mit großem Blick, höhnisch, bitter*
Dafür das Gold – ein Handel? – Schmach und Torheit!
Mit sinkender Stimme
Nur frag' ich, wo die Torheit, wo die Schmach!
ANDREA
Nicht da, nicht dort. Freiwillig gab er ihn.
ANINA
Wie du dein Gold. Ein Handel bleibt es immer.
Wie kommst du zu dem Brief?
ANDREA *spöttisch*   Was kümmert's dich?
Neu fängt dein Leben an.

ANINA   Du brachst dein Wort.
ANDREA
   Hab' ich geschworen, daß ich nicht ihn frage,
   Warum er Golds bedarf, warum er flieht?
   Von dir war nicht die Rede.
ANINA   Und mein Brief?
ANDREA
   Dein Brief? Du weißt's und ich, er aber nicht.
   Er glaubt, Flaminia war es, die ihn schrieb.
ANINA *steht starr.*
ANDREA
   Denn sie, so glaubt er, war es, die sein harrend –
   Wie's zwischen ihnen abgeredet war –
   Ins Dunkel leuchtend nachts am Fenster stand; –
   Und glaubt, daß sie die Seine war heut nacht.
ANINA
   Und glaubt auch diesen Brief von ihr? Warum
   Hätt' ihm Flaminia solchen Brief geschrieben?
ANDREA
   Ihn vor des Gatten Rache zu bewahren.
ANINA
   Und weiter –?
ANDREA   Weiter nichts. Du wirst verstehen,
   Daß ich es unterließ, ihn aufzuklären.
ANINA
   Du denkst, daß seine Täuschung dauern wird?
ANDREA
   Sie könnte wohl. Sie wird. – Er geht nach Holland ...
   Nach fernerm Land vielleicht.
ANINA *Blick auf den Sekretär, mit bitterem Spott*
                          Du hast das Deine
   Dazu getan.
ANDREA   Nicht viel. Erspieltes Gold!
   Hätt' ich's verweigern sollen –? Nicht viel eher,
   Daß mir so leicht gemacht war zu gewähren,
   Als Fügung nehmen –
ANINA   Fügung? –
ANDREA *dringender*   Fühlst denn nicht
   Auch du, daß diese wunderbare Wendung,
   Schicksal-gesandt, ein Zeichen uns bedeutet,
   Das zu mißkennen – zu verwerfen gar –

Verblendung, Trotz – beinahe Läst'rung wäre?
ANINA
Du schwärmst. Was wandte sich –? Ist, was gescheh'n,
Mit einmal nicht gescheh'n? Und was erlebt ward,
Nun plötzlich nicht erlebt? Ist meine Schuld
Gering're? Oder keine gar? Dein Schmerz
Gemildert – oder aufgelöst in nichts?
Die Stunde, da dem andern ich gehörte,
Aus ihrer Schwester Reihen ausgelöscht?
Und schlepp' ich ihren trüben Dunst nicht mehr,
Wie übler Herberg' Rauch, drin ich genächtigt,
In meinen Haaren unverwelklich mit –?
ANDREA
Währt auch die Qual und bleibt die Schuld besteh'n,
Noch einmal, dünkt mich, gibt das Schicksal uns
Frei zu erwägen, ob wir beide nicht –
Du schlimmes Wort – ich schlimm'res Tun verzeih'n –
ANINA
Verzeih'n –!
ANDREA Versteh'n denn und vergessen wollen.
ANINA
Vergessen –? Wie? Ist ungesprochen jetzt
Der Worte Schmähschwall, der mich übergoß?
Sind sie nun ungedacht, die Haßgedanken,
Drin wie in dumpf geballter Nebel Treiben
Mein Wesen deinem Blicke sich verlor?
ANDREA
Doch wenn ich's wiederfände – wie du mein's –
ANINA
Wie kann ich's jemals und wie könntest du's?
Nimmt er nicht die Erinn'rung jener Stunde,
Den Duft von meinem Leib, von meinen Küssen
Den Nachgeschmack, der Seufzer Wonnehauch
Für ewig mit –?
ANDREA Doch nicht dein Bild, Anina ...
So bleibt Geheimnis zwischen dir und mir,
Was heute nacht geschah; und schwören wir
Von dieser Stund' ab Schweigen und Vergessen
Einander zu – so ist es nie gescheh'n.
ANINA
Genest, weil Eitelkeit des Stachels ledig,

Ein Herz so rasch, das todverwundet schien?
Nun erst verlor ich dich! – Fahr hin!
Sie nimmt ihren Mantel um, will gehen.

ANDREA   Anina!
Dies deine Antwort? Meiner Liebe die!?

ANINA
Ich habe keine and're. Laß mich fort.

ANDREA
Wo willst du hin?

ANINA   Dorthin, wo du nicht bist.

ANDREA
Doch er!

ANINA   Was geht's dich an? Laß mich vorbei!

ANDREA
So weiß ich, daß du logst.

ANINA   Niemals.

ANDREA   Du liebst ihn.

ANINA
Jetzt lieb' ich ihn ... und nun erst wird es Glück.

ANDREA
Wär's nicht enteilt!

ANINA   Ich hol' es mir zurück.

ANDREA
Wenn ich nicht schneller wäre, dem Entfloh'nen
Als Bote deiner Liebe, doch zugleich
Ein Künder ernst'rer Botschaft zu erscheinen.

ANINA
Empfing er sie, wo wäre dein Gewinn?
Wenn du ihn auch erschlügst, vor aller Welt
Bekennt' ich mich als seiner Lust Gefährtin; –
Und schlüg' er dich – die blut'ge Hand, Andrea,
Die mich von dir erlöste, wollt' ich küssen!

ANDREA
Renn in dein Unheil denn, der Weg ist frei!
Er öffnet selbst die Tür rechts, in diesem Augenblick tritt Flaminia ein.

ANDREA, ANINA, FLAMINIA

FLAMINIA
Ei, schönen Dank! Das ist mir ein Empfang!
G'rad wie bei Hof, wenn's auch nicht so gemeint war.

Zum Ausgeh'n schon bereit –? Das trifft sich gut.
Die andern lassen allzu lange warten.
Drum wollt' ich fragen, ob wir nicht indes
Selbdritt uns an die Tafel setzen wollen –?
ANINA
Verzeih'n Sie –!
Will an ihr vorbei.
FLAMINIA *harmlos*
                    Was –?
ANINA   Sie seh'n –
FLAMINIA   Im Reisemantel?
Jetzt merk' ich's erst! Sie wollten –? Ohne ihn? –
Und ohne Ihr Gepäck? – Ein Liebeszank!
Wir sah'n es kommen. Hat er Sie vielleicht –
Gebärde des Schlagens
Nun, das kommt vor. – Wer läuft darum gleich fort?
Tät' jede Frau wie Sie, nach jedem Zwist –
Die Reisekoffer stünden dutzendweise
In Gasthofzimmern halbgepackt herum.
ANINA *will an ihr vorbei*
Ich bitte Sie –!
FLAMINIA   Und also, fein beschuht,
Gedenken Sie die Straße fortzuwandern?
Denn Wagen gibt's heut keine mehr in Spa.
ANINA
Das gilt mir gleich.
FLAMINIA   Zudem naht ein Gewitter.
Schon ballt sich schwarz am Himmel das Gewölk –
So warnt der Himmel selbst vor Übereilung.
Nicht wahr, Herr Bassi? Helfen Sie mir doch,
Daß wir zu Tisch uns endlich setzen können.
Was soll der Eigensinn? Man hat gezankt –
Man söhnt sich wieder aus. So ist's der Brauch.
ANDREA
Nicht überall. Verstellen Sie nicht länger
Den Ausgang ihr. Sie hat es eilig, Ihnen
Zum zweitenmal im Tageslicht zu stehlen,
Was sie heut nacht zum ersten Ihnen stahl.
FLAMINIA
Wie – –?! Was – –?! O nein! – – Nun heißt es dageblieben.
Ein Schritt noch – und ich schlage Lärm! – Gestohlen?

Und was? Aus meinem Zimmer –? Meinen Schmuck
Trag' ich auf mir. So reden Sie, Herr Bassi,
Mitschuldig sind Sie sonst! Wie? Wären Sie's?
Und beide stumm –! Man wird euch reden machen!
He, Leute, he!!
Will zur Tür hinausrufen

ANDREA Geduld! Nun denn, Anina,
Du wolltest, daß es kein Geheimnis bleibe,
So sei vor allem diese eingeweiht.
Sie geht es an! Drum hören Sie, Flaminia!
Der, dessen Sie heut nacht vergeblich harrten,
Hat in der Türe leider sich geirrt
Und fand Empfang so freundlich nebenan,
Wie Sie kaum freundlicher ihm zugedacht.

FLAMINIA *unsicher*
Was soll der Scherz –? Wer hätte wen erwartet?

ANDREA
Daß er um Sie sich mühte, sah ein jeder.

FLAMINIA
Kein Wort versteh' ich. Oder sollt' ich doch –?
Er –? Wer? Und in der Tür geirrt – wieso?

ANDREA
Mag sein, im Fenster. Doch er fand den Weg.

FLAMINIA
Zu wem? Und wer? So reden Sie vernünftig.
Wer fand den Weg zu ihr?

ANDREA Der, den Sie meinen.
Doch da sie als Flaminia ihn beglückt,
Erachtet sie's als Pflicht, was zufallsweise
Wie ein leichtfert'ger Maskenscherz begann,
Entschlossen als Anina zu vollenden; –
Und eben ist sie auf dem Weg zu ihm.

FLAMINIA
Ist's möglich? Wie? Ward so was je erhört?
Auf keuschem Lager harr' ich sehnsuchtsvoll,
Und diese hier fängt mir den Liebsten ab –?!
Ins Leere durstig breitet sich mein Arm –
Indessen schlingt der ihre sich um ihn?! –
Die Nachtluft trink' ich, seine Küsse die –
Und während ich mit rotgeweintem Aug'
Der grauen Dämm'rung wach entgegenstarre,

Ist diese da in süßem Morgentraum,
Der mir gebührt, verrät'risch eingeschlummert?
Hat solches Ausmaß von Verworfenheit
In einem Weiberherzen Raum?
Zu Andrea gewandt   Und ich,
Gutmüt'ge Närrin, die im eig'nen Wagen,
Weil ihrer brach, nach Spa sie mitgeführt; –
Wie einer Freundin, einer Schwester ihrer
Mich herzlich angenommen; – endlich selbst
Mit Casanova sie bekannt gemacht,
Den sie zum Dank sofort vom Mahle weg
In ihr wollüst'ges Bett zu locken weiß – –
Zu Anina
Ein **Fräulein** Sie? Aus gutem Bürgerhaus –?
Ja, wer von solchem unschuldblassen Lärvchen
Sich narren ließe! Wer in diesem zarten
Hochmüt'gen Antlitz nicht verruchter Laster
Geheime Spuren tief gegraben sähe! –
Wo kommst du her? Aus einer Mädchenkammer?!
Aus einem Freudenhaus! Du eines Jünglings
Ehrsame Braut –? Von einer Kupplerin
Hat er dich losgekauft, und seine Ehre
Gab über den bedung'nen Preis er hin.
Fragt Santis, ob ich's ihm nicht gleich gesagt!
Ein Dirnchen, sagt' ich, und der hübsche Jüngling –
zu Andrea
Sie mein' ich, ja, ein Narr, und wird's bereuen.
zu Anina
Und schmeichelst du dir wirklich, daß ein Mann,
Ein vielerfahr'ner, Casanova mein' ich,
So plump sich täuschen ließ? Daß er nicht gleich –
Ob er von mir auch nichts als mein Gesicht
Und meine Hand und – meinen Atem kennt –
Daß er der Gaukelei nicht innewurd?
Und dämmert dir nicht auf, daß er sich nur
Aus Höflichkeit nichts merken ließ des Nachts?
Du zweifelst? Nun, hier habt ihr den Beweis:
Schon heute morgen, da der Rausch verflogen,
Und Ärger und Beschämung übrig war,
Was tat er da? Dem Lächeln des Triumphs
In deinem falschen Aug', wie meinem Spott

Und seiner eig'nen Reue zu entfliehen –
Ist er mit Extrapost davongereist.
ANDREA
Und woher wissen Sie –?
FLAMINIA   Weil mir soeben
Beim Gold'nen Löwen diese Auskunft ward.
ANDREA
Sie waren selbst –?
FLAMINIA   War dort, ich leugn' es nicht.
Denn daß ich eines Manns vergeblich harrte,
Den langerflehter Huld ich würdig hielt,
Zum erstenmal heut nacht erfuhr ich das;
Und mich verlangte nach des Rätsels Lösung.
Nun hab' ich sie. Und wie's mich auch empört,
Daß – einer andern List und Lüsternheit
Um das mich trog, was Rechtens mir gehörte,
So gern erfahr' ich, daß ich dem Erwählten,
Als frei von Schuld, Verzeihung bieten darf.
Und edelmütig selbst sie ihm zu bringen
Leist' ich Verzicht auf Schmaus und Trank und Fest,
Und flügelschnell eil' ich dem Teuern nach.
ANINA *hat zuerst starr, dann immer gelöster und heiterer den Worten der Flaminia gelauscht. Der Ausdruck ihres Antlitzes zeigt, daß sie den Humor der Sachlage zu erfassen beginnt und immer bereiter wird, sich ihm selbst anzupassen*
So fein beschuht – bei droh'ndem Ungewitter?
FLAMINIA *fassungslos*
Zu höhnen wagt sie gar, die Unverschämte?
ANINA
Kein Wagen rings –!
FLAMINIA   Sechs steh'n bereit zur Lustfahrt.
Den raschesten wähl' ich als meinen aus.
ANINA
Und welche Richtung denkst du ihm zu weisen?
FLAMINIA
Die Straße, die ein Casanova fährt,
Bleibt nicht geheim.
ANINA   Es sei, ihm läge dran.
FLAMINIA
Wo ist er hin –? Du weißt's?
ANINA   Wie sollt' ich's wissen?

Und ahnt' ich's etwa, dir verriet' ich's kaum.
Will gehen.
FLAMINIA *verstellt ihr wieder den Weg*
Kein Wagen nimmt dich mit, ich kaufe alle.
ANINA
Doch keiner weiß den Weg.
FLAMINIA   Mir mangelt nicht,
Womit ich Wirt und Kutscher reden mache.
ANINA
Bin ich gleich arm – was für Gefährt mich bringe –
Gern zahlt's der Liebste, bin ich erst bei ihm!
FLAMINIA
Sie ist verrückt! Gib acht! Setzt du den Fuß
Aus diesem Zimmer, lass' als Diebin ich
Dich ins Gefängnis bringen. Lächle nicht!
In Spa der Richter ist mein Freund.
ANINA   Auch der?
FLAMINIA
Und wär' er nicht mein Freund, er ist gerecht.
Und Raub bleibt Raub. Ich schreie, wenn du's wagst –
ANINA
Doch nicht so laut, daß es Herr Santis hört.
FLAMINIA
Was geht mich Santis an? Die ganze Stadt
Soll's wissen. Diebin! Mörderin! Verruchte!
Das Fenster auf, Andrea, daß man's hört.
ANINA
Gern will ich selbst –
als wollte sie zum Fenster
FLAMINIA *sie am Mantel haltend*
                          Verworf'ne, Schamvergess'ne!
In anderm Ton
Unsel'ges Kind! Andrea! Steht der Mann
Nicht da wie steingehau'n und läßt mich armes,
Mich schwaches Weib – als ging's ihn gar nichts an –
Andrea! Marmorblock! Bildsäule! Mensch!
Vergißt du, daß sie deine Braut? Daß du
Sie braven Eltern, die daheim verzweifeln,
Entführt, unschuldig wie sie war, ein Kind,
Um schnöde deiner Lust sie aufzuopfern?
Und nun, da sie nur übt, was du sie lehrtest,

    Unfähig zu begreifen, was sie tat,
Stößt du, ein Wüt'rich, auf die Straße sie?
Jagst selbst dem Casanova sie ins Garn?
Dem Heuchler, Lüstling, Gottesläst'rer, der
An Leib und Seele sie verderben wird.
Laß sie nicht geh'n, bei deinem ew'gen Heil.
Nähmst du's auf dich, kein Priester spräche dich,
Kein Kardinal von solchem Frevel frei.
Kommt zur Besinnung beide. Überlaßt
Ihn einer, die sich besser zu ihm schickt.
Und die von Gott geschaffen, tausendfach
Ihm alle seine Sünden heimzuzahlen.

ANINA *scheinbar ernsthaft*
    Trägst du mit solcher Absicht dich, dann muß,
Wer Casanova liebt, ihn vor dir warnen.

FLAMINIA
    Nein doch, wieso? Drehst du aus jedem Wort
Mir eine Fangschnur? Hörst du nicht vielmehr
Aus jedem, daß ich toll in ihn verliebt?
Und nun zum drittenmal, als trieb' ein Teufel
Sein Spiel mit mir – schon hatt' ich ihn gewiß –
Fliegt mir der seltne Vogel aus der Hand,
In die er selbst so gern sich betten wollte.
O nimmermehr! Was kommt dich Böse an,
Daß du mir nehmen willst, mir vorenthalten,
Was Rechtens mein?! Du Unersättliche! –
Daß du, sei's nun durch Zufall oder Lust,
Doch unverdient gewiß, die Seine warst,
Ist das nicht Glücks genug? Willst du noch mehr?

ANINA
    Ich war die Seine nicht.

FLAMINIA   Wer denn als du?

ANINA
    Viel eher du.

FLAMINIA   Für ihn, doch nicht für mich.

ANINA
    Er weiß nicht, daß ich's war, so war ich's nicht.

FLAMINIA
    Ich war's nicht, denn ich weiß, daß ich's nicht war.

ANINA
    So hätten beide wir ein Recht an ihn.

Zögernd
Und wer das bess're hat, soll er entscheiden.

FLAMINIA
Nun ward sie völlig toll! Er soll entscheiden!!
Als hätt' er's gestern abend nicht getan, –
Und wählte mich.

ANINA   Da stand ich nicht zur Wahl.
In dieser Nacht ist vieles anders worden.
Für ihn – für dich – für mich. Nun wähl' er neu –
Nein, doch, zum erstenmal! – Komm, laß uns geh'n.

FLAMINIA
Mit dir – zu ihm –?

ANINA   Daß wir aus seiner Hand,
Wie's immer falle, unser Los empfangen.
Gemeinsam geh'n wir, eine kehrt zurück.

FLAMINIA
Das wär' ein ungleich Spiel, du Höchstgerechte.
Erst wenn auch ich ihm eine Nacht geschenkt,
Ward unser Anspruch gleich, dann darf er wählen.
Doch früher nicht. Ist dies nicht edel g'nug?
Ich will noch edler sein. Anina, höre:
Du sollst ihn nur für eine Nacht mir lassen,
Für eine Nacht, doch ohne Wahl. Und morgen
Bring' ich auf Eid ihn selber dir zurück.
Du magst ihn dann für ewig dir behalten.
Verlangst du mehr? – Hier, meine Perlenschnur –
Auf eine Gebärde der Anina
Ein Freundschaftszeichen nur, nicht etwa Lohn.
Läßt du allein mich geh'n, so ist es dein.
Nenn's Laune, wenn du willst, Besessenheit,
Noch gestern hätt' ich für den Venezianer
So wenig als für einen andern Mann
Die letzte dieser Perlen hingegeben.
Nur eben heut und weil ich grade will –

ANINA
Als wär' er mir um tausend Perlen feil.

FLAMINIA Zu deinen Füßen denn. –
Sie stürzt vor ihr nieder.

ANINA   Was fällt dir ein?

FLAMINIA
Ein letztes Mal, laß dich beschwören, Kind.

Du kennst mich nicht. So sanft und gut ich scheine,
Wer störrisch meinen Bitten sich versagt –
ANINA *sich von ihr losreißend*
Ich tu's.
FLAMINIA *plötzlich auf und in höchster Erbitterung*
Dann gnade Gott uns beiden.
Vor allem dir und deinem sanften Aug'.
Und da die finst're Nacht dir hold gesinnt,
Sei ewig sie um dich. Mit dieser Nadel –
Sie hat einen Pfeil aus ihrem Haar gezogen und will Anina damit ins Auge fahren.
ANDREA *tritt jetzt zwischen sie, nimmt zuerst Flaminia, dann Anina bei der Hand, die er vorläufig nicht losläßt. Sie stehen also alle drei in einer Reihe, den Blick gegen links gewandt, in dem Augenblick, wie sich die Tür links öffnet und Santis hereintritt.*

ANINA, FLAMINIA, ANDREA, SANTIS

SANTIS *etwas betrunken, noch in der Tür*
Flaminia! – Dacht' ich's doch!
Weiter herein Ich darf wohl auch –?
Fertig gemacht! Gleich sind die Gäste da!
Ist man auch schön genug –? Es mag sich lohnen.
Ein feiner Herr, mein Lord – ward neunzehn eben,
Sieht dem Adonis gleich und sauft wie Bacchus.
Wir sind auf du und du. In Barren schleppt er
Das Gold mit sich. Wer wird den Bissen schnappen –
Blond oder Braun?
Zu Andrea Wenn wir nicht das Geschäft
Auf halbpart machen. – Wie, Herr Philosoph?
Denn so ein Lord erscheint nicht alle Tage.
Auch wirft schon Holland seine Netze aus.
FLAMINIA
Die Witwe?
SANTIS
Ja. Trotz ihrer neununddreißig.
Nicht Männer mein' ich, Jahre neununddreißig.
Vierzig vielleicht, doch frisch und gut gebaut,
Sie zechte mit, sprach englisch mit dem Lord.
Und wenn mir recht ist, unterm Tisch französisch.
Die nehmen wir auf uns, Herr Bassi, wie?

FLAMINIA
　　Es kommen wohl noch and're Gäste, denk' ich.
SANTIS
　　Das Fräulein aus Lyon nebst Frau Mama.
　　– Die Mutter ist die jüng're, kommt mir vor –
　　Ein Fabrikant aus Lüttich, kahl, doch reich,
　　Und –
　　　Jetzt erst bemerkt er, wie die drei andern dastehen: Andrea zwischen
　　　Anina und Flaminia, beide an der Hand haltend
　　　　　Wie –?! Wird hier ein Menuett geübt?
　　Doch nein, dies ist kein Tanz. Was geht hier vor?
FLAMINIA
　　So lassen Sie die Hand mir endlich frei.
SANTIS
　　Es riecht nach Zank! Was gibt's? Die Weiber – wie?
　　Warum? Um mich –?
　　Zu Andrea　　　　Um Sie –?
　　lacht　　　　　　　　　Ich will nicht hoffen.
ANDREA
　　Kein Zank, Baron, das Wort erschiene grob.
　　Ein Zwist, kaum das. Ein kleiner Unterschied
　　Der Meinungen – bezüglich eines Falls.
　　Nein, keines Falls, der sich begeben hätte,
　　Ein philosoph'scher Streit gewissermaßen. –
　　Auch philosophisch kaum –
SANTIS　　　　　　　　　　Das denk' ich mir.
ANDREA *wie mit einem plötzlichen Einfall*
　　Und kann ihn einer schlichten, so sind Sie's.
SANTIS
　　Wie? – ich?
ANDREA　　Ja, grade Sie. Und mit Verlaub
　　Bericht' ich, meine Damen, knapp gefaßt
　　Den Anfang der Geschichte noch einmal,
　　Daß der Baron den Knoten uns entwirre.
SANTIS *etwas mißtrauisch und unsicher*
　　Vertrieb man sich die Zeit hier mit Geschichten?
ANDREA *rasch*
　　Auch meinen Teil zum Feste beizutragen,
　　War ich gesonnen, unserm werten Kreis
　　Mit einer lust'gen Fabel aufzuwarten.
　　Zur Probe, wie sie wirken mag, trug ich

Sie eben vor – und da die Lösung schwierig,
Hatt' ich den Einfall, statt den eig'nen Geist,
Der holden Damen Scharfsinn zu bemüh'n.
Doch wie sich leider weist, nicht zart entwirrt,
Nein, wild zerknäult ist nun mein armer Faden.
Drum eh' ich, den mit Kunst ich aufgerollt,
In ärgerlicher Ungeduld zerreiße,
Versuchen Sie Ihr Glück, Baron, und schlingen
Den launenhaft verwirrten Knoten auf.

SANTIS
Den Knoten auf –? Begreife das, wer mag!

ANDREA
Sie werden gleich. Und so, wie Sie entscheiden –
Wir fügen uns darein.

FLAMINIA   Das tun wir.
ANINA   Ja.

ANDREA
Und mit dem Schluß, den Sie der Fabel finden,
Trag' ich sie Ihren werten Gästen vor.

SANTIS
Mit meinem Schluß?! Ein Dichter ich? Das wäre –!

ANDREA
Nicht großer Kunst bedarf's, nur eines Worts.
Ein Ja, ein Nein.

SANTIS   Nur eines Worts?
ANDREA   Nicht mehr.
Hastig
Und rasch beginn' ich, eh' die Gäste kommen.
Zwei Schwestern – war's nicht so?

FLAMINIA   Zwei Schwestern?
ANINA *bestimmt*   Ja.

ANDREA
Jung beide, beide schön und wohlgesittet.

SANTIS
Auch wohlgesittet? Nun, man wird ja sehen.

ANDREA
Sehr ähnlich von Gestalt, nicht so von Antlitz –

SANTIS
Doch von Gestalt! Ich witt're was. Nur weiter.

ANDREA
Die Jüng're ist verlobt – die Ält're frei –

SANTIS
    Mit wem verlobt?
ANDREA *ärgerlich*   Gleichviel, ich kürze ab.
    Die Ält're also –
SANTIS   Die noch nicht verlobt –
ANDREA
    Die frei ist, ja doch.
SANTIS   Und wie alt?
ANDREA   Kaum neunzehn.
SANTIS
    Just wie mein Lord.
ANDREA   Der nicht hierhergehört.
SANTIS *lachend*
    Ich lud ihn ein.
ANDREA
            Doch nicht in die Novelle.
SANTIS
    Ich höre zu.
ANDREA   Doch stumm, ich bitte.
SANTIS   Gern.
ANDREA *rasch*
    Da stellt sich eines Tags ein Jüngling ein,
    In den die Ält're zärtlich sich verliebt –
    Wie er in sie; doch da man streng sie hütet –
SANTIS
    Wer hütet sie?
ANDREA   Die Mutter ohne Zweifel.
    Der Vater ist längst tot.
SANTIS   Er ruh' in Frieden.
ANDREA
    So mangelt's an Gelegenheit den beiden –
SANTIS
    Gelegenheit? – Man macht sie, wenn sie fehlt.
ANDREA
    Bei Tag ist sie bewacht –
SANTIS   Doch in der Nacht –?
ANDREA
    Teilt mit der Jüngern sie das Schlafgemach.
SANTIS
    Mit der verlobten –?
ANDREA   Jüngern. Ja, ich sagt' es.

SANTIS
  Wer ist der Bräutigam?
ANDREA   Ein Edelmann.
SANTIS
  Wann ist die Hochzeit?
ANDREA   Beide Schwestern warten
  Des feierlichen Tags mit gleichem Sehnen.
  Sehnsücht'ger noch der Nacht; denn wenn die eine,
  Die Jüng're, neuvermählt dem Gatten folgt,
  So wird im schwesterlichen Schlafgemach
  Die and're – endlich – ungehemmt und frei
  Ans durst'ge Herz den Heißgeliebten pressen.
  Doch – noch erwähnt' ich's nicht – von schlechten Sitten,
  Gefürchtet und verhaßt war jener Jüngling –
  Den Weibern freilich nicht – und also kam's,
  Daß er zur Hochzeit nicht gebeten ward;
  Ja daß, um jeglichen Verdacht zu wehren,
  Schon Tage früh'r dem Ort er fern sich hielt.
SANTIS
  Dem Ort –?
ANDREA   Wo sich begibt, was ich berichte.
  Erst mitternachts, wie's abgeredet war,
  Auf leisen Sohlen naht er sich und schleicht
  Durch dunklen Park den wohlbekannten Weg
  Zum Fenster, jenseits dem das Glück, er weiß es,
  Das längstersehnte, das versproch'ne wartet.
  Und also kühnen Schwungs in Duft und Dämmer
  Des bräutlichen Gemachs taucht er den Fuß.
  Doch was er n i c h t weiß und nicht wissen kann –
  Kein Bote traf den allzu gut Verborg'nen –,
  War dies, daß die Vermählung aufgeschoben,
  Weil ein Ereignis von besond'rer Art –
  Von dem ein andermal – den Bräutigam
  In letzter Stunde abhielt zu erscheinen.
SANTIS *gierig*
  Und unser Jüngling findet für die eine
  Die Schwestern beid' im dämm'rigen Gemach?
ANDREA
  Nein. Statt der einen findet er die and're –
  Die Braut, die von des Wartens Pein ermattet,
  In schweren Schlummer sank. Indes die eine,

Mißmutig und enttäuscht – (sie ahnt ja nicht,
Daß keine Botschaft aufgeschob'ner Hochzeit
Den Liebsten traf) – von Trost und Schlaf gemieden,
Die Lagerstätt' verläßt und in des Gartens
Entlegenster Allee dem fernen Jüngling,
Der, ach so nah, nutzlose Seufzer weiht,
Bis endlich tränenmüd' sie sich zur Rückkehr
Ins schwesterliche Schlafgemach bequemt.
Doch wie sie, um die Schwester nicht zu wecken,
Ganz leise nur die Klinke niederdrückt,
Ist ihr, als schlürf' und schwebe drin ein Schritt,
Und ahnungsvoll bewegt die Türe öffnend,
Gewahrt sie eben noch, wie durch das Fenster
Hinaus ins Dunkel rasch ein Mensch verschwindet.
Zwar sieht sie nur den Umriß der Gestalt,
Doch kann sie nimmer zweifeln, wer es war.
Und starr, in Scham, in Schmerz, in Zorn steht sie
Im stummen Raum, aus dessen Schattentiefe
Treulos zerwühlt – ein gleißendes Geständnis –
Der Kissen Linnenweiß sie höhnisch grüßt.
Und drin begraben (– wäre sie doch tot –
Denkt die Betrog'ne –) ruht unschuldig-schuldig
Die Schwester, die ihr den Geliebten stahl; –
Des Zufalls Opfer, doch zugleich ihm dankbar,
Jungfräulich-bräutlich, eh' die Sonne sank,
Und eh' sie aufging – eines Fremden Dirne.
Draußen im Park Bewegung und Lärm.

FLAMINIA
Die Gäste schon?

ANINA   Die Musikanten sind's!

ANDREA
Es drängt die Zeit. So schweig' ich denn von allem,
Was sich in Wort und in Gebärde zwischen
Den Schwestern weiter zutrug bis zum Morgen.
Nur dies bericht' ich: Beide liebentzündet
Erheben gleichen Anspruch auf den Jüngling –
Die eine, die sein eigen war, doch ohne,
Daß ihm bewußt, wen er umfangen hielt –
So daß sie der erschlich'nen Lust nicht froh
In neuem Durst nach freigebot'ner schmachtet –,
Die and're, die er zu umarmen wähnte

Und die in ungestillter Sehnsucht seufzt.
Und jede hält ihr Recht allein begründet,
Wie sie der andern Recht für nichtig hält.
Dem Jüngling aber sich zur Wahl zu stellen,
Wie's naheläge, lehnen beide ab,
Denn ist er nicht, wie jetzt, ein Ahnungsloser,
Vielmehr als wissend in den Fall verwickelt,
So ward's ein anderer, völlig neuer Fall,
Und Laune spräche das Entscheidungswort,
Nicht, wie sie's wünschen und wie der Novelle
Verborg'ner Sinn erheischt, Gerechtigkeit.
So also steht die Frage: Welcher Schwester
Nach Herzensrecht gehört der Jüngling zu?
Und Sie, Baron, der als erfahr'ner Mann
Und, was noch wicht'ger, unverwirrten Sinns
Der Frage gegenübersteht, erscheinen
Zur Lösung uns vor allem ausersch'n.
Und daß es auch zu reiflicher Erwägung
An Zeit nicht fehle, sei zur Antwort Ihnen
Bis zum Beschluß des Gastmahls Frist gegönnt.

ANINA
Kein Aufschub mehr. Es überlegt sich schlecht.
Beim Schwatz der Gäste und Geklirr der Gläser.

FLAMINIA
Die Antwort gleich, solang' er nüchtern ist.

ANDREA
Wie's denn beliebt. Das Wort hat der Baron.

SANTIS
Doch der verzichtet gern für jetzt und später.
Denn werd' ich nachher kaum betrunk'ner sein
Als jetzt, so weiß ich doch, daß ich vor Tische
Nicht klüger bin als nach gehalt'ner Mahlzeit.
Und was Erfahrung anbetrifft, so findet
Zu so verzwickter Rätsel Lösung sich
Wohl mancher, der in Liebeslanden weiter.
Als ich gereist und mehr sich umgetan.
Und einen weiß ich, der uns ohne Zögern
Der fein, doch allzu kraus erdachten Fabel
Gewünschten Abschluß als ein Meister fände. *Pause*
Sprech' ich den Namen aus, der auf den Lippen
Uns allen steht –?

ANDREA   Sie meinen ...
ANINA, FLAMINIA *zugleich in verschiedenem Ton*
                              Casanova?
SANTIS
  Wer sonst.
ANDREA   Ja, wenn wir ihn zur Stelle hätten.
  Doch leider ist er abgereist heut früh.
SANTIS
  So seine Absicht. Doch er blieb.
ANDREA   Er blieb –?
SANTIS
  Und kommt zu Tisch.
ANINA, FLAMINIA   Er kommt?
SANTIS   Vor einer Stunde
  Gelang's mir, ihn persönlich einzuladen.
  Gleich wird er da sein.
ANDREA   Irrtum sicherlich.
  Da er doch Abschied nahm für läng're Fahrt.
SANTIS
  Sie währte kurz – vorm Stadttor hundert Schritt
  War sie zu Ende.
ANDREA   Und er kehrt zurück?
SANTIS
  Im gleichen Wagen, der ihn mit Gudar
  Entführen sollte – seiner Liebsten nach.
ANINA, FLAMINIA
  Teresa?
SANTIS   Ja, der holden Ungetreuen.
  Er war ihr auf der Spur und fuhr ihr nach.
  Was ging's mich an? War doch der Wagen mein.
  Für uns're Lustfahrt hatt' ich ihn gemietet.
  So war's mein gutes Recht, ihn aufzuhalten.
  Ich tat's, noch eh' ich wußte, wer drin saß.
  Und mit Gefahr des Lebens. Seht mich an.
  Er weist auf sein Handgelenk.
FLAMINIA
  Verwundet?
ANINA   Blut?
SANTIS   Von Casanovas Degen.
ANDREA
  Welch Abenteuer! Wie begab sich's nur?

SANTIS
Nach meinem Morgenimbiß mit dem Lord –
Kein and'rer tränk' ihn untern Tisch als ich –
Wünscht' ich in frischer Luft mich zu ergeh'n
Und nahm den Weg der freien Landschaft zu, –
Als hinter mir staubwirbelnd hufewild
Ein rasendes Gefährte näher stürmt.
Ich warte, schau', erkenne Wagen, Kutscher –
Heda, wohin mit meinem Angeld, Schuft?
Und mitten auf die Straße hin gewurzelt
Wink' ich ihm Halt. Er aber schwingt die Peitsche,
Haut auf die Pferde, daß sie vorwärtsschnauben,
Bis ich, in Zaum und Zügel ihnen fallend,
Sie zwinge stillzusteh'n. Jedoch dem Wagen
Im gleichen Augenblick entspringt ein Kerl
Verdächt'gen Ansehns: In die Stirn das Haar,
Mit span'schem Bärtchen, manteleingehüllt,
Den Degen in der Hand, bedrohlich rollend
Stechdunkle Augen, und er grölt mich an:
»Trollst du nicht gleich dich fort, bist du des Todes«
Und greift mich an. Die Pferde steh'n zum Glück,
So hab' ich beide Hände frei und bin
Bereit, mit scharfer Klinge mich zu wehren.
Schon schwirren sie, berühren sich und ritzen
– Auch er bekam was ab –, da speit der Wagen
Noch einen aus. Den kannt' ich. 's war Gudar.
Der ruft: Komm doch zu Sinnen, Casanova!
Was fällt dir ein?! Und aufgeriss'nen Blicks
Rückweichend vor Erstaunen, nicht vor Schreck,
Erkenn' in meinem wildvermummten Gegner
Ich wirklich Casanova, unsern Freund.
Und meine Waffe senkend: Sind Sie toll –?
Ich bin es, Santis, nicht ein Straßenräuber,
Und Ihren Wagen hielt ich auf, weil ich
Heut früh mit hohem Angeld ihn gemietet
Zu einer Fahrt in lust'ger Kumpanei.
He, Kutscher, stimmt's? Und hieb dem Strolch zugleich
Mit flachem Degen übern Rücken eins.
Sie lud ich auch, vielmehr Sie schliefen noch,
Als ich in Ihren Gasthof kam des Morgens.
Sie sind sehr eilig, scheint's, wohin die Reise?

Und gar maskiert! Auch Sie, Gudar, warum?
Sie schweigen beide. Casanova hat
Der lächerlichen Maske sich entledigt
Und starrt wie aufgescheucht aus wirren Träumen.
Nun, wie's beliebt, sag' ich, Sie aufzuhalten,
Wenn Sie die Ferne lockt, hab' ich kein Recht.
Doch leider heißt's zu Fuße weiterwandern.
Glück auf den Weg! – Und schwing' mich ins Gefährt,
Dem Kutscher einen Hieb: Nach Spa, du Schuft!
Doch wie er wenden will, schwingt Casanova
Zu mir sich in den Wagen und, ich weiß nicht,
War's Absicht oder nur des Wagens Ruck –
Fliegt an den Hals mir: Santis, teu'rer Freund!
Sie hat das Schicksal hergesandt. Schon war ich,
Ein unverbesserlicher Liebesnarr,
Nachstürmend einem ungetreuen Weib,
Auf schlimmem Weg in Schmach, vielleicht in Tod.
Das Zeichen kam zur Zeit. Sie sind mein Retter!
Nun laßt uns schmausen, trinken, spielen, lachen
Und lustig sein, trotz allen Weiberränken.
Gudar fährt mit! – er war schon eingestiegen –
Und so selbdritt, gedrängt in rascher Fahrt,
Bringt in die Stadt zurück uns die Karosse –
Und wir sind wieder da.

ANDREA   Sie seh'n wir wohl; –
Nicht Herrn Gudar, auch Casanova nicht,
Der nun, vor weit'ren Schicksalszeichen sicher,
Ein unverbesserlicher Liebesnarr,
Vielleicht zum zweitenmal in Ihrem Wagen
Der heißgeliebten Ungetreuen nachstürmt.

SANTIS
Sie zu vergessen schwur er heil'gen Eid!

FLAMINIA
Wo bleibt er denn?

ANINA   Warum läßt er uns warten?

ANDREA
Die Gäste sammeln sich.

SANTIS   Er wird nicht fehlen.

ANDREA
Sie setzen sich zu Tisch.

SANTIS   Wir werden's auch.

ANDREA
    Unhöflichkeit ist, was zumeist ich hasse.
    Auf eig'ne Rechnung speis' ich und allein.
    Wendet sich der Türe rechts zu. Bewegung draußen im Garten.
SANTIS
    Was gibt's?
FLAMINIA *zum Fenster*
            Er ist es.
SANTIS   Casanova?
ANINA   Er!
Anina und Flaminia öffnen das Fenster.

III

Im Hintergrund unter Bäumen ist der gedeckte Tisch sichtbar, an dem die Gäste zwanglos gruppiert sind. Noch nicht alle haben Platz genommen; die früher Erwähnten, so insbesondere der LORD *und die* WITWE *aus Holland, heben sich hervor. Noch weiter im Hintergrunde, durch die Allee heranschreitend, wird* CASANOVA *sichtbar im hellen Staatsgewand, reich geschmückt mit Ringen, Ketten, Dosen usw.*

SANTIS *durchs offene Fenster hinaus*
    Willkommen, werte Gäste!
STIMMEN *der Eingeladenen*   Dank, Baron.
SANTIS
    Willkommen, Casanova!
STIMMEN   Casanova!
LORD
    O Mister Casanova, very enchanted!
    Er drückt ihm die Hand.
MUTTER *aus Lyon zu Casanova*
    Hieher!
TOCHTER An meine Seite!
WITWE   Nein, zu mir!
SANTIS
    Vorerst noch, Casanova, auf ein Wort.
CASANOVA *ist näher gekommen*
    Was wird gewünscht? *Anina und Flaminia gewahrend*
                Den Damen meinen Gruß.

255

Anina und Flaminia, die zu seiten des Fensters stehen, die eine rechts, die andre links, erwidern kaum merklich die Verbeugung Casanovas.
ANDREA *steht, für Casanova unsichtbar, immer noch an der Türe rechts, dem Innern des Zimmers abgewandt.*
SANTIS Gleich sollen Sie's erfahren.
CASANOVA   Wenn's beliebt –
Mein Durst und Appetit sind nicht gering.
SANTIS
Doch sollen Sie das Mahl sich erst verdienen.
Zu Anina und Flaminia
Nicht wahr? Gleich ist's gescheh'n. Nur eine Frage.
CASANOVA
So fragen Sie.
SANTIS   Sie müssen näher treten.
FLAMINIA
Bemüh'n Sie sich herein.
ANINA *um die Ecke deutend*
                    Dort ist der Eingang.
CASANOVA
Wozu noch Zeit versäumen? Mit Verlaub.
Er springt über die Brüstung ins Zimmer.
SANTIS *lacht*
Er ist's gewohnt.
CASANOVA *sich verbeugend*
                Hier bin ich.
Gewahrt Andrea
                          Oh, Herr Bassi.
Wir seh'n uns früher wieder, als wir dachten.
SANTIS *Casanovas Anzug bewundernd*
Ei, welche Pracht!
CASANOVA   Ich denk', es gibt ein Fest?
Man kleidet sich, so gut man eben kann.
SANTIS
Die Kette! Neu?
CASANOVA *beiläufig*
              Ich glaube.
SANTIS   Und die Dose?
                              Smaragden –
CASANOVA Einer nur. Mit einem Fehler.
SANTIS
                        Man merkt ihn kaum.

CASANOVA *ihm die Dose reichend*
Hier, nehmen Sie, Baron.
SANTIS In keinem Fall.
CASANOVA Mein Retter, nehmen Sie!
SANTIS
Ich will sie kaufen.
CASANOVA Nicht um fünfzig Goldstück
Wär' sie mir feil.
SANTIS Sie dringen sie mir auf.
Steckt sie ein; draußen Unruhe.
ANDREA
Doch Ihre Gäste werden ungeduldig.
SANTIS
Wahrhaftig.
Ruft Man beginne aufzutragen.
He, eingeschenkt! Verzeiht, gleich kommen wir.
CASANOVA *seine Ungeduld verbergend, höflich*
Die Frage nun. Ich warte. Sprechen Sie.
SANTIS
Die Frage, hm. Wie fass' ich sie nur klar?
FLAMINIA
Herr Bassi, fragen Sie.
ANINA Andrea, frage!
ANDREA
Nicht ich war's, dem der kühne Einfall kam,
Die Antwort Casanova aufzugeben.
SANTIS
Nun, so versuch' ich's. Merken Sie wohl auf.
Beginnt einfach, redet sich aber rasch in selbstgefällige Begeisterung hinein
Zwei Schwestern schön und jung, jedoch die eine
Noch jünger als die and're; und die and're
Ein wenig älter, aber beide jung –
ANDREA
So wird es etwas lang.
SANTIS *unbeirrt* Und beide schön.
Von holdem Wuchs, von zarter, weißer Haut,
Teils blond, teils braun und ziemlich wohlgesittet,
Ja, ziemlich nur, wie gleich sich zeigen wird. –
ANDREA
Sie greifen vor.

SANTIS Doch ich verrate nichts.
Gesittet – bis zu der Novelle Anfang.
CASANOVA
Novelle – so? Wie nennt der Dichter sich?
FLAMINIA
Andrea Bassi.
ANINA Doch es fehlt der Schluß.
SANTIS
Das eben ist's, den sollen Sie uns finden.
CASANOVA
Zwar weiß ich nicht – doch weiter immerhin!
SANTIS
Man unterbreche nicht. Zwei Schwestern also,
Aus gutem Haus mit Garten, über den
Die Nacht sich breitet –
ANDREA Das kommt später erst.
SANTIS
Nun bleibt's gesagt, und Casanova weiß es
Für später, wenn er's braucht. Der Vater starb.
Woran? Wir wissen's nicht, vielleicht an Gift.
ANDREA
Das führt ja irre.
SANTIS Doch die Mutter lebt,
Die Schwestern jubeln drob.
ANDREA Weshalb?
SANTIS Weshalb?
Mit Stolz
Weil's ihnen an Verworfenheit gebricht.
Doch plötzlich eines Tags, wer hätt's geahnt,
Verlobt sich einem Edelmann die Jüng're.
O Bräutigam, o Seligkeit!
ANDREA *verzweifelt* Baron!
SANTIS
Zum Teufel den Baron, nun bin ich Dichter.
Genau wie Sie, und es behagt mir sehr.
Wo blieb ich steh'n?
CASANOVA *höflich*
Die eine ist verlobt.
SANTIS
Ganz recht. Verlobt die ein', indes die and're
Sich sehnsuchtsvoll auf keuschem Lager wälzt.

258

ANDREA
   Wo soll das hin?
CASANOVA   Nur weiter. Höchst poetisch
   Erzählt uns der Baron und spannungsvoll.
SANTIS
   Da naht ein Jüngling, und in Lieb' entbrennt sie,
   Trotzdem die Mutter sie mit Macht behütet
   Und mit der Schwester das Gemach sie teilt.
CASANOVA
   Die Mutter?
SANTIS   Nein, die Schwester.
CASANOVA   Dacht' ich's doch.
SANTIS
   Schon freut sie sich, der Unschuld holde Blume
   Auf dem Altar der Liebe hinzuopfern,
   Wie manche tat vor ihr und manche tun wird.
CASANOVA
   Das walte Gott.
SANTIS   Doch anders kam es hier.
   Schon war der Tag der Hochzeit festgesetzt.
CASANOVA
   An einem Tag für beide Schwestern wohl?
SANTIS
   Nein, für die eine nur. Versammelt ist
   Der Hochzeitsgäste Schar, die Braut geschmückt –
   Doch einer fehlt, o Jammer ohne Maß:
   Es wird der Bräutigam, ein Edelmann,
   Durch dringende Geschäfte abgehalten.
   Es schluchzt die Braut, der Mutter Tränen fließen,
   Die Gäste flüstern: Welch ein Bräutigam!
   Und schütteln ihre Köpfe ohne Zahl.
ANDREA
   Genug.
SANTIS   Wieso? Soeben fang' ich an.
ANDREA
   Und sind so tief in Unsinn schon verstrickt,
   Daß nirgendwo ein Ende abzusehen.
SANTIS
   Ein jeder wie er kann. Man lernt's allmählich.
   Hätt' ich geahnt, wie hübsch das Dichten ist,
   Ich hätt's in meiner Jugend schon geübt.

ANDREA *hastig*
   Ein andermal den Inhalt der Novelle,
   Wenn Casanova wünscht. In wenig Worte,
   Gleichwie ein mathematisches Problem,
   Dräng' ich die Frage, die der Lösung harrt.
   Durch Zufallspiel umarmt ein junger Mann
   Anstatt der Dame, die ihm Huld versprach,
   Nachts eine and're, die ihn nicht erwartet.
SANTIS
   Die Schwester.
ANDREA   Das gilt gleich, da's ein Problem.
   In Schreck und Lust verstummend, glaubt sie fest,
   Daß jener weiß, mit wem er glücklich ist.
   Am nächsten Morgen reist der Jüngling ab.
   Die beiden Damen aber im Gespräch
   Vertrau'n, verraten absichtslos einander
   Die Abenteuer der verfloss'nen Nacht.
   Und wie sie nun erkennen, was geschah,
   Sieht jede sich als die Betrog'ne an; –
   Die eine, die nach ihm geseufzt, indes
   Entzückt er sich in ihren Armen wähnte; –
   Die and're, die in Wahrheit er umfing;
   Doch da sie nun erfährt, daß seine Glut
   Nicht ihr gegolten, wandelt sich der Wonnen
   Besänftigt Nachgefühl in Sehnsuchtspein.
   Und jede so, von Eifersucht verwirrt,
   Entschlossen, ihrem Jüngling nachzueilen,
   Von ihrem Anspruch jede als dem bessern,
   Dem einzig gült'gen überzeugt, ihr Recht
   Mit Macht behauptend, sucht die andre erst
   In Worten gütlich zum Verzicht zu stimmen;
   Bald aber reicht das Wort nicht aus; kein Fluch
   Und keine Drohung wirkt; die Augen sprüh'n
   In Haß, die Stimme bricht, mit Nadeln spitz
   Stürzt eine auf die and're; endlich blitzt
   Ein Dolch –
SANTIS   Oho! Die Phantasie gezügelt!
   Trifft so ein Ding ins Herz, ist's mit der Dame
   Und auch mit dem Problem ist es vorbei.
CASANOVA
   Doch nehm' ich an, die Dolche waren stumpf,

Und da's dem Wort, so wohlgezielt es sei –
An Kraft gebricht, zu töten, nehm' ich an – *mit Ironie*
Zu des Problems und zu des Jünglings Glück –
Die schönen Damen sind lebendig beide.
Mir aber – rat' ich recht? – bleibt zu entscheiden,
Wer die zumeist Betrog'ne sei von ihnen.
Denn beide sind's, kein Zweifel, und zugleich
Betrügerinnen – schudllos zwar – jedoch
Sie sind's. Die eine, die versproch'ne Gunst
– Wie's immer kam – dem Jüngling vorenthielt, –
Die and're, die ihm höchste Huld gewährt,
Doch – wie sich's auch gefügt – nicht als sie selbst.
Und so erscheint in diesem Zufallsspiel
Die eine nicht und nicht die and're, sondern
Der gute Jüngling als zumeist betrogen.

ANDREA

Der Jüngling?! – Wie – betrogen!? Der vielmehr
Zwiefach beglückt war?

CASANOVA   Nein, zwiefach getäuscht.
Und rühmt' er etwa seines Sieges sich,
Als Lügner müßten beide Frau'n ihn schelten.
Denn wenn man's recht erwägt, besaß er keine.

Lärm draußen. Immer lauter sind Stimmen vernehmlich.

GÄSTE *im Park*

Wo bleibt das Essen? – Wein her! – Kellner, he! –
Zieht nicht ein Wetter auf? – Es wird nichts werden!
Baron! Wo bleiben Sie? – He! Wein! – Sind wir
Zum Spaß geladen? – Rufen wir den Wirt! –
Der Wirt ist der Baron! – Dort steht er ja! –

SANTIS *zum Fenster hin*

Was gibt's? Ist man noch immer nicht bedient?
Verzeihung, edle Damen, werte Herrn –
Heda, die Schüsseln auf den Tisch, die Flaschen!
Wo bleibt der Kellner Troß? Noch keiner da?
Verdammte Wirtschaft! He! Schlaft Ihr? Herbei Ihr Kerle!

Von rechts tritt TITO *ein.*

TITO Herr Baron –
SANTIS *beim Fenster sich nach ihm umwendend*
   Da wär' ja einer. Troll dich in die Küche.

Man trage auf. Die Flaschen aus dem Keller!
Geschwind, was stehst du wie ein Stock und glotzt?
TITO Ich habe von meinem Herrn zu bestellen, daß keine Schüssel aufgetragen und keine Flasche entkorkt wird, ehe die Rechnung bezahlt ist.
SANTIS
Was wagst du, Bursche? Ist dein Herr verrückt?
TITO Entschuldigen der Herr Baron, der Herr sagt, es sei ausdrücklich so ausgemacht worden. Hier, Herr Baron. *Er weist die Rechnung vor* Es beläuft sich alles in allem auf neunundfünfzig Dukaten. Da ist natürlich alles Frühere auch dabei.
SANTIS
Ein Arzt herbei, der Wirt ist krank! Ich zahle,
Wenn ich vom Mahle aufsteh', nicht vorher.
Nur in Spelunken übt man andre Sitten.
Hinaus mit dir! Bestell es deinem Herrn.
TITO *bleibt stehen* Und meine Bestellung lautet: Kein Bissen auf die Teller, kein Tropfen in die Becher, ehe die Rechnung beglichen ist. *Er wendet sich zum Gehen.*
SANTIS
He, warte. *Sieht die Rechnung durch*
                Neunundfünfzig. Um die Hälfte
Zuviel. Betrug, Erpressung, Gaunerei!
Hier hast du neun. Der Rest für heute abend.
TITO Neunundfünfzig, Herr Baron! Ich d a r f nicht weniger in Empfang nehmen.
SANTIS
O Frechheit unerhört! Als wär' ich nicht
Für fünfzig, hundert und für tausend gut.
Willst du ein Pfand, so nimm die Dose hier,
Besetzt mit Edelsteinen ohne Fehl.
TITO Mein Herr hat mich ausdrücklich beauftragt, nur Bargeld entgegenzunehmen, da er mit Schmuckgegenständen leider öfters schlechte Erfahrungen gemacht hat.
SANTIS
Die Perlenschnur, Flaminia, löse sie!
Für Stunden nur. Ist auch der Wirt ein Schuft,
Nicht länger warten lass' ich meine Gäste.
Gib her. Was zögerst du?
Er versucht selbst die Schließe von Flaminias Perlenschnur zu öffnen.
FLAMINIA   Vergeblich ist's.

Verlöten ließ ich sie. Das einz'ge Mittel,
Sie zu behalten als mein Eigentum.
In Casanovas Mienen kündigt sich das endgültige Verständnis an. Unwillkürlich faßt er nach seinem eigenen Hals. Er blickt Anina an, die seinen Blick ohne Lächeln erwidert, dann schaut er zum Fenster, dann zu Flaminia, nickt vor sich hin und lächelt, ungefähr als wollte er sagen: Nun ist mir alles klar.
SANTIS
Elendes Weib! Bei Gott, ich hätte Lust,
Dich samt der Schnur dem Wirt als Pfand zu geben.
TITO Darüber würde sich vielleicht reden lassen, wenn die Frau Baronin –
Geste, als wenn er sie einlüde, mit ihm das Zimmer zu verlassen.
CASANOVA *plötzlich vor ihn hin*
Das Maul gehalten, Bursch, hier nimm und geh!
Er gibt ihm einen Beutel voll Geld
Zähl draußen und behalte, was zuviel,
Und sage deinem Herrn, das merk' er sich,
Wo Casanova man zu Gaste lud,
Dort muß der Wirt nicht für die Zeche zittern.
SANTIS *als wollte er's nicht annehmen*
Nie werd' ich –
CASANOVA Still, mein Retter. Es ist nichts.
Er befiehlt dem Tito durch eine Geste, sich zu entfernen.
TITO *unter Bücklingen ab.*
CASANOVA *zu Andrea*
Und mir bleibt immer noch genug, zugleich
An Sie, Herr Bassi, meine Schuld zu tilgen.
Da, was ich an Gudar zurückbezahlt,
Ich auf der Fahrt ihm wieder abgewann.
Hier ist, mit wiederholtem Dank, Ihr Gold.
ANDREA
Sie hatten Glück.
CASANOVA *dem Andrea die Beutel mit Gold gebend, die dieser etwas zögernd nimmt*
Sie haben's auch, mein Freund.
Die Summe stimmt?
ANDREA Sie stimmt.
CASANOVA Dies wär' erledigt.
In neuem Ton, in den Garten hinausblickend, wo die tafelnden Gäste sichtbar sind.

Und nun, es blinkt der Wein, die Schüsseln dampfen.
Ich denk', es wäre Zeit, zu Tisch zu geh'n.
SANTIS
Noch nicht. Ihr Spruch zuerst.
CASANOVA *wie gelangweilt* Tat ich ihn nicht?
Betrogen alle drei: Der Jüngling zweifach,
Einfach die Frau'n, auf ihre Weise jede.
So glich sich alles aus, und ich erkläre:
Ungültig war das ganze Abenteuer.
ANDREA
Das sagt sich leicht. Doch Sie vergessen leider:
Noch steh'n die Damen da mit blanken Dolchen.
CASANOVA
Doch in der Dichtung nur. Denn in den Höh'n
Des philosophischen Problems, mein Freund,
Gibt's weder Dolch noch Leidenschaft, noch Mord.
Die Rechnung ist gelöst – geh'n wir zu Tisch.
ANDREA *in kindischem Trotz ihm den Weg versperrend*
Gelöst ist das Problem, ich lass' es gelten.
Wie aber, frag' ich, endet die Novelle?
Wo, was einmal gescheh'n, nicht nach Belieben
Als ungescheh'n sich abtun läßt, in der,
Da sie des Lebens treues Abbild ist,
Erinn'rung nicht verlischt; Irrtum und Wahrheit
Sich wunderbar verschlingen, Leidenschaften
Ins Nah und Ferne weiterwirken, wo –
In der Novelle just so wie im Leben –
Es nicht an Dolchen fehlt, die blitzen, töten,
Und Waffen and'rer Art, – an Blut und Tränen . . .
CASANOVA *zum Fenster hinaussehend*
Rheinlachs mit grüner Soße – es bleibt uns nichts!
ANDREA
Und wo – auf unsern Fall zurückzukommen,
Sich Anspruch gegen Anspruch trotzig stellt,
Und die verliebten Damen nicht geneigt,
Verzicht zu leisten, weniger noch zu teilen.
CASANOVA *zum Fenster hinaus*
Rubinrot funkelt der Burgunderwein –
Der Lord hält bei der zweiten Flasche schon.
SANTIS
Aus Amsterdam die Wittib bei der dritten.

CASANOVA
   Zu Tisch!
ANDREA   Noch nicht, Sie machen's sich zu leicht.
   Sie sollten sich die Mahlzeit erst verdienen.
CASANOVA
   Auch jetzt noch, da ich selbst Gastgeber bin?
SANTIS
   Die Rollen sind vertauscht, dafür fand ich
   Die Lösung des Problems und fand zugleich
   Der Fabel Schluß.
ANDREA   Wahrhaftig?
SANTIS   Aufgepaßt.
   Der Jüngling zweifach glücklich, wie Andrea –
   Wie Casanova meint, zweifach betrogen,
   Der nachts die eine hielt in heißen Armen,
   Jedoch im Geist der andern Bild umfing,
   Er muß, daß allen drei'n nach Recht geschehe
   In einer Nacht, gleich der verfloss'nen dunkel,
   Beselig an der andern Herz gedrängt,
   Der einen Bildnis sich ins Auge träumen –
   Und wieder, eh' der Morgen graut, entflieh'n.
CASANOVA *hat bei diesen Worten in sinngemäßer Weise bald auf Flaminia, bald auf Anina geblickt.*
SANTIS *stolz*
   So lös' ich das Problem als Philosoph,
   Und als Poet beschließ' ich die Novelle.
ANDREA
   Und klatschen Beifall selber sich als Tropf.
SANTIS
   He, wie? *Will auf ihn los.*
CASANOVA Kein neuer Aufschub, wenn's beliebt.
SANTIS
   Die Antwort auf den Tropf zum Nachtisch, Herr!
CASANOVA
   Und nun zu Tisch, ich bitte, meine Damen.
ANDREA *sich vor die Tür stellend*
   Es gibt ein Vorgericht. Wir wollen seh'n,
   zu Casanova
   Wem von uns zwei'n nachher das Mahl noch schmeckt.
CASANOVA
   So eilig?

ANDREA *den Degen ziehend*
>Zieh'n Sie!
CASANOVA >Wie der Braten duftet –
Getrüffelte Pasteten, Ungarwein!
Zu Andrea
Zwei Bissen und ein Schluck, nachher den Tod!
ANDREA
>Vor allem unser Gang, und einer nur
>Von uns, ich schwör's, soll irdisch weitertafeln.
>Sie oder ich, der and're in der Hölle.
CASANOVA
>Im Paradies, wenn's sein muß, aber gleich.
SANTIS *allmählich verstehend*
>Wieso? Warum? War's etwa kein Problem?
CASANOVA *hat auch den Degen gezogen, stellt sich Andrea gegenüber.*
FLAMINIA *zwischen sie*
>Halt! Ich erlaub' es nicht! Mein Casanova!
SANTIS *glaubt zu begreifen*
>Flaminia, wie? Bei dir heut nacht – ist's möglich?!
>Bei dir, statt bei Anina? – Nun versteh' ich.
>Dein Casanova! Ha, nicht übel, wahrlich –
>Bin ich dein Gatte nicht, dein Herr nicht mehr,
>Daß du dir deine Schlafgenossen wählst?
>Du sollst es büßen. Aber noch vor dir
>Dein Casanova!
Zu ihm, den Degen ziehend
>>Rechenschaft von Ihnen
>Verlang' ich, der die Gattin mir verführt.
>Und zwar sofort.
CASANOVA *höflich* >Es geht nur nach der Reihe.
Beiseit' getreten, wenn ich bitten darf,
Und nun, Andrea, Freund, ich bin bereit.
ANINA
>Ich leid' es nicht. Den Degen fort, Andrea,
>Vergaßest du? Du hast das Recht nicht mehr,
>Für mich zu töten; hast das Recht noch minder,
>Für mich zu sterben
ANDREA >Törin du, für dich –?!
Wähnst du, es ginge wirklich nur um dich,
Wo Casanova und Andrea fechten?
Ein größ'rer Kampf ist's, der sich hier entscheidet.

CASANOVA
 Sie überschätzen, fürcht' ich fast, uns beide.
 Jedoch Ihr Wort ist hübsch, und einer soll's –
 Ich hoffe, Sie – der Nachwelt aufbewahren.
 Sie beginnen zu fechten.
 Draußen sind die Gäste von der Tafel aufgestanden, nähern sich dem Fenster, einige schauen herein.
DIE GÄSTE
 Wie? – Seht doch! – Was? – Oh! – Ein Duell?! – Zum Spaß!
 Famos! – Nein, es ist Ernst! – Sie fechten gut! –
 Natürlich – Casanova! – Und der and're?
 Wer ist's? – Ein hübscher Mensch! – so jung! – Nur weiter!
 Still die Musik! Warum?
LORD
                    Go on! Go on!
 I bad on Casanova hundert ducats!
 Plötzlich öffnet sich die Türe rechts, Gudar tritt ein, überschaut die Situation.
GUDAR
 Was gibt's? – Zur rechten Zeit! –
 Tritt zwischen sie, schlägt ihre Degen auseinander.
                         Herein, Teresa!
 Hier ist er, den Sie suchen!
TERESA *nur eine Sekunde an der Türe stehenbleibend, dann auf Casanova zu*
                    Casanova!
 Hab' ich dich wieder, mein Geliebter du!
 Sie stürzt in seine Arme.
DIE GÄSTE *am Fenster*
 Ein Spaß! – Hab' ich's gesagt! – O damned! – Vorbei!
 Wer ist das kleine Ding? – Man kann sich's denken!
 Wird nichts daraus? – Wie schade! – Fortgeschmaust!
 Sie entfernen sich allmählich vom Fenster.
TERESA *aus Casanovas Armen*
 Ich hoffe, die Gesellschaft wird verzeih'n.
 Bekannte auch? – Flaminia! Teu're Freundin!
 Sie umarmt sie. Zu Santis.
 Baron!
SANTIS   Teresa!
TERESA   Ja, so trifft man sich.
 Mit leichter Verbeugung vor Andrea und Anina
 Teresa heiß' ich, Tänz'rin aus Neapel.

GUDAR *stellt vor*
>Hier Herr Andrea Bassi aus Ferrara
>Und Frau Anina, seine schöne Gattin.

TERESA
>Ja, wahrlich schön!
>*Zu Andrea*   Erlauben Sie, mein Herr?
>*Sie umarmt Anina*
>Und nun, was gab's? Worin hab' ich gestört?
>Man kreuzte wohl die Klingen? – Doch warum?
>Und wer mit wem? Drei Degen seh' ich nackt.
>*Zu Gudar*
>Wahrlich zu rechter Zeit, Herr von Gudar.
>Was gab's? Gibt niemand Antwort? Casanova!

CASANOVA
>Ich denke, wenn hier wer zu fragen hat,
>Ich wär's, nicht du.

TERESA   Geliebter, Ungetreuer!
>*Ihn wieder umarmend*
>Ich hab' ihn wieder – und so frag' ich nichts.
>Die Klingen eingesteckt – was es auch gab!
>Freut euch mit mir, mehr Glück ist in der Welt!

CASANOVA *teilweise belustigt, teilweise ärgerlich*
>Wie sagst du: »Ungetreuer«? Du zu mir?

TERESA
>Wie denn? Warst du nicht ungetreu? Hast du
>Dich nicht – ich weiß nicht wie – aus meinem Herzen
>Davongestohlen; – und mein armes Herz
>War leer mit einem Mal, stand offen da –

CASANOVA
>Und ließ wen andern ein.

TERESA   Ich weiß nicht mehr.
>Was fragst du auch? Bin ich nicht wieder da?

CASANOVA
>Und wo der and're?

TERESA   Tot! Wie Rhampsinit –
>Wie Alexander – wie mein Urgroßohm
>Und and're, die in ihren Gräbern liegen.
>Was kümmern Tote dich?

CASANOVA   Liegt er im Grab?

TERESA
>Viel tiefer! In Vergessenheit. Und nun

Nichts mehr, wenn du mich liebst. Frag' ich? Und könnte –
Nicht wahr –
Zu den andern, insbesondere zu Anina und Flaminia gewendet
Ich könnte auch – *rasch*
               Doch tu' ich's nicht.
Ich hab' dich wieder, so ist alles gut.
In einem andern, bestimmtern Ton
Und nun, mein Liebster, rasch von deinen Freunden,
So wert sie dir und mir, Abschied genommen.
Wir reisen ab!

CASANOVA *lachend* Wie meinst du?

TERESA   Vor dem Tor –
Nicht wahr, Gudar, Sie sah'n ihn – steht mein Wagen.

GUDAR
Und welch ein Wagen und wie reich bespannt!

TERESA *zu Casanova*
Du hast nur eben Zeit, rasch einzupacken,
Wir müssen gleich davon. Bin auf dem Weg
Nach Wien ans kaiserliche Hoftheater.
Sechstausend Gulden Gage. Erste Rolle,
Im König Rhampsinit die Sklavin.

GUDAR   Zweite –
Ich wett', im Alexander die Roxane.

TERESA
Vielleicht die Ariadne; je nachdem.

GUDAR
Wie göttlich tanzten beide Sie in Rom!

CASANOVA
Und denkst, ich reise gleich mit dir nach Wien?

TERESA
Du sehnst dich lange hin. Nie gab es bess're
Gelegenheit.

GUDAR   Nie holdere Gesellschaft.

TERESA
Und Frauen gibt's dort –

CASANOVA *lachend*   Und Männer –

TERESA *ebenso*   Gott sei Dank!

CASANOVA
So laß dir's wohl ergeh'n. Was mich betrifft –
Man wartet anderswo auf mich. In Brüssel,
In Petersburg, Madrid –

TERESA   Drum wählst du Wien...
CASANOVA
   Und wollt' ich auch, ich könnte gar nicht fort.
   Manch dringendes Geschäft hält mich zurück.
   Zu Santis
   Nicht wahr, Baron?
SANTIS   Wieso? Mich meinen Sie?
   Wenn es nur das ist, reisen Sie mit Gott.
   Ich weiß nichts mehr davon. Hier meine Hand.
CASANOVA
   Und hier die meine.
TERESA *glaubt zu begreifen* Wie Flaminia, Sie?
   Ich dacht' mir's gleich. Der wilde rote Mund –
   Die himmlische Figur – wie gut versteh' ich's.
   Sie seufzt, dazu umarmt sie Flaminia stürmisch.
GUDAR *applaudiert.*
TERESA
   Nun aber, Casanova, laß uns reisen.
CASANOVA
   Noch einen seh' ich, der vielleicht die Abfahrt
   Mir wehren könnte –
ANDREA *bitter*   Wer kann wem was wehren?
   Steckt den Degen ein.
SANTIS
   So spricht ein Philosoph.
ANDREA   Wohlfeiler Spott.
SANTIS
   Sie nannten Tropf mich, also sind wir quitt.
CASANOVA
   Andrea, Ihr Hand.
ANDREA *reicht sie ihm* Glück auf die Reise!
TERESA *zu Anina*
   Auch Sie, mein schönes Kind? Nun ja, wer kann
   Ihm widerstehn. Wie war Ihr Name doch?
GUDAR *antwortet für Anina*
   Anina.
TERESA   Hold und unschuldsvoll. Wie konnt'
   Es anders sein. Anina – an mein Herz!
   Sie umarmt sie stürmisch.
TITO *kommt rasch herein*
   Verzeihung –

CASANOVA
 Suchst du wen?
SANTIS Was will der Bursch?
TITO Mein Auftrag geht an die berühmte Tänzerin Teresa aus Neapel.
TERESA
 An mich?
CASANOVA Was willst du von Teresa?
TITO *verbeugt sich tief vor Teresa*
 Oh, ich dachte mir's gleich.
TERESA
 Was willst du?
CASANOVA Sprich!
TITO Es ist nur für die Dame.
CASANOVA
 Hier gibt es kein Geheimnis.
TERESA Rede nur!
CASANOVA Nun, wird's?
TITO Doch bitt' ich, keineswegs mich entgelten zu lassen, wenn es den Herrschaften irgendwie unangenehm sein sollte.
CASANOVA
 Rasch, ohne Vorwort, wer fragt nach Teresa?
 Ein Herr?
 Zu Teresa Darum die Eile? Ein Verfolger?
 Zu Tito
 Nun, Tito, sprich! Ein Herr? Ein junger Herr?
TITO Nein, zwei.
CASANOVA
 Wie? Zwei?
TITO Aber sie gehören nicht zusammen.
TERESA Nun also –
TITO Sie kamen fast in der gleichen Minute an, jeder in einer andern Kutsche, und beide fragten mich, ob in diesem Gasthof nicht die berühmte Tänzerin Teresa abgestiegen sei. Jeder insgeheim. Einer weiß nichts vom andern. Sie kennen sich wohl nicht einmal.
GUDAR
 Wie sollten sie, wenn Rhampsinit der eine,
 Der andre gar der große Alexander!
 Wo hätten sich die zwei begegnen sollen?
TITO Sie haben ihre Namen nicht genannt. Vielleicht heißen sie

so, aber ich könnte nichts Bestimmtes sagen.

TERESA
Ich kenn' sie nicht, man jage sie zum Teufel.

CASANOVA
Du kennst sie nicht?

TERESA   Und wer sie immer seien –
Ich kenne sie nicht mehr.

CASANOVA *zu Tito*   Wo sind die Herren?

TITO Wohlversorgt bis auf weiteres. Da sie mir beide sehr aufgeregt schienen, und man ja nie wissen kann, was solche aufgeregte Leute im Schilde führen, so habe ich jeden vorläufig in ein and'res Zimmer geführt und die Türe hinter ihnen zugeschlossen.

CASANOVA
Gar eingesperrt?

SANTIS *zu Tito*   Das kann dir übel ausgehn.

TITO Eine halbe Stunde will ich sie wohl hinter Schloß und Riegel halten. Die Fenster geh'n auf einen Hof, niemand wird sie hören, wenn sie etwa Lärm machen sollten. Indessen haben die Herrschaften Zeit, hier alles Notwendige zu beschließen.

TERESA
Der Bursch gefällt mir. Casanova höre,
Den nehmen wir nach Wien als Diener mit.

CASANOVA
Wir? Nein. Doch ich – ob just nach Wien, das wird
Sich zeigen. Möglich auch – nach Lissabon.

TERESA *zu Tito*
Du kommst nach Wien mit mir.

CASANOVA
                            Nach Lissabon.

TERESA
Mach dich sofort bereit, wir fahren ab.

TITO Ist es denn wirklich wahr? Die berühmte Tänzerin Teresa will mich in ihre Dienste nehmen? Welches Glück!

CASANOVA
Fürs erste bist du Diener bei uns beiden.
Und später wählst du, wo du bleiben magst.

TERESA
Nie soll er wählen –
Zu Casanova   Ewig bin ich dein.
Stürzt in seine Arme.

GUDAR
　Lang ist das Leben – kurz die Ewigkeit!

CASANOVA
　So mach dich fertig, Bursch, in einer Stunde
　Geht's auf die Reise.

TERESA　　　　　Noch so lang? Warum?
　Was kann in einer Stunde nicht gescheh'n?

CASANOVA
　Und wenn die Hölle selbst mein Zögern straft,
　Ich reise nicht, eh' ich zu Mittag aß.

SANTIS
　Beim Gott des Sekts, der Trüffeln und Pasteten –
　Er hat sich's wohl verdient. Und wir nicht minder.
　Zwar sind die besten Bissen schon verspeist;
　Doch teilt's mit uns die göttliche Teresa,
　So nennen wir's ein königliches Mahl.

TERESA
　Wer kann da widersteh'n? Ich speise mit ...
　Mit einem Blick zu Anina und Flaminia
　Wenn diese Schönen mir zur Seite bleiben.
　Flaminia und Anina reichen ihr die Hände, die sie in ihren Händen behält.
　Und eine Stunde nur, dann –
　zu Casanova　　　　　mein Geliebter,
　In sausender Karosse fort nach Wien.
　Durch die Türe rechts ab, Flaminia und Anina an der Hand führend, Santis und Gudar folgen.

CASANOVA, ANDREA

CASANOVA *wollte auch folgen, wie er Andrea regungslos stehenbleiben sieht, bleibt auch er an der Türe stehen*
　Und Sie?

ANDREA *höflich*
　　　　Verzieh'n Sie nicht. Man geht zu Tische.

CASANOVA
　Nicht ohne Sie, sonst denk' ich, daß Sie zürnen,
　Und das verdürbe mir den Appetit.

ANDREA
　Ein guter Spaß.

CASANOVA *näher zu ihm*
　　　　Ich bin Ihr Freund, Andrea.

ANDREA
　Ich aber nicht der Ihre, Casanova.
CASANOVA
　Ein Schuldner mehr ist mir Gewinn und Ehre.
STIMMEN *aus dem Park*
　Casanova! Casanova!
ANDREA
　So geh'n Sie doch, man ruft Sie. Niemand mich.
　Und so ist's recht. Hier ist nicht meine Welt.
　Die Ihre ist's. Man ruft Sie, geh'n Sie doch!
CASANOVA
　Ob Sie mich auch zudringlich schelten mögen,
　Ich lasse nimmer mit so wundem Herzen
　Sie hier allein.
ANDREA　　　　Was kümmert Casanova
　Andreas Herz!
CASANOVA　　　　Gut; mag sich's mir verschließen.
　Doch nenn' ich's Knabentrotz, wenn es verschmäht
　Ersehnten Trost aus holdern Händen auch,
　Als aus des unwillkomm'nen Freunds; – ihn dankbar
　Aus der Geliebten Händen zu empfangen.
ANDREA
　Wie, Casanova, soll ich wirklich denken,
　Daß dieses Tages schamlos grelles Licht
　So wenig meiner Seele Grund erhellt
　Für Ihr tiefschauend Aug'?
　Leidenschaftlich, nicht heftig
　　　　　　　　　　　Sie glauben, jemals
　Vermöcht' Andrea einem Weib, das er
　Geliebt und das ihm untreu ward, versöhnt
　Als Liebender zu nah'n?! – Wie's and're können,
　Wie's, mir zum Staunen, Casanova kann,
　Dem unter tausend Frau'n die Wahl gegönnt
　Und der die allerungetreuste wählt.
CASANOVA *unbefangen*
　Wen meinen Sie?
ANDREA　　　　　Sie fragen?
CASANOVA　　　　　　　　　Ah, Teresa!
　Nicht wahr?
ANDREA *etwas verwirrt*
　　　　　　Sie selbst, so schien es mir, gestand. –

CASANOVA
  Gestand. Nun ja, doch was Teresa mir
  Auch zu gesteh'n und zu verschweigen hatte –
  Ich frage Sie, mein Freund, gibt's bess're Treue,
  Gibt's, frag' ich klarer noch, gibt's eine and're
  Auf Erden zwischen Mann und Weib, Andrea,
  Als die Teresa eben mir bewies?
  Sie kehrte mir zurück. Nur das ist Treue,
  Die einz'ge, die mit Fug so heißen darf.
  Denn was uns sonst Gewähr der Treue gilt,
  Das hält nicht stand vor philosoph'scher Prüfung.
  Ist's etwa ein Beweis, wenn hingegeben
  Nach schwerem Kampf mit heißen Wollustzähren
  Die Tugend selbst in Ihre Arme sinkt?
  Wer weiß, von wem sie träumt in Ihrem Arm!
  Ein heil'ger Schwur? Mein Freund, die Weiber wissen
  Wie wir: daß Gott mit seinen Blitzen spart.
  Sie nimmt Gefahr auf sich? Das würzt die Lust.
  Sie tötet sich, durch dieses letzte Opfer
  Die Zweifel des Geliebten zu besiegen –?
  Im Grunde hofft sie nur – als sel'ger Geist
  An seinen Reuetränen sich zu weiden –
ANDREA
  Und nirgends Treue –?
CASANOVA   Doch! Ich sagt' es ja:
  Die Wiederkehr, von wo es immer sei.
ANDREA
  Ja, wenn sie Heimkehr wäre, dann vielleicht.
CASANOVA
  Heimkehr? – O Wahn! Als wenn ein Mensch dem andern
  Heimat zu sein sich jemals schmeicheln dürfte.
  Ist Wand'rung nicht der Seele ew'ger Ruf?
  Was gestern noch als fremd uns angefröstelt,
  Umfängt's uns heute nicht vertraut und warm?
  Und was uns Heimat hieß, war's jemals mehr
  Als Rast am Weg, so kurz, so lang sie währte?
  Heimat und Fremde – Worte tauben Klangs
  Für den, der nicht, nach Bürgerart, bedrückt
  Von Vorurteil, verschüchtert vom Gesetz
  Und feig verstrickt im Wirrsal des Gewissens,
  Sich Ordnung lügt ins Chaos seiner Brust,

Der aufgetanen Sinns und freier Seele –
legt die Hand auf Andreas Schulter
Gleich unsereinem aus dem Stegreif lebt.
ANDREA
Kein Philosoph, doch ein Sophist sind Sie.
CASANOVA
Mag sein. Daher ist's mir bestimmt, zu irren.
Von Fall zu Falle nur; doch nicht mein Los,
Die Brille unverrückbar auf der Nase,
Nach leid'ger Philosophenart die Welt
Zwar immer gleich, doch immer falsch zu sehen.
TITO *kommt mit einem kleinen Koffer in der Hand*
Hier bin ich, reisefertig nach Befehl.
CASANOVA
Ei schon? Ich bin's noch nicht.
ANDREA   Nicht meine Schuld.
RUFE *aus dem Park*
Casanova!
CASANOVA
Ich weiß. Nun aber wird es wirklich Zeit.
Andrea –
Als wollte er ihn auffordern mit ihm zu kommen.
TITO *erstaunt*
Der gnädige Herr will noch zu Mittag essen?
CASANOVA
Du hast doch nichts dagegen, will ich hoffen?
TITO Ich möchte nur untertänigst darauf aufmerksam machen, daß die Herren in ihren Zimmern etwas unruhig geworden sind.
CASANOVA
Die zwei Verstorb'nen! Richtig, ich vergaß.
Rumoren oberhalb des Zimmers, das schon früher hörbar war.
TITO Sie sind nichts weniger als verstorben. Ich fürchte, der Wirt hört sie doch am Ende, schließt auf, und was dann geschieht ... Es wäre vielleicht doch gut für uns alle, gnädiger Herr, wenn wir vorher –
Er macht die Geste des Verschwindens.
CASANOVA
Vorsichtig, Bursch, und unverschämt zugleich?
Stärkeres Rumoren
Schließ du die Zimmer auf, und zwar sofort.

Und beiden Herrn –
sich unterbrechend Seh'n sie anständig aus?
TITO Nicht nur anständig, vornehm und sehr hübsch.
CASANOVA
Fragt' ich darum? Ich lade sie zu Tisch.
TITO Zu Tisch die beiden aufgeregten Herrn?
CASANOVA
Ich bitte sie, die Ehre mir zu schenken
Auf ein bescheid'nes Mahl vor meiner Abfahrt
Mit der berühmten Tänzerin Teresa
Nach Wien. Worauf noch wartest du? Soll ich
Dir Beine machen?
TITO *ab.*
ANDREA   Wahrlich, Casanova,
So wohlgelaunt, so gastlich aufgelegt
Hab' ich noch keinen Menschen je gekannt.
CASANOVA
Wie werd' ich Ihnen erst bei Tisch gefallen!
Er nimmt ihn beim Arm, als wollte er sich einhängen, deutet plötzlich in den Park
Seh'n Sie, mein Freund –
ANDREA *ohne seinem Blick zu folgen, noch immer wie verdrossen*
                    Was gibt's zu seh'n?
CASANOVA   Teresa,
Flaminia und Anina ...
ANDREA *blickt hinaus, zuckt zusammen*
                    Arm in Arm.
CASANOVA
Ja, Arm in Arm.
ANDREA   Und plaudern ...
CASANOVA   Lächeln –
ANDREA   Lachen –
CASANOVA
Und wandeln auf der Wiese, – welch ein Bild
Den aufgehellten Himmel über sich –
Wie schwesterlich vereint.
ANDREA *bitter*   Ja, welch ein Bild!
CASANOVA
Ein schönes, Freund. – Und könnten Männer je
So Brüder sein wie alle Frauen Schwestern –
Auf Andreas Bewegung

277

>   In tiefster Seele alle Schwestern sind –
>   Fürwahr, das Leben wär' ein leichter Ding.

ANDREA
>   Wie, Casanova, noch nicht leicht genug
>   Für Sie? Ich fürchte, Sie sind unbescheiden.

GUDAR *tritt ein*
>   Was gibt's? Man schickt mich, nachzuseh'n, ob nicht
>   Die Herrn sich doch am Ende totgestochen.
>   *Draußen Gelächter.*

ANDREA
>   Groß scheint die Sorge eben nicht zu sein.

GUDAR
>   Doch groß die Sehnsucht über alle Maßen.

CASANOVA *hinausdeutend*
>   Da sind sie schon; sie seh'n nicht übel aus.

GUDAR
>   Wie? Neue Gäste?

CASANOVA   Und Teresa, kostbar –
>   Als hätte sie die beiden nie gesehn.
>   *Er ruft hinaus*
>   Musik! Sie schweigt zu lange.

TERESA *ruft von draußen*   Casanova!

CASANOVA *hinausrufend*
>   Willkommen, meine Herren!

GUDAR   Rhampsinit
>   Und Alexander? Hübsche Jungen beide.
>   Schon werden von Flaminia sie umflattert.
>   *Musik.*

CASANOVA
>   Andrea, Freund, nicht lange wart' ich mehr.

GUDAR
>   Auch Santis wittert was. Ich fürchte sehr,
>   Die reisen ärmer ab, als sie gekommen.

CASANOVA *zu Gudar*
>   Vielleicht ist noch ein Stündchen Zeit nach Tisch
>   Zu einem kleinen Spiel. Gudar, was denkst du?

GUDAR
>   Die laß nur mir und reise du nach Wien.

STIMMEN *von draußen*
>   Casanova! Casanova!

ANINAS STIMME *von draußen* Andrea!

CASANOVA
Man ruft auch Sie. Dies war Aninas Stimme.
Und zögern Sie auch jetzt noch, so verdienen
Sie Bess'res nichts, als daß man Sie betrügt.
Auf seine Bewegung
Zum erstenmal.
STIMMEN *von draußen*
                    Casanova! Andrea!
ANINA *von draußen*
Andrea, kommst du endlich?
ANDREA *macht sich zum Gehen bereit.*
CASANOVA *entzückt*
Mit mir, Andrea, Bruder meiner Wahl!
Arm in Arm mit ihm hinaus. Man hört den Jubel, mit dem sie beide empfangen werden. – Die Musik erklingt stärker.
GUDAR *steht am Fenster, blickt hinaus in den Park*
Noch einmal jung sein –!
Die Musik schrillt in besonders hellen Tönen auf und verklingt plötzlich
                    Doch, man war's einmal! –

Lachen und Musik. Gudar tritt vom Fenster weg, um sich gleichfalls in den Park zu begeben.

Vorhang fällt.

NACHWORT
UND BIBLIOGRAPHISCHES VERZEICHNIS
MIT URAUFFÜHRUNGSDATEN

Die achtbändige Taschenbuchausgabe enthält alle dramatischen Werke, die zu Lebzeiten Arthur Schnitzlers als Einzelausgaben, in Teilsammlungen, Almanachen, Zeitschriften und in den früheren Gesamtausgaben erschienen waren, sowie den 1955 im Band »Meisterdramen« aus dem Nachlaß veröffentlichten Einakter »Anatols Größenwahn«.

Die Anordnung ist chronologisch, wobei allerdings auf die gleichen Schwierigkeiten hingewiesen werden muß, die bereits im Nachwort zu den »Erzählenden Schriften« angedeutet wurden. Die Arbeit an den einzelnen Dramen erstreckte sich meist über Jahre, oft sogar über Jahrzehnte. So wurde – um nur einige Beispiele anzuführen – die Tragikomödie »Das weite Land« (1909) im Jahre 1901 begonnen; aus einem 1900 entworfenen Stück, das zunächst den Arbeitstitel »Junggeselle«, dann den Titel »Egoisten« führte, entwickelten sich im Laufe der Arbeit zwei voneinander völlig unabhängige Dramen, nämlich das Schauspiel »Der einsame Weg« (1903) und die Komödie »Professor Bernhardi« (1912); ein im Jahre 1898 unter dem Arbeitstitel »Der Shawl« notierter Stoff bildete die Grundlage sowohl des Renaissance-Schauspiels »Der Schleier der Beatrice« (1899), wie auch der im Alt-Wiener Milieu spielenden Pantomime »Der Schleier der Pierrette« (1910); die Dramatische Historie »Der junge Medardus« (1909) entstand aus einem 1901 unter dem Arbeitstitel »Doppelselbstmord« notierten Stoff; die Arbeit an der Komödie »Fink und Fliederbusch« dauerte von 1901 bis 1916, während die »Komödie der Verführung« auf Grund einer früheren novellistischen Fassung 1908 begonnen und 1923 beendet wurde. Auch in anderen Fällen entwickelten sich übrigens dramatische Werke aus zunächst als Erzählungen konzipierten Stoffen, so zum Beispiel der Einakter »Die Gefährtin« (1898) aus der bereits 1894 veröffentlichten Novelle »Der Witwer« (siehe »Das erzählerische Werk«, Band I, Seite 229), das Schauspiel »Der Ruf des Lebens« (1905) aus einer Novellen-Idee »Die Vatermörderin«; die »Komödie der Verführung« (1923) aus einem mehr als fünfundzwanzig Jahre früher notierten Novellen-Entwurf »Verführung«; und die Dramatische Dichtung »Der Gang zum Weiher« (1921) aus einer Novelle »Der weise Vater« (1907). Nur wenige Werke entstanden in kürzeren Zeiträumen. Als Beispiele seien vor allem einige der »Anatol«-Szenen genannt: »Die Frage an das Schicksal« (26. bis 30. August 1889), »Denksteine« (24. bis 26. Juni 1890), »Abschiedssouper« (21. bis 23. November 1891), ferner der Dialog »Halbzwei« (2. bis 17. Januar 1894) und die Dialogreihe »Reigen« (23. November 1896 bis 24. Februar 1897).

Wie im Falle des »Erzählerischen Werks« bedeuten also die im nachfolgenden bibliographischen Verzeichnis den einzelnen Titeln beigefügten Jahreszahlen meist nicht eigentlich Entstehungsjahre, sondern jeweils den Zeitpunkt, zu dem die Arbeit an dem betreffenden Werk abgeschlossen wurde. Bei in den früheren Gesamtausgaben enthaltenen Werken wurden die dort verwendeten, also noch vom Dichter selbst autorisierten, Jahreszahlen übernommen, wobei sich nur in einem Falle auf Grund von Aufzeichnungen, die sich im Nachlaß vorfanden, eine Korrektur als notwendig erwies: die Arbeit am »Anatol« erstreckte sich auf die Jahre 1888 bis 1891 und nicht, wie in den früheren Gesamtausgaben angegeben, 1889 bis 1890. Auf Grund solcher Aufzeichnungen konnte meist auch die Datierung von nicht in die früheren Gesamtausgaben aufgenommenen Werken vorgenommen werden. In zwei Fällen – dem Singspiel »Der tapfere Kassian« und der Pantomime »Der Schleier der Pierrette« – fanden sich keinerlei Angaben, die eine Datierung ermöglicht hätten. Diese beiden Werke wurden in das folgende Verzeichnis auf Grund der Daten ihrer Erstdrucke eingereiht.

Im Nachlaß befinden sich noch zahlreiche dramatische Arbeiten. Teils handelt es sich um Jugendwerke, teils um unvollendete Stücke aus späteren Jahren, teils um eine umfangreiche Sammlung von Niederschriften dramatischer Stoffe, Situationen und Figuren. Diese Arbeiten wurden größtenteils in den Band »Entworfenes und Verworfenes«, hrsg. von Reinhard Urbach (S. Fischer Verlag, Frankfurt a. Main, 1977) aufgenommen.

Das folgende Verzeichnis gibt Auskunft über Erstdrucke, erste Buchausgaben, sowie Uraufführungsdaten und stützt sich weitgehend, auf den »Schnitzler-Kommentar zu den erzählenden

Schriften und dramatischen Werken« von Reinhard Urbach (Winkler Verlag, München 1974).

Die folgenden Abkürzungen wurden verwendet: E – Erstdruck, B – Erste Buchausgabe, SFV – S. Fischer Verlag, Berlin, U – Uraufführung.

15. Mai 1862: Arthur Schnitzler in Wien geboren:

ALKANDI'S LIED (1889). E: An der schönen blauen Donau, V. Jahrgang, Heft 17/18, 1890. B: Gesammelte Werke. Die dramatischen Werke, Bd. II, S. Fischer Verlag, Frankfurt a. Main, 1962. U: nicht aufgeführt.

ANATOL (1888–1891). E und B: Verlag des Bibliographischen Bureaus, Berlin, 1893. U: Wien, Deutsches Volkstheater; Berlin, Lessingtheater; 3. Dezember 1910 (unter Weglassung von Denksteine und Agonie).

Die folgenden Angaben betreffen die einzelnen Szenen des ANATOL-Zyklus:

DIE FRAGE AN DAS SCHICKSAL (1889). E: Moderne Dichtung, I. Jahrgang, 5. Heft, 1. Mai 1890. B: im Anatol-Zyklus (siehe oben). U: Privataufführung im Salon eines Berliner Rechtsanwalts, 1891 oder 1892; erste öffentliche Aufführung Leipzig, Carola-Theater, 26. Januar 1896 (8. Matinee der literarischen Gesellschaft Leipzig).

WEIHNACHTSEINKÄUFE (1891). E: Frankfurter Zeitung, 24. Dezember 1891. B: im Anatol-Zyklus (siehe oben). U: Wien, Sofien-Säle, 13. Januar 1898.

EPISODE (1888). E: An der schönen blauen Donau, IV. Jahrgang, 18. Heft, 1889. B: im Anatol-Zyklus (siehe oben). U: Leipzig, Ibsen-Theater, 26. Juni 1898.

DENKSTEINE (1890). E: Moderne Rundschau, III. Jahrgang, 4. Heft, 15. Mai 1891. B: im Anatol-Zyklus (siehe oben). U: Wien, Volksbildungshaus Wiener Urania, 10. Januar 1916 (Im Rahmen eines »Monologe und Szenen« betitelten Wohltätigkeitsabends zugunsten der Kriegsfürsorge.

ABSCHIEDSSOUPER (1891). E und B: im Anatol-Zyklus (siehe oben). U: Bad Ischl, Stadttheater, 14. Juli 1893.

AGONIE (1890). E und B: im Anatol-Zyklus (siehe oben). U: nicht aufgeführt.

ANATOLS HOCHZEITSMORGEN (1888). E: Moderne Dichtung, II. Jahrgang, 1. Heft, 1. Juli 1890. B: im Anatol-Zyklus (siehe oben). U: Berlin, Langenbeck-Haus, 13. Oktober 1901 (Literarischer Abend der gesellig-wissenschaftlichen Vereinigung »Herold«).

ANATOLS GRÖSSENWAHN (1891). Nachlaß. E und B: Meisterdramen, S. Fischer Verlag, Frankfurt am Main, 1955. U: Wien, Deutsches Volkstheater, 29. März 1932.

DAS MÄRCHEN (1891). E: »Als Manuscript gedruckt« 1891. B: Verlag E. Pierson, Dresden, 1894. U: Wien, Deutsches Volkstheater, 1. Dezember 1893.

DIE ÜBERSPANNTE PERSON (1894). E: Simplizissimus, I. Jahrgang, Nr. 3 (18. April 1896). B: Kaffeehaus; Literarische Spezialitäten und

amouröse Gusto-Stückln aus Wien. Herausgegeben von Ludwig
Plakolb, Verlag R. Piper & Co., München 1959. U: Wien, Deutsches
Volkstheater, 29. März 1932.

HALBZWEI (1894). E: Die Gesellschaft, XIII. Jahrgang, 4. Heft,
April 1897. B: Gesammelte Werke. Die Dramatischen Werke, Bd. I,
S. Fischer Verlag, Frankfurt a. Main, 1962. U: Wien, Deutsches
Volkstheater, 29. März 1932.

LIEBELEI (1894). E und B: SFV, 1896. U: Wien, Burgtheater, 9.
Oktober 1895 (zusammen mit »Rechte der Seele«, Schauspiel in
einem Akt von Giuseppe Giacosa).

FREIWILD (1896). E und B: SFV, 1898. U: Berlin, Deutsches Theater,
3. November 1896.

REIGEN (1896–1897). E: Privatdruck (»Als unverkäufliches Manu-
script gedruckt«), 1900. B: Wiener Verlag, Wien und Leipzig, 1903.
U: (nur der vierte, fünfte und sechste Dialog) München, Kaim-
Saal, 25. Juni 1903 (Akademisch-Dramatischer Verein); (der ganze
Zyklus) Berlin, Kleines Schauspielhaus, 23. Dezember 1920.

DAS VERMÄCHTNIS (1898). E und B: SFV, 1899. U: Berlin, Deutsches
Theater, 8. Oktober 1898.

PARACELSUS (1898). E: Cosmopolis, XII. Jahrgang, Nr. 35, November 1898. B: SFV, 1899 (zusammen mit Die Gefährtin und Der
grüne Kakadu). U: Wien, Burgtheater, 1. März 1899 (zusammen mit
Die Gefährtin und Der grüne Kakadu).

DIE GEFÄHRTIN (1898). E und B: SFV, 1899 (zusammen mit Paracelsus und Der grüne Kakadu). U: Wien, Burgtheater, 1. März 1899
(zusammen mit Paracelsus und Der grüne Kakadu).

DER GRÜNE KAKADU (1898). E: Neue Deutsche Rundschau, X.
Jahrgang, 3. Heft, März 1899. B: SFV, 1899 (zusammen mit Paracelsus und Die Gefährtin). U: Wien, Burgtheater, 1. März 1899 (zusammen mit Paracelsus und Die Gefährtin).

DER SCHLEIER DER BEATRICE (1899). E und B: SFV, 1901. U:
Breslau, Lobe-Theater, 1. Dezember 1900.

SYLVESTERNACHT (1900). E: Jugend, Heft 8, 1901. B: Gesammelte
Werke. Die Dramatischen Werke, Bd. I, S. Fischer Verlag, Frankfurt
a. Main, 1962. U: Wien, Theater in der Josefstadt, 31. Dezember 1926.

LEBENDIGE STUNDEN (1900–1901). (Inhalt: Lebendige Stunden,
Die Frau mit dem Dolche, Die letzten Masken, Literatur.) E: (nur
der Einakter Lebendige Stunden) Neue Deutsche Rundschau, XII.
Jahrgang, 12. Heft, Dezember 1901; E und B: (der ganze Zyklus)
SFV, 1902. U: Berlin, Deutsches Theater, 4. Januar 1902.

DER EINSAME WEG (1903). E und B: SFV, 1904. U: Berlin, Deutsches
Theater, 13. Februar 1904.

MARIONETTEN (1901–1904). E und B (der ganze Zyklus): SFV,
1906. U: siehe die folgenden Angaben die einzelnen Einakter des
Zyklus betreffend.

DER PUPPENSPIELER. E: Neue Freie Presse, Wien, 31. Mai 1903.
B: im Zyklus Marionetten (siehe oben). U: Berlin, Deutsches Theater, 12. September 1903.

DER TAPFERE CASSIAN. E: Die Neue Rundschau, XV. Jahrgang,
2. Heft, Februar 1904. B: im Zyklus Marionetten (siehe oben). U:
Berlin, Kleines Theater, 22. November 1904.

ZUM GROSSEN WURSTEL. E: Die Zeit, Wien, 23. April 1905. B: im Zyklus Marionetten (siehe oben). U: Wien, Lustspieltheater, 16. März 1906 (U der ungedruckten ursprünglichen Fassung unter dem Titel Marionetten: Berlin, Buntes Theater, Wolzogen's Überbrettl, 8. März 1901).

ZWISCHENSPIEL (1905). E und B: SFV, 1906. U: Wien, Burgtheater, 12. Oktober 1905.

DER RUF DES LEBENS (1905). E und B: SFV, 1906. U: Berlin, Lessingtheater, 24. Februar 1906.

KOMTESSE MIZZI ODER DER FAMILIENTAG (1907). E: Neue Freie Presse, Wien, 19. April 1908. B: SFV, 1909. U: Wien, Deutsches Volkstheater, 5. Januar 1909.

DIE VERWANDLUNGEN DES PIERROT (1908). E: Die Zeit, Wien, 19. April 1908. B: Gesammelte Werke. Die Dramatischen Werke, Bd. I, S. Fischer Verlag, Frankfurt a. Main, 1962. U: nicht aufgeführt.

DER TAPFERE KASSIAN (Singspiel) (1909). Musik von Oscar Straus; E: Verlag L. Doblinger & Bernhard Herzmansky, Leipzig 1909. B: Gesammelte Werke. Die Dramatischen Werke, Bd. II, S. Fischer Verlag, Frankfurt a. Main, 1962. U: Leipzig, Neues Stadttheater, 30. Oktober 1909.

DER JUNGE MEDARDUS (1909). E und B: SFV, 1910. U: Wien, Burgtheater, 24. November 1910.

DAS WEITE LAND (1910). E und B: SFV, 1911. U: Berlin, Lessingtheater; Breslau, Lobe-Theater; München, Residenztheater; Hamburg, Deutsches Schauspielhaus; Prag, Deutsches Landestheater; Leipzig, Altes Stadttheater; Hannover, Schauburg; Bochum, Stadttheater; Wien, Burgtheater; 14. Oktober 1911.

DER SCHLEIER DER PIERRETTE (1910). Musik von Ernst von Dohnányi; E. Verlag L. Doblinger & Bernhard Herzmansky, Leipzig, 1910. B: Wien, Verlag Frisch & Co., 1922. U: Dresden, Königliches Opernhaus, 22. Januar 1910.

PROFESSOR BERNHARDI (1912). E und B: SFV, 1912. U: Berlin, Kleines Theater, 28. November 1912.

KOMÖDIE DER WORTE (1914). (Inhalt: Stunde des Erkennens, Große Szene, Das Bacchusfest.) E und B: SFV, 1915. U: Wien, Burgtheater; Darmstadt, Hoftheater; Frankfurt am Main, Neues Theater; 12. Oktober 1915.

FINK UND FLIEDERBUSCH (1916). E und B: SFV, 1917. U: Wien, Deutsches Volkstheater, 14. November 1917.

DIE SCHWESTER ODER CASANOVA IN SPA (1917). E: Deutsche Rundschau, XI. Jahrgang, 1. Heft, Oktober 1919. B: SFV, 1919. U: Wien, Burgtheater, 26. März 1920.

DER GANG ZUM WEIHER (1921). E und B: SFV, 1926. U: Wien, Burgtheater, 14. Februar 1931.

KOMÖDIE DER VERFÜHRUNG (1923). E und B: SFV, 1924. U: Wien, Burgtheater, 11. Oktober 1924.

IM SPIEL DER SOMMERLÜFTE (1928). E und B: SFV, 1930. U: Wien, Deutsches Volkstheater, 21. Dezember 1929.

21. Oktober 1931: Arthur Schnitzler in Wien gestorben.

ARTHUR SCHNITZLER

Das erzählerische Werk

Taschenbuchausgabe in sieben Bänden

BAND 1
*Welch eine Melodie - Er wartet auf den vazierenden Gott
Amerika - Erbschaft - Mein Freund Ypsilon - Der Fürst ist im Haus
Der Andere - Reichtum - Der Sohn - Die drei Elixiere - Die Braut
Sterben - Die kleine Komödie - Komödiantinnen - Blumen
Der Witwer - Ein Abschied - Der Empfindsame
Die Frau des Weisen*

BAND 2
*Der Ehrentag - Die Toten schweigen - Um eine Stunde
Die Nächste - Andreas Thameyers letzter Brief - Frau Berta Garlan
Ein Erfolg - Leutnant Gustl - Der blinde Geronimo und sein Bruder
Legende - Wohltaten, still und rein gegeben
Die grüne Krawatte*

BAND 3
*Die Fremde - Exzentrik - Die griechische Tänzerin - Die Weissagung
Das Schicksal des Freiherrn von Leisenbogh - Das neue Lied
Der tote Gabriel - Geschichte eines Genies
Der Tod des Junggesellen - Die Hirtenflöte
Die dreifache Warnung - Das Tagebuch der Redegonda
Der Mörder - Frau Beate und ihr Sohn - Doktor Gräsler, Badearzt*

BAND 4
Der Weg ins Freie

BAND 5
*Der letzte Brief eines Literaten - Casanovas Heimfahrt
Flucht in die Finsternis - Fräulein Else*

BAND 6
*Die Frau des Richters - Traumnovelle - Spiel im Morgengrauen
Boxeraufstand - Abenteuernovelle - Der Sekundant*

BAND 7
Therese

Die sieben Bände des erzählerischen Werks und die acht Bände des dramatischen Werks erscheinen ab August 1977 im Wechsel jeden zweiten Monat

FISCHER TASCHENBUCH VERLAG

ARTHUR SCHNITZLER

Das dramatische Werk

Taschenbuchausgabe in acht Bänden

BAND 1
*Alkandi's Lied - Anatol - Anatols Größenwahn - Das Märchen
Die überspannte Person - Halbzwei - Liebelei*

BAND 2
*Freiwild - Reigen - Das Vermächtnis - Paracelsus
Die Gefährtin*

BAND 3
*Der grüne Kakadu - Der Schleier der Beatrice - Silvesternacht
Lebendige Stunden*

BAND 4
*Der einsame Weg - Marionetten - Zwischenspiel
Der Ruf des Lebens*

BAND 5
*Komtesse Mizzi oder der Familientag
Die Verwandlung des Pierrot - Der tapfere Kassian (Singspiel)
Der junge Medardus*

BAND 6
*Das weite Land - Der Schleier der Pierrette
Professor Bernhardi*

BAND 7
*Komödie der Worte - Fink und Fliederbusch
Die Schwestern oder Casanova in Spa*

BAND 8
*Der Gang zum Weiher - Komödie der Verführung
Im Spiel der Sommerlüfte*

Die sieben Bände des erzählerischen Werks und die acht Bände des dramatischen Werks erscheinen ab August 1977 im Wechsel jeden zweiten Monat

FISCHER TASCHENBUCH VERLAG

Neuere Literatur
im Fischer Taschenbuch Verlag

**Ilse Aichinger
Meine Sprache und ich**

Erzählungen
Band 2081

**Hermann Burger
Schilten**

Schulbericht zuhanden der Inspektorenkonferenz.
Roman
Band 2086

**Elias Canetti
Die gerettete Zunge**

Geschichte einer Jugend
Band 2083

**Jacques Chessex
Der Kinderfresser**

Roman. Ausgezeichnet mit dem »Prix Goncourt«
Band 2087

**Andreas Höfele
Das Tal**

Band 2088

**Günter Kunert
Im Namen der Hüte**

Roman
Band 2085

**Gerhard Roth
Der große Horizont**

Roman
Band 2082

**Peter Schalmey
Meine Schwester und ich**

Roman
Band 2084